U0457882

中国人民大学科研基金重大项目（15XNL012）最终成果

崇｜明｜中｜青｜年｜刑｜事｜法｜文｜库

吴宏耀　主编

人民陪审员制度改革研究

魏晓娜　著

中国政法大学出版社

2022·北京

图书在版编目（ＣＩＰ）数据

人民陪审员制度改革研究/魏晓娜著. —北京：中国政法大学出版社, 2022.1

ISBN 978-7-5764-0153-0

Ⅰ.①人⋯　Ⅱ.①魏⋯　Ⅲ.①陪审制度－研究－中国　Ⅳ.①D926.2

中国版本图书馆CIP数据核字(2021)第220831号

书　名	人民陪审员制度改革研究 RenMin PeiShenYuan ZhiDu GaiGe YanJiu
出版者	中国政法大学出版社
地　址	北京市海淀区西土城路 25 号
邮　箱	fadapress@163.com
网　址	http://www.cuplpress.com (网络实名：中国政法大学出版社)
电　话	010-58908466(第七编辑部) 010-58908334(邮购部)
承　印	固安华明印业有限公司
开　本	720mm×960mm　1/16
印　张	17.25
字　数	265 千字
版　次	2022 年 1 月第 1 版
印　次	2022 年 1 月第 1 次印刷
定　价	85.00 元

序

　　魏晓娜的新作《人民陪审员制度改革研究》是一部对最新一轮人民陪审员制度改革进行系统回顾性梳理和对未来期待的专著。该书不仅对本轮人民陪审员制度改革的重要内容，例如陪审制度的功能、事实问题与法律问题的区分、陪审制度与审级制度的关系进行专题式探讨，而且对本轮改革的得失进行了系统性反思，例如书中指出，目前的改革虽然取得了很大的成绩，但也造成了陪审实质化与庭审实质化之间的紧张，这的确是一个需要引起注意的问题。全书结构完整、资料翔实、分析到位、文笔流畅，是近年来研究人民陪审员制度的佳作之一。

　　全书从大的结构上分为上篇、中篇和下篇三个部分。上篇十分简洁地梳理了陪审制度在西方和在中国的发展脉络，为本轮人民陪审员制度改革作出铺垫。中篇阐述了本轮改革展开的制度背景。本轮人民陪审员制度改革试点正式启动于 2015 年，而几乎就在同时，以审判为中心的诉讼制度改革、认罪认罚从宽制度改革、司法责任制改革也同步启动。上述各项改革会给人民陪审员制度改革带来什么样的影响？人民陪审员制度改革与上述各项改革之间是一种什么样的关系？这是该书中篇探讨的主要内容。当然，书中对以审判为中心改革给予了特别的关注，而且针对过往四年以审判为中心改革实效不佳的现实，提出人民陪审员制度改革应以促进庭审实质化和以审判为中心改革为历史使命，这是该书就人民陪审员制度改革和以审判为中心改革之间的关系提出的一个重要观点，也为下篇各项专题研究奠定的总基调。对此，我是赞成的。下篇则针对试点过程中反映的比较突出的问题展开专题式研究，比如人民陪审员制度的功能如何定位，陪审制度的民主功能及其边界，事实问题与法律问题的区分，陪审制度与审级制度的关系等问题都以专章进行研讨。在这些专题之下，书中也提出一些发人深思的议题。例如，人力补充能否作为人民陪审员制度的功能之一？我国长期以来合议庭表决实行简单多数决。西方多数法治发达国家利用陪审法庭的表决机制，巧妙地贯彻立法者的意图，一方面使司法民主落到实处，另一方面也防范民众司法不至于跑偏。我国的简单多数决规则是否过于"简单"了，尤其是涉及死刑适用时，以简单多数断人生死是否有失严谨？

本书作者魏晓娜，是我早年的博士生。在中国政法大学的博士生阶段，她就聪敏好学，思想活跃，不断有论文见诸报刊。博士毕业后，她到了中国人民大学法学院诉讼法学教研室工作。近二十年来，她一直耕耘在教学科研第一线，成绩显著，课堂教学为学生交口称赞。近年来还不断有重磅论文发表，为同界瞩目。

我作为魏晓娜的博士生导师，为她的新著面世感到高兴，希望她百尺竿头更进一步，在教学和科研中取得更大的成绩，乃至成为新一代名师。

是为序。

陈光中

2021 年 2 月

目 录

下　篇　人民陪审员制度改革专题研讨

第六章
人民陪审员制度改革试点　　　　　　　117

第七章
人民陪审员参与审判的功能　　　　　127

第八章
人民陪审员的民主功能及其限制　　　145

第九章
人民陪审员的遴选机制　　　　　　　152

绪　论

一、研究背景

人民陪审员制度在中国的学术语境下并非是一个新话题，伴随着人民陪审员制度在中国的复兴，有关研究迄今为止出现两轮热潮。

（一）21 世纪前后人民陪审员制度研究的兴起

第一轮研究热潮出现在 21 世纪前后，围绕着《全国人民代表大会常务委员会关于完善人民陪审员制度的决定》（以下简称《关于完善人民陪审员制度的决定》）的出台及实施而展开。

人民陪审员制度在中国正式法律文本中的表述经历了一个起落的过程。1954 年《中华人民共和国人民法院组织法》（以下简称《人民法院组织法》）第 9 条第 2 款和 1979 年《人民法院组织法》第 10 条第 2 款均规定，"人民法院审判第一审案件，由审判员和人民陪审员组成合议庭进行，但是简单的民事案件、轻微的刑事案件和法律另有规定的案件除外"。1979 年《中华人民共和国刑事诉讼法》（以下简称《刑事诉讼法》）第 105 条第 1 款至第 2 款规定："基层人民法院、中级人民法院审判第一审案件，除自诉案件和其他轻微的刑事案件可以由审判员一人独任审判以外，应当由审判员一人、人民陪审员二人组成合议庭进行。高级人民法院、最高人民法院审判第一审案件，应当由审判员一人至三人、人民陪审员二人至四人组成合议庭进行。"可见，陪审是第一审法庭的必要构成形式。

但是，1983 年开始"严打"之后，1983 年《人民法院组织法》第 10 条第 2 款修改为，"人民法院审判第一审案件，由审判员组成合议庭或者由审判员和人民陪审员组成合议庭进行；简单的民事案件、轻微的刑事案件和法律另有规定的案件，可以由审判员一人独任审判"。1996 年修正的

《刑事诉讼法》第 147 条第 1 款至第 2 款也规定，"基层人民法院、中级人民法院审判第一审案件，应当由审判员三人或者由审判员和人民陪审员共三人组成合议庭进行，但是基层人民法院适用简易程序的案件可以由审判员一人独任审判。高级人民法院、最高人民法院审判第一审案件，应当由审判员三人至七人或者由审判员和人民陪审员共三人至七人组成合议庭进行"。陪审不再作为第一审法庭的必要构成形式。

然而，20 世纪末以来，由于社会关系变化，利益格局调整，社会矛盾交织，人民法院审判工作面临前所未有的复杂局面，人民法院的管理体制和审判工作机制，受到了严峻的挑战。人民群众对少数司法人员腐败现象和裁判不公反映强烈，直接损害了党和国家的威信。在这一背景下，人民陪审员制度又开始重新受到重视，并随着司法改革的启动和深入而逐渐升温，成为司法改革不可或缺的组成部分。

1997 年，中国共产党第十五次全国代表大会确定了依法治国的基本方略，明确提出了推进司法改革的任务。1999 年，第九届全国人民代表大会第二次会议又将依法治国的基本方略载入《中华人民共和国宪法》（以下简称《宪法》）。以此为契机，最高人民法院于 1999 年印发了第一个《人民法院五年改革纲要（1999—2003）》，其中第 23 条提出完善人民陪审员制度，"对担任人民陪审员的条件、产生程序、参加审判案件的范围、权利义务、经费保障等问题，在总结经验、充分论证的基础上，向全国人大常委会提出完善我国人民陪审员制度的建议，使人民陪审员制度真正得到落实和加强"。1999 年 5 月 8 日，最高人民法院向全国人民代表大会常务委员会提交了《关于提请审议〈关于完善人民陪审员制度的决定（草案）〉的议案》。2004 年 8 月 28 日，第十届全国人民代表大会常务委员会第十一次会议通过《关于完善人民陪审员制度的决定》，对人民陪审员的任职条件、产生程序、参加审理案件的范围、权利义务和经费保障作出明确规定，并于 2005 年 5 月 1 日施行。

此后，《人民法院第二个五年改革纲要（2004—2008）》和《人民法院第三个五年改革纲要（2009—2013）》相继提出"健全人民陪审员管理制度""充分发挥人民陪审员制度的功能"以及"进一步完善人民陪审员制度，扩大人民陪审员的选任范围和参与审判活动的范围，规范人民陪审员参与审理案件的活动，健全相关管理制度，落实保障措施"。

2013 年 5 月 23 日，最高人民法院召开全国法院人民陪审员工作电视电话会议，提出各级人民法院两年内实现人民陪审员数量翻一番的"倍增计划"，要求各级人民法院结合本地实际按照适当高于基层法院法官人数的比例，进一步扩大人民陪审员规模；审判任务重、地域面积广、辖区人口多的基层法院，可根据条件按照本院法官人数 2 倍的比例增补，力争将全国法院人民陪审员数量增至 20 万人左右。各级人民法院要不断提高人民陪审员的代表性和广泛性，注意提高基层群众特别是工人、农民、进城务工人员、退伍军人、社区居民等群体的比例，确保基层群众所占比例不低于新增人民陪审员的三分之二。

在中央和有关方面的积极推动下，人民陪审员制度取得了长足进展。据统计，自《关于完善人民陪审员制度的决定》实施以来，截至 2013 年，全国人民陪审员参加审理案件共计 803.4 万人次，其中 2012 年参加审理案件人次是 2006 年的 3.8 倍。全国人民陪审员参加审理案件总数共计 628.9 万件，其中刑事案件 176.4 万件、民事案件 429.8 万件、行政案件 22.7 万件。全国人民陪审员参加审理的案件比例逐年提高，2013 年上半年全国法院审理的一审普通程序案件陪审率已达 71.7%，比 2006 年提高 52%。全国各地现有人民陪审员 8.7 万人，比 2006 年增加 3.1 万人，增长幅度为55%，人民陪审员总数已超过基层人民法院法官的二分之一。[1]

然而，毋庸讳言，人民陪审员制度近年来的成就主要体现在"量"上，即陪审员数量的增加和参审率的提高，而在"质"的方面，如陪审员的社会代表性和参加审判的实质性，人民陪审员制度仍有较大的提升空间，也存在一些较为严重的问题。这些问题的存在，有些是立法规定本身不合理所致，有的则是在实践中走了样儿，偏离了人民陪审员制度设立的初衷。这些问题，都是人民陪审员制度在下一步的发展中需要着力解决的。

（二）十八届三中全会以来的新一轮研究热潮

2013 年 11 月，十八届三中全会通过《中共中央关于全面深化改革若

---

〔1〕　周强 2013 年 10 月 22 日在第十二届全国人大常委会第五次会议所作的《最高人民法院关于人民陪审员决定执行和人民陪审员工作情况的报告》。

干重大问题的决定》，提出"广泛实行人民陪审员、人民监督员制度，拓宽人民群众有序参与司法渠道"。2014 年 10 月 23 日十八届四中全会通过《中共中央关于全面推进依法治国若干重大问题的决定》（以下简称十八届四中全会《决定》），对保障人民群众参与司法进行了更为具体的部署，提出"完善人民陪审员制度，保障公民陪审权利，扩大参审范围，完善随机抽选方式，提高人民陪审制度公信度。逐步实行人民陪审员不再审理法律适用问题，只参与审理事实认定问题"。

为了贯彻十八届三中、四中全会关于人民陪审员制度改革的部署，完善人民陪审员制度，促进司法公正，最高人民法院、司法部制定了《人民陪审员制度改革试点方案》（法〔2015〕100 号，以下简称《试点方案》），第十二届全国人大常委会第十四次会议作出《关于授权在部分地区开展人民陪审员制度改革试点工作的决定》。

经过三年改革试点，在总结试点经验的基础上，2018 年 4 月 27 日，第十三届全国人大常委会第二次会议审议通过了《中华人民共和国人民陪审员法》（以下简称《人民陪审员法》），并于同日公布施行。同年 8 月 22 日，司法部等发布《人民陪审员选任办法》。

人民陪审员制度改革虽然暂告一个段落，但关于本轮改革的研究却无法止步。本轮改革中所采取的举措是否解决了原有的问题？各种措施本身的安排是否合理科学？《人民陪审员法》实施效果如何？实施过程中出现了哪些新的问题？这些问题都需要系统地开展研究，及时总结经验。同时，在一个更广阔的背景下，人民陪审员制度与目前同步进行的以审判为中心改革和认罪认罚从宽制度改革是一种什么关系？以审判为中心改革对人民陪审员制度改革提出了什么样的要求？这些问题，都迫切需要相关的研究作出回应。

二、研究现状

陪审制度具有悠久的历史。从世界范围来看，陪审制度的发展呈现两大趋势：一是在传统的适用陪审团审判的国家，如英美，陪审团整体上呈没落的趋势，最典型的例证是辩诉交易兴起，90% 以上的刑事案件都不再适用陪审团，民事陪审团要么废除，要么适用率极低。这一趋势的例外是死刑案件中陪审团制度却逆势发展，确立了由陪审团决定定罪与量刑的"两段式审判"模式。二是在缺少陪审传统的国家和地区呈现繁荣发展的局面，如俄罗斯于 1993 年，西班牙于 1995 年在刑事案件中重新引入陪审团；日本于 2004 年制定、2009 年实施《日本裁判员参与刑事裁判的法律》（以下简称《日本裁判员法》），韩国也从 2008—2012 年进行了为期 5 年的陪审制度试验之后开始正式实施，我国台湾地区也开始试行人民观审团制度。

国内外陪审制度研究，在新、老陪审制国家关注的重点并不相同。在老牌陪审制国家，目前的研究重点在于陪审团制度之微观运作，研究方法以实证研究为主。代表性成果有：Vidmar, N., & Hans, V. P. (2007), *American Juries: the Verdict.* NY: Prometheus Books.; Hans, V. P. (ed.) (2006) *The Jury System: Contemporary Scholarship. Hampshire*, England: Ashgate Publishing Ltd.; Hans, V. P. & Vidmar, N. (1986). Judging the jury. NY: Plenum Press.; Nancy Jean King, "The American Criminal Jury", 62 Law & Contemp. Probs. 41 (1991); Phoebe C. Ellsworth, "Are Twelve Heads Better than One?", 52 Law & Contemp. Probs. 205 (1989); Albert Alschuler, "The Supreme Court and the Jury: Voir Dire, Peremptory Challenges, and the review of Jury Verdicts", 56 U. Chi. L. Rev. 153 (1989); Dennis J. Devine et al., "Jury Decision Making: 45 Years of Empirical Research on Deliberating Groups", 7 Psychol. Pub. Pol'y & L. 622 (2001)。

在新兴的陪审制国家，学术研究多关注陪审员（裁判员）胜任审判工作的能力，陪审员能够独立于职业法官发表意见，以及实行陪审制对提高司法公信力的实际效果。代表性成果有：今井辉幸的《日本的裁判员制度》，张永宏译，载《月旦法学杂志》2013 年 6 月（217）；林裕顺的《国民参审"法官职权"变革研究》，载《月旦法学杂志》2013 年 6 月（217）。

中国大陆近年来陪审制方面的研究也不少，代表性成果有：陈卫东主编的《公民参与司法研究》，中国法制出版社 2011 年版；易延友的《陪审团审判与对抗式诉讼》，三民书局 2004 年版；施鹏鹏的《陪审制研究》，中国人民大学出版社 2008 年版；陈卫东的《公民参与司法：理论、实践及改革——以刑事司法为中心的考察》，载《法学研究》2015 年第 2 期；彭小龙的《人民陪审员制度的复苏与实践：1998—2010》，载《法学研究》

2011 年第 1 期。

可以说，国内目前关于人民陪审员制度的研究具有较强的问题意识，搭建起一个较好的学术平台，为进一步的深化讨论创造了良好的条件。即便如此，本课题研究仍是必要的，主要是基于以下原因。首先，新一轮人民陪审员制度改革的成果、经验、教训和遗留的问题需要进一步的系统反思与理论检讨。其次，本课题对人民陪审员制度改革展开研究的背景与以往的研究不同。本课题的研究是在全面深化依法治国的大背景下，司法责任制改革、以审判为中心改革、认罪认罚从宽制度改革同步推进的环境下进行。尤其是在以审判为中心改革效果不理想的背景下，人民陪审员制度改革被赋予了新的期待，因此，本课题的研究，不仅要关注人民陪审员制度本身，而且要关注人民陪审员制度改革与以审判为中心改革、认罪认罚从宽制度改革之间的互动和相互影响，甚至担当起持续推进以审判为中心改革着力点的重任。这意味着，对人民陪审员制度及其改革的研究，必须具有更宏观的视野和更系统性的评判标准。

三、研究思路

本课题的研究从结构上分为上、中、下三篇。上篇叙述人民陪审员制度及其改革的历史脉络，包含两章：第一章聚焦于西方陪审制度的缘起和流变，从若干重大历史事件中追踪陪审制的萌芽和在后续历史发展进程中的形式演化。第二章主要追溯中国陪审制度的发展和演变。

中篇主要介绍人民陪审员制度改革展开的制度背景，分三章介绍了以审判为中心改革和认罪认罚从宽制度改革，本轮人民陪审员制度改革的一个特点，是在十八届四中全会以来启动的新一轮司法改革的大背景下展开，十八届四中全会以来的司法责任制改革、以审判为中心改革、完善认罪认罚从宽制度等一系列改革举措与人民陪审员制度改革同步发展、相向而行，这些改革所营造的大的制度氛围，是人民陪审员制度改革试点和实施过程中不容忽视的大环境。由于以审判为中心改革效果并不理想，因此，人民陪审员改革又有了一个特殊的历史使命，即借助人民陪审员制度改革以实质性地推进以审判为中心改革。

下篇则是关于人民陪审员制度改革的专题研讨。第六章首先介绍了人民陪审员制度改革试点的概括情况、改革试点的成效、试点工作遇到的问题和困难。第七章着重探讨人民陪审员参与审判的功能。第八章专门探讨人民陪审员参与审判的民主功能及其限制。第九章讨论人民陪审员的遴选机制。第十章专门探讨《人民陪审员法》创设的大陪审法庭制度下提出的一个新的理论问题，即事实问题与法律问题的区分。第十一章则从审级视角审视陪审法庭与上级法庭之间的关系。最后一章即第十二章则对本次改革进行一次总的系统性反思。

上 篇

人民陪审员制度及其改革的历史脉络

现代意义上的陪审制起源于中世纪的英格兰，而且最先出现于民事诉讼中。由于特殊的历史机缘，[1]陪审团进入英格兰的刑事诉讼，后又随法国大革命播撒到欧洲大陆。法国、德国等欧洲大陆国家先后根据本国情况对英格兰的陪审团加以改造，形成了由陪审员与职业法官组成混合法庭、职能不加区分的参审制。西方世界遂形成以英美为代表的陪审团制度与欧洲大陆国家为代表的参审制并立的局面。迨至晚清，陪审制也开始通过"变法""修律"引入中国。

---

〔1〕 早在1164年，英格兰民事诉讼中已经开始使用陪审团，从1166年开始，刑事案件中也产生了起诉陪审团。但是在刑事审判中，在13世纪以前，整个欧洲广泛采用神明裁判法来解决刑事诉讼中的证明难题。1215年，在第四次拉特兰宗教会议上，教皇英诺森三世宣布禁止基督教神职人员参与、主持神明裁判。自此之后，民事案件中广泛应用的陪审团才开始进入刑事诉讼，成为刑事陪审团。

第一章

西方陪审制度的缘起与流变

现代意义上的陪审制首先出现在中世纪的英格兰，而且最先出现于民事诉讼。刑事诉讼引入陪审，则需要另外的历史契机。

一、陪审团在英格兰民事诉讼中的出现

1066年，法国的诺曼底公爵威廉入主英国，成为英国的威廉一世国王，这一事件，史称"诺曼征服"。诺曼征服之后，威廉一世建立起强大的王权，没收反抗的盎格鲁－撒克逊贵族的土地，分封给随他征战的法国封建主。受封者要按照土地面积，向国王承担一定的骑士义务，为国王作战。大封建主又把自己土地的一部分再分封给下级，也要求他们承担骑士义务。这种封主和封臣之间的关系不是一种单向的绝对的支配与服从关系，封主和封臣分别享有一些确定的权利，同时履行确定的义务。这些权利和义务虽然没有被写入成文的法律，但任何一方单方面拒绝履行自己的义务，或者寻求习俗、惯例以外的权利，都会被视为"违法"行为。这种封建法权关系，形成了"王权有限"观念，也成为孕育法治思想的沃土，这是题外话。早在盎格鲁－撒克逊后期，国王在分封土地时，常把封地连同对封地上居民的司法管辖权一并授予某个封臣。因此，凡是接受国王封地的教俗贵族均可在领地上设立领主法院和庄园法院。[1] 这些法院均不受国王干涉，具有较大的独立性。对于这种大量存在的独立的封建法院，一位西方学者描述道："当时的英国司法制度被撕成若干碎片……司法成了个人的财产。"[2]

---

　　[1]　前者由领地上的自由土地持有人组成，适用封建法审理案件，主要调整领主和封臣之间的封建关系；后者由庄园上的维兰组成，适用起源于农村习惯的庄园习惯法，主要审理维兰之间的纠纷。维兰（villein），即农奴，是英格兰社会中法律地位低于自由民的依附农阶层。
　　[2]　程汉大主编：《英国法制史》，齐鲁书社2001年版，第35页。

早在 596 年，坎特伯雷的圣奥古斯丁奉教皇之命到英格兰传教，基督教传入英国。但盎格鲁-撒克逊时代，英国还没有专门的教会司法机构。1066 年，教皇亚历山大二世积极支持威廉一世征服英国，其目的之一是希望能够借此实现英国教会的司法独立。威廉一世入主英国后不久，按照事先与教皇的约定，于 1072 年命令主教和修道院院长退出世俗法院，单独成立教会法院。欧洲大陆教会法的观念和技术被带入英格兰，同时产生了一个拥有广泛管辖权的教会法院体系。中世纪英格兰的基督教教会法院属于教皇在欧洲的法院体系的组成部分，执行一种以罗马法为基础的基本统一的法律。与现代教会法仅涉及教义、僧侣戒律等问题不同，在中世纪的英格兰，几乎所有居民都是基督徒，他们生活的几乎所有重要领域都受教会法规范，因此，教会法院的管辖权相当广泛，涵盖了所有涉及僧侣的民事和刑事案件；涉及教会财产的案件；婚姻案件；遗嘱案件；异端、渎圣、巫术、高利贷、诽谤、私通、同性恋、通奸、损害宗教场所和袭击僧侣等刑事案件，以及含有违反信义保证（违背誓言）的契约、财产和其他民事案件。只要在相应的教会法院登记并提出控诉，涉及上述事项的案件都可以在教会法院审理，败诉的一方可以上诉至相应的大主教法院，甚至最后上诉至罗马教皇。如果原告从法院取得一种指明由教皇使节去地方审理案件的令状，教皇还可以行使初审管辖权。[1]

数目众多的封建法院和教会法院，令诺曼征服后一心要强化中央集权的英国历代君王如鲠在喉。然而，诺曼初期的英格兰中央政府，连自己的法院都没有。为了加强对地方的控制，英格兰政府开始对各地巡察。皇家中央法院就在这一过程中产生。政府的巡回视察有两个中心：一个中心是国王本人，他不停地巡游于他的王国和其他领地中，与他一起巡游的是具有司法职能的御前会议。不断移动的御前司法机构给当事人诉讼带来极大的不便。大约在 13 世纪，一些享有审判权的委员会从御前会议中分化出来，不再跟随国王出巡，而是固定在威斯敏斯特办公，成为独立于国王的常设法院——王座法院。王座法院的管辖权限于对重罪案件和涉及王室人员案件的审理。另一个中心是财政部，它之于英格兰王国的意义比现在的

---

〔1〕〔美〕哈罗德·J. 伯尔曼：《法律与革命——西方法律传统的形成》，贺卫方等译，中国大百科全书出版社 1993 年版，第 317 页。

国家财政部门重要得多。为了维护国王在地方的利益，财政部不断派出专员定期进行稽核，同时常设稽核人员，即验尸官作为辅助的裁判官，他们所作的记录被用来核对地方机构的账目。被财政部派出的专员，就是巡回法官。[1]巡回法院处理涉及国王利益的一系列问题。以此为基础，逐渐形成了财税法院。由于御前司法机构不断移动，无法及时处理当事人提交的越来越多的争端，于是诉讼当事人就到他们所能找到的任何皇家机构去寻求救济，大多数情况下，他们找到的往往是财政部，后来以此为基础设立常设法院，即普通法院或高等法院民事审判庭。到了13世纪上半叶，普通法院、财税法院以及王座法院一道构成了英格兰第一批常设的、中央集权的和专门的具有刑事和民事管辖权的皇家中央法院。普通法也在这一过程中产生。

但是皇家法院并不因此自然而然地取得司法管辖权。一方面，教会法院掌握着相当一部分案件的司法管辖权。另一方面，在世俗世界，还存在各种各样的封建法院。在封主—封臣的封建法权关系下，王室干预有关领主及其臣民的案件，犹如现代政府罔顾公民私有财产权而粗暴国有化，同样是不可容忍和违背习惯法的。可见，英格兰政府要强化中央集权，司法管辖权是必然要克服的一个难题。为此，英格兰国王一方面要和地方封建领主斗争，这一斗争的副产品是声名显赫的《大宪章》；[2]另一方面要和教会法院争夺司法管辖权。后一种斗争无论是在激烈程度上还是政治法律意义上，都是前者无法比拟的。

国王的皇家法院适用普通法，审理的案件基本上限于三类：涉及皇家财政的案件；有关土地所有权和不动产的案件；有关王国治安的重大刑事案件。[3]教会的神职人员一般不受普通法约束，而是由教会法院审判，常

---

　　〔1〕　参见［英］S. F. C. 密尔松：《普通法的历史基础》，李显冬等译，中国大百科全书出版社1999年版，第34页。

　　〔2〕　13世纪初，由于英王约翰任意践踏贵族的封建权利而导致男爵叛乱，并演化为一场全国范围内的联合反抗专制暴君的武装起义。1215年6月15日，众叛亲离的约翰被迫与男爵们相会于泰晤士河畔的兰尼米德草地。男爵们将预先拟好的一份羊皮纸文件交给他，在刀光剑影中，约翰无奈地在文件上署印。这就是英国史上著名的《大宪章》（Magna Carta）。反约翰起义的发生并非偶然，其根本原因是亨利二世以来，王权不断强化，危害到了贵族的封建权益；直接的原因是约翰国王任意践踏封建法则。

　　〔3〕　参见［法］勒内·达维德：《当代主要法律体系》，漆竹生译，上海译文出版社1984年版，第296页。

常以无罪了事。这种做法导致了恶劣的后果。在亨利二世统治的前 8 年里，有一百多起凶杀案由各级神职人员实施。深恶痛绝的亨利二世于 1164 年颁布了《克拉林顿宪章》，该宪章由若干条例组成，号称是记录了亨利二世祖父（亨利一世）时的 16 种得到了显要的神职人员和贵族认可的习惯和特许权。第 9 条正式确立了对后世影响深远的陪审团制度，该条规定，当某块土地是教会持有还是俗人领有出现争议时，应在当地骑士和自由人中选出 12 名知情人为陪审团成员，由他们对土地争议作出裁决。这是第一次以法令的形式将陪审制运用于地产案件的审判中。[1]此后，其他问题也开始被认为适合于由陪审团来决定，陪审团遂扩大适用于整个民事诉讼。12 世纪的英格兰陪审团在很多方面不同于现代的陪审团：首先，当时的审判陪审团并不审理证据，而只是基于审判前他们所知道的情况回答某个问题；其次，陪审员是当事人的邻居，并且事先已经知道法官的问题，所以他们回答问题无须经过询问证人的过程；最后，需要注意的是，在皇家法院使用邻居陪审团判决案件的做法最先出现于民事案件中，即 1164 年《克拉林顿宪章》作出正式规定以后，刑事案件中使用审判陪审团则是 1215 年废除神明裁判以后的事情。

二、陪审团进入英格兰刑事审判

刑事案件中率先出现的是大（起诉）陪审团。为了制止犯罪，亨利二世又于 1166 年颁布《克拉林顿法令》（Assize of Clarendon），将大陪审团作为正式的起诉组织。该法令规定，"为保障稳定、维护正义，所有的郡、百户邑都要由百户邑中 12 名较为守法的良民与村镇中的 4 名良民进行调查。经过宣誓，他们要诚实地说出在他们的百户邑或者村镇，是否有人被刑事指控或者被普遍怀疑抢劫、谋杀、盗窃，或者收留上述罪犯。因为领主的王就是国王"。[2]即在每一百户邑选 12 人，每一村镇选 4 人，组成起诉陪审团，在每次法官巡回访问时要召集起诉陪审团的成员，巡回法官到场时，宣誓的陪审员应对犯有谋杀、盗窃、抢劫罪的全部嫌疑人或者窝藏犯有上

---

〔1〕 参见程汉大主编：《英国法制史》，齐鲁书社 2001 年版，第 80 页。

〔2〕 转引自侣化强：《形式与神韵——基督教良心与宪政、刑事诉讼》，上海三联书店 2012 年版，第 167 页。

述罪行的人以及犯有伪造货币和纵火罪的所有嫌疑人提出指控。然后对这些嫌疑人按照冷水裁判法进行审判。如果陪审员隐瞒犯罪或者作出虚假陈述，法官可以对他们处以罚金。在没有正式的警察制度的情况下，可以想见大陪审团在当时是多么有效的一个创举，"它几乎不能使地方特权得到保障"。[1]

　　小（审判）陪审团进入刑事诉讼则是出于一定的历史机缘。蛮族入侵之后，13世纪以前，整个欧洲广泛采用"共誓涤罪""神明裁判"和"司法决斗"裁判法来解决刑事诉讼中的证明难题。[2]这些形态各异的裁判方式，其实有着共同的思想基础，即都是出于对某种超自然力量的信仰，其本质上具有神明裁判的色彩。在这样的审判中，法官的角色无疑是有限的，因为作为世俗之人，他和普通人一样缺乏与神灵沟通、交流的能力，他的主要任务是宣布法律、确保案件的进行遵循了正当的程序和运用了正当的审判方式。[3]为了保证事实认定结果具有权威性，除法官外，还需要一位特殊人物来主持神判仪式，负责与神灵沟通，基督教传入以后，这一任务就落在了基督教的神职人员身上。

　　然而，1215年，在第四次拉特兰宗教会议（the Fourth Lateran Council）上，教皇英诺森三世宣布禁止基督教神职人员参与、主持神明裁判。[4]而对于世俗的刑事审判而言，没有神职人员主持的神明裁判是没有权威性的。

---

　　〔1〕［美］哈罗德·J.伯尔曼：《法律与革命——西方法律传统的形成》，贺卫方等译，中国大百科全书出版社1993年版，第545页。

　　〔2〕参见［美］哈罗德·J.伯尔曼：《法律与革命——西方法律传统的形成》，贺卫方等译，中国大百科全书出版社1993年版，第66页。

　　〔3〕［美］爱伦·豪切斯泰勒·斯黛丽、南希·弗兰克：《美国刑事法院诉讼程序》，陈卫东、徐美君译，中国人民大学出版社2002年版，第94—98页。

　　〔4〕为何教皇发布这样的禁令，后世学者有三种猜测：一是冷水审、热水审这样的裁判方式可能导致千篇一律的结果，日积月累，民众可能会对判决结果产生怀疑，如果神明裁判由基督教神职人员主持，对裁判结果的怀疑有可能转移为对基督教本身的怀疑，这对于以信仰立足的宗教来说是致命的，因此，教会的禁令有与世俗审判"切割"的动机。二是早期基督教有"血罪"之说，禁止流血、杀人，不仅禁止强盗这种违反人类法的行为，"同样适用于谋杀、死刑判决以及战场上杀人"。这种不加区分地禁止一切导致流血、残害肢体、杀人的传统，一直延续到整个中世纪，涉及的职业有战场上的士兵、刑事法官、从事外科手术的医生。禁止神职人员参与审判，或有避免沾染"血罪"之用意。（参见佀化强：《形式与神韵——基督教良心与宪政、刑事诉讼》，上海三联书店2012年版，第52—60页。）三是圣经中有"不可试探主你的神"的教谕（《申命记》6：16节），而各种神明裁判法皆有试探上帝之嫌。

这一决定，不仅导致神明裁判在世俗审判中的消亡，也使得自蛮族入侵后在欧洲流行了近千年之久的刑事司法制度陷入了暂时的危机。为了克服这次危机，欧洲大陆模仿教会法院的"秘密""间接""书面"程序发展出纠问式诉讼，[1]英格兰则走上了另外一条截然不同的道路。

如前所述，早在1164年，英格兰民事诉讼中已经开始使用陪审团，从1166年开始，刑事案件中也产生了起诉陪审团。在这场由神明的缺席而导致的司法危机中，英格兰的改革者很自然地把目光投向在实践中已经运作近半个世纪且效果良好的民事陪审团，而且是直接把起诉陪审团拿来使用，于是刑事诉讼中也产生了最初的审判陪审团。[2]在15—16世纪以前，英国的陪审团多数是知情陪审团，此时的陪审团集证人与法官于一身，显然，在最初起诉他的同一个陪审团手里，被告人几乎没有得到无罪判决的机会。到了16世纪，开始允许被告人从审判陪审团中剔除对之提出指控的大陪审团成员，知情陪审团逐步过渡成不知情陪审团，大陪审团和小陪审团逐步分开，审判职能由单独组成的小陪审团行使。

这段历史对于理解陪审团在英美法律文化中的特殊地位具有重要的意义。不要忘记，在13世纪这场由"上帝"撤退而导致的危机中，陪审团取代的是"上帝""神明"的位置，因而也不可避免地继承了后者的"神性"，这种自带的光环主要表现在三个方面：第一，判决要详细说明理由是程序公正的基本原则之一，然而，就这一原则而言，陪审团是个十足的例外。在审判结束后，陪审团只被要求提供一个笼统的"有罪"或"无罪"的结论，无须陈述理由，也不会因此而遭受程序不公的批评。这一特点，即来源于神明裁判——通过上帝只是通过其神迹指示一个裁判结论，比如冷水审中让被告人沉下去或浮起来，并不会进一步解释为何让被告人沉下去或者浮起来。第二，一旦陪审团宣布被告人无罪，就会"像神的声音一

---

〔1〕 教会法院的诉讼程序主要用于调查神职人员犯罪，为了维护教会的体面，防止丑闻外泄，因而要"秘密"进行；因为教会法院法官和被告人同属神职人员，为了维护教会法官的客观公正性，不允许法官直接接触被告人，而是另外委托一名法官讯问被告人、收集证据，收集的所有证据都要记载于书面的案卷上，调查完毕后，将案卷交给主审法官，由后者根据案卷作出判决，由此形成了"间接"和"书面"审理的特点。

〔2〕 See G. Adams & H. Stephens, *Select Documents of English Constitutional History*, The Macmillan Company, 1901, pp. 118-119.

样"不容置疑，一般情况下也不允许检察官针对这个裁判结果提起上诉，因为一旦对被告人进行第二次审判，就会触犯"禁止双重危险"的宪法条款。第三，陪审团还享有特权——"废止权"[1]或"衡平权"[2]。陪审团废止权（nullification），指陪审团享有的违背事实与证据作出被告人无罪裁决的权力，这样的裁决，导致刑事实体法无法在现实生活中发挥作用，实际上"废止"了该实体法。在陪审团审判中，有两个因素成就了陪审团的"废止权"：陪审团只需对被告人的罪责问题作一个概括性的裁决，不需要说明理由；美国联邦宪法第五修正案的"禁止双重危险"条款阻止了对被判无罪的被告人的再次追诉。

陪审团审判的产生对英国的诉讼程序发生了重要影响。在旧的神明裁判方式下，当事人双方之间的纠纷是作为一个概括性的问题统一交由上帝来解决的。但是，如果解决当事人之间关于权利的一般问题不是通过对宣誓的检验而进行的神明裁判，而是要求那些虽然通情达理，但可能犯错误的人们作出决定的话，那么他们作出的决定就可能产生问题。因为人的错误总是在所难免，所以在很多情况下，笼统地把对一般性问题的决定权交给他们似乎不太安全。

对于法院来说，法院不再仅仅是主持那种无须凡人指导的、只将问题置于神明裁判之下的程式化的仪式，而要以某种方式负责任地作出决定。他们明白，陪审员可能犯错误，古老的提出诉讼请求与否认诉讼请求的方式已经不可靠，因此他们宁可允许被告不再作那种古老的概括式否认，而且在某些情况下，必须允许被告以新的形式进行答辩，详细陈述有利于他自己的事实。

对于陪审团来说，对于案情介绍的自然反应，就是让被告讲出所有对

---

〔1〕　See Joshua Dressler & Alan C. Michaels, *Understanding Criminal Procedure* (4th ed., vol. 2), Matthew Bender & Company, Inc., 2006, p. 297.

〔2〕　陪审团在个案中不顾事实与证据裁决被告人无罪的权力，美国习惯上称为"废止权"（nullification），英国一般称"衡平权"（jury equity）。近年来英国陪审团行使衡平权最著名的例子是 Clive Ponting 的无罪裁决。Clive Ponting 是政府的一名高级公务员，被控将涉及马岛战争期间一艘阿根廷战舰沉没的密级文件泄露给了一名议员。被告人的行为明显违反了 1911 年《英国职务秘密保护法》第 2（1）条，但陪审团依然裁决他无罪，原因似乎是他揭发了隐瞒行为，其做法符合议会民主传统。See R. v. Ponting [1985] Crim LR 318, Central Criminal Court. See also Paul Roberts & Adrian Zuckerman, *Criminal Evidence*, New York: Oxford University Press, 2004, p. 62.

自己有利的事实来进行抗辩。在陪审团审判刚刚产生的早期，一般情况下，陪审员被期望知道他们需要知道的所有事实以决定被告人是否有罪，即"知情陪审团"。但是，允许一些来自罪行发生地以外的管辖区的人成为陪审员的做法使得"不知情陪审团"逐渐开始出现。当然，促使知情陪审团向不知情陪审团转变的还有其他的历史因素。例如，至少从16世纪开始，治安法官（Justices of the peace）就成为审前的主要执法官员，他们根据民众的控告调查严重的刑事案件。其职责在1555年的一部立法中，即所谓的"玛丽交付审判法"（Marian committal statute）就有了明确的规定。该法授权有重罪嫌疑人带至其面前的治安法官对控告人和被控告人进行询问；为审判法庭记下这些询问；命令逮捕被控告人并将其监禁候审；要求重要不利于被控告人的证人出席审判（如果不遵守则以罚款惩罚）。[1]随着治安法官的审前作用在15—16世纪变得越来越积极，审判陪审团在提供案情信息方面的作用开始减退，与此同时，陪审团在评估证据和提交裁决方面的职能开始强化。[2]

从知情陪审团向不知情陪审团的转变，在陪审团的运作方面产生了新的问题，并进而导致审判程序上的相应变革。因为居住在其他管辖区的陪审员并不了解案件的有关情况和有关人员的个性情况，陪审团为了了解案件事实，就有必要在法庭听取证人证言。这种对证言的听取最初采取一种非常不正式的程序，陪审员在社区内到处询问一些可能了解案件情况的人。但是到了后来，陪审团就主要靠当事人双方提供证据进行审判了。诉讼双方必须在陪审团面前进行对抗式辩论，相互质疑，即席答辩。

三、欧洲大陆参审制的产生

英格兰通过引入民事诉讼陪审团来应对"上帝"在13世纪退出世俗刑事司法制度后造成的暂时的危机，它的欧洲大陆同行们则把目光投向了教

---

[1] John H. Langbein, *The English Criminal Trial Jury on the Eve of the French Revolution*, edited by Prof. Dr. Antonio Padoa Schioppa, The Trial Jury in England, France, Germany: 1700 - 1900, Berlin: Duncker & Humblot, 1987, pp. 20-21.

[2] Thomas A. Green, *The English Criminal Trial Jury and the Law-Finding Traditions on the Eve of the French Revolution*, edited by Prof. Dr. Antonio Padoa Schioppa, The Trial Jury in England, France, Germany: 1700-1900, Berlin: Duncker & Humblot, 1987, p. 44.

会法院的诉讼程序。教会法院使用的是古罗马帝国后期发展出的一种特别程序。由于教会法院管辖的主要是僧侣犯罪案件，为了防止丑闻外泄，影响教会形象，诉讼一般"秘密"进行。由于教会法官与被告人同为神职人员，为了保证法官立场中立，当时的思路是尽量避免教会法官与被告人直接接触，而是委托专门的调查人员讯问被告人、询问证人，所收集的证据以书面的形式保存、固定下来，形成"案卷"，调查完毕后再把案卷交给法官，法官在案卷的基础上作出判决。这种"间接""书面"的审理方式，后世称之为"纠问式程序"。

从起点来看，欧洲大陆使用的纠问式程序与英国使用的陪审团审判并无优劣之分，然而，到了 18 世纪，处于英吉利海峡两岸的英国和法国，其刑事司法制度已经呈现出截然不同的景象。在英格兰，经过几百年的发展，陪审团审判制度日趋完善。而在法国，由于纠问式程序与法定证据制度相结合，尤其是对口供的推崇导致刑讯逼供的盛行，纠问式程序最终走向恶化。当时的启蒙思想家，尤其是孟德斯鸠对英国司法制度极为赞赏，这成为法国大革命后大规模移植英美刑事司法制度的思想基础。

法国大革命之后两年，在革命激情的支配之下，1791 年法国召开第一届国会，通过新的刑事诉讼法，这部刑事诉讼法的主旋律就是"照抄"英国，即按照英格兰模式进行大规模的法律移植：仿照英美的法庭组织，采行大、小陪审团制度；在诉讼程序上也改采言词辩论、公开审判、双方当事人对等的审判程序以及自由心证原则；废除了对犯罪嫌疑人的刑讯，实行一事不再理，等等。但是这种试图以外国制度来代替本国传统的努力很快就归于失败，法国刑事诉讼中开始出现了旧制度的复辟。结果，革命前的封建成分和革命后的改革要素互相渗透，形成一个混合的刑事诉讼制度，最后以拿破仑法典的出现作为妥协而告终。1808 年 12 月 16 日拿破仑公布了《法国重罪审理法典》。这部法典废除了负责起诉的大陪审团，转而由职业法官组成的法庭负责审查起诉。刑事诉讼兼采纠问式与控告式的诉讼程序。改革后的审前程序仍然保留了纠问式诉讼的基本特征：审前阶段由新创设的预审法官主导，预审法官享有指挥诉讼进行的广泛的裁量权，诉讼秘密进行，对于受到侦查的个人很少或根本不给予任何保护。在审判阶段，诉讼采取公开的和控辩的方式进行。共和国检察官代表国家，律师代表被告人；法官的角色也相应地发生改变，在重要的案件中，他经常还会得到普通公民组成的陪审团的帮助。

法国 1791 年引入陪审团制度，如同英美一样，区分陪审团和职业法官的职责。1808 年的《法国重罪审理法典》一开始也是将陪审团和职业法官的职责分开。陪审团是"审查事实的法官"，并由陪审团单独决定被告人是否有罪、是否有加重情节、是否有宽宥的理由。这种将犯罪事实与适用法律彻底分开的做法，很快就暴露出严重的不足。陪审团由于不了解对被告人作出的有罪宣告会引起什么样的刑罚，并且担心法庭过于严厉，所以往往毫不犹豫地宣告被告人无罪。

1908 年，为了对这种状况进行补救，建立了一种由重罪法庭庭长应陪审员的请求在评议案件的过程中走访陪审员的实践。其目的是让陪审员了解他们所作的裁决可能产生的后果。但是，这种补救不是很完善，因为法庭庭长只是以其本人的名义说话，并且不能使法庭的同事也承担相同的义务。因此，有时就会发生这样的情形：在法庭依据陪审团作出的有罪裁决宣告判刑判决以后，陪审团往往认为法庭的判决过于严厉。作为报复，陪审团在随后的案件中便会作出一连串的无罪裁决。[1]

面对这种局面，1932 年的一项法律作出规定，审判陪审团仍然单独就被告人是否有罪的问题进行评议，然后在宣告被告人有罪的情况下，再与法庭一起就适用的刑罚进行评议。但是，这一制度仍然未能完全消除原有的弊病。由于陪审团仍然可以单独对被告人是否有罪进行评议，所以继续作出许多过分宽容或者过分严厉的裁决，常常使公众为之哗然。

1941 年，法国又通过法律进行了最深入的改革（1945 年生效）。这一法律规定，在对案件的事实进行评议时，法庭与陪审团应相互配合，从而建立了一个法庭与陪审团既在事实方面，又在法律方面"全面合作的制度"。由此也产生了今天的这种状况：陪审员不再是"人民的法官"，而是与职业法官相互配合的"助理法官"。这种导向性改变，也引起了激烈的批评，因为职业法官对重罪法庭的裁判的影响过大。为了减少职业司法官对重罪法庭判决的过大影响，并加大陪审团的影响，《法国刑事诉讼法典》第

---

[1] 参见［法］贝尔纳·布洛克：《法国刑事诉讼法》，罗结珍译，中国政法大学出版社 2009 年版，第 487 页。

359 条规定，凡是不利于被告人的裁判决定，都必须有 8 票对 4 票之多数才能作出，这也就意味着至少要有 5 名陪审员赞成，才能作出不利于被告人的裁判决定；在 5 票赞成对 7 票相反意见的情况下，按照"少数赞成利于被告人"的规则，被告人仍应当被宣告无罪，或者得到从轻处罚。

　　2011 年 8 月 10 日，法国通过第 2011-939 号法律，减少了陪审员人数，规定自 2012 年 1 月 1 日起，一审陪审员减少为 6 人，上诉审减少为 9 人。[1] 职业法官的人数不变，一审、二审均为 3 人。第一审重罪法庭要对受审人定罪需要得到 9 名法庭成员中的 6 票，第二审重罪法庭要作出对被告人不利的判决，需要 12 位法庭成员中的 8 票。即便 3 位职业法官事先串通好了，都认定有罪，仍然需要陪审员中至少半数成员（第一审 3 票，第二审 5 票）的支持，才能定罪。

　　19 世纪初，《法国重罪审理法典》出台后，相对于欧洲大陆多数国家适用的书面的、秘密的纠问程序，法国的程序具有无可否认的优越性。因此，法国刑事诉讼法在颁布后不久，就为意大利、瑞士法语区、荷兰、比利时、罗马尼亚、俄罗斯、葡萄牙和西班牙等国家或地区所继受。在德国境内的莱茵河左岸地区，法国的刑事诉讼法被直接拿来适用，由此对德国刑事诉讼法的发展造成最重大的影响。直到今天，德国法院的组织架构、检察机关以及诉讼程序的基本原则都与法国基本相同。典型的大陆法系刑事诉讼程序是由三个基本部分组成的统一体，即调查阶段、预审阶段和审判阶段。调查阶段在检察官的指导下进行，检察官也可以在预审法官的监督下参加预审阶段的诉讼活动。预审主要采用书面方式，并不公开进行。预审法官可以决定这一阶段中诉讼程序的性质和范围，这一阶段要求预审法官全面地调查事实，并进行记录，以便在预审阶段结束时，将所有相关的证据都反映在完整的书面记录上。如果预审法官作出结论，认为有犯罪事实存在，并证明被告人是犯罪者，那么案件就进入审判阶段。如果预审法官认为没有犯罪事实，或者犯罪行为不是被告所为，那么就不再进行审判。在审判阶段，证据已经收取，调查记录已经形成，这个记录对于被告人及其辩护人以及对于起诉的成立都是有效的。审判阶段的作用，在于把案件事实提

---

〔1〕　参见刘林呐："法国重罪陪审制度的启示与借鉴"，载《政法论丛》2012 年第 2 期。

交法官和陪审员审理，允许公诉人和辩护人就案件事实展开辩论。

　　19世纪欧洲大陆的法院组织和刑事诉讼程序主要受拿破仑时代立法的影响，加之共同的法律传统，很多人以为整个欧洲大陆的刑事诉讼程序都是一样的。实际上，每个国家都有自己独立的发展历程。以德国为例。德国的刑事诉讼法和法院组织法都制定于1877年，像那个时代的欧洲大陆许多国家的立法一样，这两部法律的基本特征都直接或间接地来源于法国法。但是经过一个多世纪的变迁，新的发展已经给这些法律带来了深刻的变化。魏玛共和国时期，德国的审判组织经历过一次重要的改革。原来的刑事诉讼法规定了两种公民参与刑事审判的形式。一种是由12名普通公民组成的陪审团和3名职业法官共同组成的审判组织（Geschworene），负责最严重犯罪的审判。由陪审团决定罪与非罪的问题，职业法官决定其余的问题，其中一名职业法官主持审判。另一种是由1名职业法官和2名业余法官（陪审员）组成的法庭（Schöffen），负责轻罪的审理，由职业法官和业余法官共同决定审判过程中出现的问题，两种法官具有同等的表决权。后来又出现了一种由5名职业法官组成的法庭（Strafkammer），负责对上述两种法庭审理之外的具有中等严重程度的案件的审判。这一时期改革主要是为了简化诉讼程序。经过改革，在当时已经引起许多批评的陪审团被废除。但是，业余法官的参与并未完全消失，业余法官与职业法官具有同等表决权的审判形式仍然得以保留。在现在的德国，除了在两种例外情况下，无论是在初审还是在上诉审中，法庭都是以这种形式组成。这两种例外是：轻微的案件由单个法官独任审判；重要的与国家安全有关的案件直接由上诉法院的5名职业法官进行审判。

　　目前，德国的业余法官（陪审员）在区法院（Amtsgericht）和州法院（Landgericht）协助执行司法，没有报酬。他们由区法院或州法院院长主持的委员会任命，一年服务不超出12天。执行公务时，他们要宣誓，一经宣誓，法律即赋予他们与职业法官同等的权利和职责，但他们不享有在开庭审判前阅览案卷的权利。区法院为基层的普通刑事法院，可以由1名法官组成独任庭，审理可能判处2年监禁刑以下刑罚的案件，也可以由1—2名职业法官和2名陪审员组成合议庭（Schfföengericht），有权审理可能判处4年监禁刑以下刑罚的案件。州法院包括两种陪审法庭：一种是"小刑事法庭"（Kleine Strafkammer），由 1 名法官和 2 名陪审员组成，负责审理区法院独任法官或合议法庭作出判决的上诉。另一种是"大刑事法庭"（Große），由 3 名法官和 2 名陪审员组成，审理除应当由州高等法院管辖的其他严重刑事案件。[1]

四、陪审团在西方世界的复兴

被誉为"自由的堡垒""民主的学校"的陪审制，历经三波全球扩张。第一波是英国的殖民狂潮，向大英帝国的广大殖民地推广了陪审团制度。第二波是法国大革命时代极为推崇陪审制。1810 年拿破仑颁布的《法国刑法典》，明文规定了陪审团制度。由于法国大革命和拿破仑的巨大影响，19 世纪之后，从葡萄牙到日本，众多国家开始引入陪审制。第三波是冷战结束后，越来越多的民主转型国家希望通过移植陪审制，实现司法民主化。但是，前两波陪审制大潮狂飙突进之后，移植结果与预期差距过大。期望越高，失望越大，引发强烈反弹。19 世纪陪审团制度在比利时、希腊、挪威、葡萄牙、俄国、西班牙和瑞士等国多以失败告终。此后随之式微，陪审制的黄金时代亦宣告结束。沙俄时代陪审制于十月革命后被苏俄废除，1924 年德国取消陪审团，1943 年日本也停止陪审制实施。

然而，到了 20 世纪末，在欧洲大陆与民主转型国家，陪审制热潮再起。近年所涌现这股新潮，是自 19 世纪中期以降，法国与德国采纳陪审制后，最新一轮的陪审制全球大扩张。自西班牙独裁者佛朗哥死后，新政府开始激活陪审制，1995 年通过了陪审团法。1993 年俄罗斯也通过陪审法，再度引入陪审团制度。日本在 2004 年，韩国在 2007 年纷纷启动陪审制改革。此外，从克罗地亚、哈萨克斯坦，到墨西哥、阿根廷、南非，或者正在实施，或者准备引入。

五、民事陪审团在欧洲的衰亡

19 世纪之前，英国的民事陪审团和刑事陪审团没有明显的区别，规范陪审员的资格和遴选程序的成文法基本同等适用于民事陪审团和刑事陪审

---

〔1〕　德国州高等法院管辖涉及国家安全的一审案件，或者法律明文列举的联邦公诉人移送的案件，高等法院刑事庭由 3 位职业法官组成，严重复杂案件由 5 名职业法官组成，没有陪审员。

团，学者也往往不加区分地讨论两种陪审团。例如，威廉·布莱克斯通所著《英国法释义》，在第三卷民事陪审团的部分讨论了陪审团制度的价值，在第四卷谈到刑事陪审团部分时，他只是建议读者回去看第三卷中的讨论。[1]在他看来，陪审团制度无论是在民事问题上还是刑事问题上，基本都是一样的。

到了19世纪30年代，这样的思想才渐渐开始流行起来：在民事裁判中使用陪审员意义不大，而且造成了比刑事审判更多的负担。在接下来的20年间，民事陪审团审判一下子衰落了，其结果是到"一战"结束时，民事陪审团已经名存实亡。欧洲大陆后来引入陪审团制度的风潮也完全局限于对刑事法庭的改革，法国大革命的缔造者们对民事陪审团毫无兴趣。19世纪欧洲国家对欧洲普通法时代民事程序的不满引起了法院系统、法官任期、证明规则和程序规则方面的重大变化，但民事法庭的构成一直保持了职业化的格局。[2]

---

〔1〕 See William Blackstone, *Commentaries on the Laws of England* (4. Vols.), Oxford 1765–1769, Ⅲ：379–81，Ⅳ：343.

〔2〕 John H. Langbein, *The English Criminal Trial Jury on the Eve of the French Revolution*, edited by Prof. Dr. Antonio Padoa Schioppa, *The Trial Jury in England, France, Germany*：1700–1900, Berlin：Duncker & Humblot, 1987, pp. 15–16.

第二章

中国陪审制度的发展演变

一、中国陪审制度的早期探索

中国对陪审制度的最早引进是在清末修律时期。[1]1906 年 4 月 25 日，《大清刑事民事诉讼法》草案编成，沈家本在《进呈诉讼律拟请先行试办折》中，提出建立陪审员制度的构想：

"臣等从事编辑，悉心比契，考欧美之规制，款目繁多，于中国之情形，未能尽合。谨就中国现时之程度，公同商定阐明诉讼法，分别刑事民事，探讨日久，始克告成。惟其中有为各国通例而我国亟应取法者，厥有二端。一宜设陪审员也。考周礼秋官司刺掌三刺之法。三刺曰，讯万民必万民皆以为可杀，然后施上服下服之刑。此法与孟子国人杀之[2]之旨，隐相吻合，实为陪审员之权舆。秦汉以来，不闻斯制。今东西各国行之，实与中国古法相近。诚以国家设立刑法，原欲保良善而警凶顽。然人情诪张为幻，司法者一人，知识有限，未宜周知，宜赖众人为之听察，斯真伪易明。若不肖刑官，或有贿纵曲庇、任情判断及舞文诬陷等弊，尤宜纠察其是非。拟请嗣后各省会并通商巨埠及会审公堂，应延访绅富商民人等，造具陪审员清册，遇有应行陪审案件，依本法临时分别试办。如地方僻小，

---

〔1〕 李春雷：《中国近代刑事诉讼制度变革研究（1895—1928）》，北京大学出版社 2004 年版，第 175 页。

〔2〕 孟子见齐宣王曰："所谓故国者，非谓有乔木之谓也，有世臣之谓也。王无亲臣矣，昔者所进，今日不知其亡也。"王曰："吾何以识其不才而舍之？"曰："国君进贤，如不得已，将使卑逾尊，疏逾戚，可不慎与？左右皆曰贤，未可也；诸大夫皆曰贤，未可也；国人皆曰贤，然后察之，见贤焉，然后用之。左右皆曰不可，勿听；诸大夫皆曰不可，勿听；国人皆曰不可，然后察之，见不可焉，然后去之。左右皆曰可杀，勿听；诸大夫皆曰可杀，勿听；国人皆曰可杀，然后察之，见可杀焉，然后杀之。故曰国人杀之也。如此，然后可以为民父母。"——《孟子·梁惠王下》

尚无合格之人，准其暂缓，俟教育普被一体举行，庶裁判悉秉公理轻重，胥吏舆评自无枉纵深故之虞矣。"[1]

沈家本认为，中国西周时期已有陪审制度的思想基础。徐朝阳在《中国诉讼法溯源》一书中也认为，"陪审制度，起源甚古，周礼所载，已具规模。虽不能与近代之陪审制度比拟，然其基本观念要已相近"；"据周礼秋官小司寇云，'以三刺断庶民狱讼之中，一曰讯群臣，二曰讯群吏，三曰讯万民，听民之所刺宥，以施上服下服之刑'。是则关于陪审之一种规定"；"依余之见，三刺之效用，对于犯罪事实不明者，与罪行不称及犯罪情节可悯恕者时，而使群臣群吏及人民陪审法院，讯问犯罪人，各发表其主张，而后对比三者之意见，从最公平之主张，以定刑法之适用。故所谓三刺，即依陪审之形式而定刑法之适用之制度。换言之，实则周代陪审之名称也"。[2]

在上述思想指导下，《大清刑事民事诉讼法》草案第四章第二节专门规定了"陪审员"。在民刑合一、总共 260 条的草案中，有关陪审员的条文共计 27 条，占总条文的 10%强，立法者对陪审制度的重视，可见一斑。

然而，这种新制度及其承载的民主精神，遭到了中国固有的专制法律文化及其代表人物的顽固抵制，草案最终未能颁行，而专制王朝也随着辛亥革命的爆发而土崩瓦解。

以孙中山为首的临时政府虽然未及详订各项司法制度，但若干探索仍具积极意义，尤其以前山阴县令姚荣泽案的审判最具有代表性。为审判姚案，时任司法总长的伍廷芳曾致电孙中山："民国方新，对于一切诉讼，应采文明办法。况此案情节极大，尤须审慎周详，以示尊重法律之意"，建议

---

[1] 《大清光绪新法令》第 19 册。

[2] 徐朝阳：《中国诉讼法溯源》，商务印书馆 1933 年版，第 103—104 页。但陈光中先生对上述观点有不同看法。陈先生指出，《周礼·秋官·小司寇》记载，"三刺之言，当是罪定断讫，乃向外朝始行三刺"。（《周礼·秋官·小司寇》贾公彦疏）《周礼·秋官·司刺》载："掌三刺、三宥、三赦之法，以赞司寇听狱讼"，即由司刺辅佐大司寇掌理三刺（讯群臣、讯群吏、讯万民），三宥（不识、过失、遗忘），三赦（幼弱、老旄、愚蠢）之事，以辅佐司寇听讼断狱。据此，三刺是在审判官审理结束之后，由司刺向群臣、群吏、万民讯问意见，以求得公正的裁判。这表明，群臣、群吏、万民参与的是案件的讨论，而非直接参与审判。参见陈光中：《中国古代司法制度》，北京大学出版社 2017 年版，第 278 页。

"特派精通中外法律之承审，另选通达事理、公正和平、名望素著之人为陪审员。"此案于陪审制度，虽属试行，但影响深远。[1] 1927年1月，武汉国民政府公布了《新司法制度》，明确规定了参审、陪审制。凡人民法院审理的案件，须有当事人所属的团体，如工会、商会，选出1人为参审员，参与事实与法律判；凡其他法院审理的案件，亦由上述团体选出2—4人为陪审员，参与事实之审判。与此同时，武汉国民政府公布《参审陪审条例》，对参审陪审员的资格、遴选方式、权利义务等作出详细规定。这些规定，为中国近代陪审制度的发展奠定了基础。

北伐战争时期，在中国共产党领导的工人运动和农民运动中，开始出现人民陪审员制度的萌芽。1925年省港大罢工期间，罢工委员会设立了会审处作为临时审判机关，实行陪审制度，陪审员由各工会组织选派。1927年上海第三次工人武装起义制定的《上海特别市临时市政府政纲（草案）》，规定法院实行陪审制度，由各界派代表参加陪审。

土地革命时期，革命根据地借鉴苏联经验，开始探索推行人民陪审员制度。1932年颁布的《中华苏维埃共和国裁判部暂行组织及裁判条例》，第一次较为详细地规定了人民陪审员制度，明确了陪审员的地位、回避以及参加法庭审判的要求和原则。陪审员为不脱产、不领报酬的兼职工作，参加陪审工作时保留原职、原薪。陪审员参加陪审采取一案一轮换制。

抗日战争和解放战争时期，边区制定了专门的陪审条例，如1940年的《晋察冀边区陪审制暂行办法》、1941年的《山东省陪审暂行办法（草案）》、1942年的《晋西北陪审暂行办法》以及1943年的《陕甘宁边区军民诉讼暂行条例》等。这一时期的人民陪审制度，在法律规定上更加完备，在各边区、解放区普遍推行。除了反革命案件，刑事、民事案件一般都实行陪审制，并进行了一些新的制度探索，如陪审员享有与审判员相同的权利、陪审员有一定的任职期限等。但是，由于当时中国共产党尚未夺取全国政权，这段时期的人民陪审制度模式并不统一。

---

〔1〕　参见李春雷：《中国近代刑事诉讼制度变革研究（1895—1928）》，北京大学出版社2004年版，第178—179页。

二、新中国成立后人民陪审员制度的确立和发展

新中国成立后，在新民主主义革命时期的人民陪审员制度经验的基础上，1951 年颁布了《中华人民共和国人民法院暂行组织条例》，正式确立了人民陪审员制度。1954 年颁布的《人民法院组织法》第 8 条规定："人民法院审判第一审案件，实行人民陪审员制度，但是简单的民事案件、轻微的刑事案件和法律另有规定的案件除外。"1954 年颁布的《宪法》第 75 条规定："人民法院审判案件依照法律实行人民陪审员制度。"从 20 世纪 50 年代末期开始，由于人民陪审员的产生、培训、补助等实际困难，加之频繁的政治运动、公检法联合办案等原因，人民陪审员制度逐步萎缩。"文化大革命"期间，国家民主法制遭到破坏，人民陪审员制度名存实亡，1975 年的《宪法》取消了人民陪审员制度的规定。

1978 年，我国开始恢复和重建司法制度，《宪法》再次规定了人民陪审员制度。1979 年《人民法院组织法》第 10 条第 2 款规定："人民法院审判第一审案件，由审判员和人民陪审员组成合议庭进行，但是简单的民事案件、轻微的刑事案件和法律另有规定的案件除外。"1979 年《刑事诉讼法》第 105 条第 1 款至第 2 款规定，"基层人民法院、中级人民法院审判第一审案件，除自诉案件和其他轻微的刑事案件可以由审判员一人独任审判以外，应当由审判员一人、人民陪审员二人组成合议庭进行。高级人民法院、最高人民法院审判第一审案件，应当由审判员一人至三人、人民陪审员二人至四人组成合议庭进行"。可见，陪审是第一审法庭的必要构成形式。

但是，由于多种原因，1982 年《宪法》再次取消了关于人民陪审员制度的规定。此后宪法的几次修改，均未规定人民陪审员制度。至此，在没有宪法作为直接依据的情况下，人民陪审员制度通过三大诉讼法及相关司法解释重新得以确立，只是不再把实行陪审制度作为硬性要求，而是作为选择性规定。尤其是 1983 年开始"严打"之后，《人民法院组织法》第 10 条第 2 款修改为，"人民法院审判第一审案件，由审判员组成合议庭或者由审判员和人民陪审员组成合议庭进行；简单的民事案件、轻微的刑事案件和法律另有规定的案件，可以由审判员一人独任审判"。1996 年修正的《刑事诉讼法》第 147 条第 1 款至第 2 款也规定，"基层人民法院、中级人

民法院审判第一审案件，应当由审判员三人或者由审判员和人民陪审员共三人组成合议庭进行，但是基层人民法院适用简易程序的案件可以由审判员一人独任审判。高级人民法院、最高人民法院审判第一审案件，应当由审判员三人至七人或者由审判员和人民陪审员共三人至七人组成合议庭进行"。陪审不再作为第一审法庭的必要构成形式。

　　然而，20 世纪末以来，由于社会关系变化，利益格局调整，社会矛盾交织，人民法院审判工作面临前所未有的复杂局面，人民法院的管理体制和审判工作机制，受到了严峻的挑战。人民群众对少数司法人员腐败现象和裁判不公反映强烈，直接损害了党和国家的威信。在这一背景下，为提振社会公众对司法的信心，提高司法的公信力，人民陪审员制度又重新受到重视，并随着司法改革的启动和深入而逐渐升温，成为司法改革不可或缺的组成部分。

　　1997 年，中国共产党第十五次全国代表大会确定了依法治国的基本方略，明确提出了推进司法改革的任务。1999 年，第九届全国人民代表大会第二次会议又将依法治国的基本方略载入《宪法》。以此为契机，最高人民法院于 1999 年印发了第一个《人民法院五年改革纲要（1999—2003）》，其中第 23 条提出完善人民陪审员制度，"对担任人民陪审员的条件、产生程序、参加审判案件的范围、权利义务、经费保障等问题，在总结经验、充分论证的基础上，向全国人大常委会提出完善我国人民陪审员制度的建议，使人民陪审员制度真正得到落实和加强"。2000 年 9 月，最高人民法院曾向全国人大常委会报送《关于完善人民陪审员制度的决定（草案）》。后经全国人大常委会审议认为，鉴于对人民陪审员的职责定位、任职条件等问题尚需进一步深入研讨，该草案的审议工作被搁置。

　　2004 年 8 月 28 日，第十届全国人民代表大会常务委员会第十一次会议最终通过《关于完善人民陪审员制度的决定》，对人民陪审员的任职条件、产生程序、参加审理案件的范围、权利义务和经费保障作出明确规定，并于 2005 年 5 月 1 日施行。

　　此后，《人民法院第二个五年改革纲要（2004—2008）》和《人民法院第三个五年改革纲要（2009—2013）》相继提出"健全人民陪审员管理制度""充分发挥人民陪审员制度的功能"以及"进一步完善人民陪审员制度，扩大人民陪审员的选任范围和参与审判活动的范围，规范人民陪审员参与审理案件的活动，健全相关管理制度，落实保障措施"。

2010 年 6 月 29 日，最高人民法院印发《关于进一步加强和推进人民陪审工作的若干意见》的通知，要求"进一步加强和推进人民陪审工作，不断完善人民陪审员制度，充分发挥人民法院在深入推进社会矛盾化解、社会管理创新、公正廉洁执法三项重点工作中的重要作用"，并分别就"拓宽选任范围，严格任免程序"以及保证人民陪审员"依法履行职责，切实保障权利"等提出具体意见。

2013 年 5 月 23 日，最高人民法院召开全国法院人民陪审员工作电视电话会议，提出各级人民法院两年内实现人民陪审员数量翻一番的"倍增计划"，要求各级人民法院结合本地实际按照适当高于基层法院法官人数的比例，进一步扩大人民陪审员规模；审判任务重、地域面积广、辖区人口多的基层法院，可根据条件按照本院法官人数 2 倍的比例增补，力争将全国法院人民陪审员数量增至 20 万人左右。各级人民法院要不断提高人民陪审员的代表性和广泛性，注意提高基层群众特别是工人、农民、进城务工人员、退伍军人、社区居民等群体的比例，确保基层群众所占比例不低于新增人民陪审员的三分之二。

在中央和有关方面的积极推动下，人民陪审员制度取得了长足进展。据统计，自《关于完善人民陪审员制度的决定》实施以来，截至 2013 年，全国人民陪审员参加审理案件共计 803.4 万人次，其中 2012 年参加审理案件人次是 2006 年的 3.8 倍。全国人民陪审员参加审理案件总数共计 628.9 万件，其中刑事案件 176.4 万件、民事案件 429.8 万件、行政案件 22.7 万件。全国人民陪审员参加审理的案件比例逐年提高，2013 年上半年全国法院审理的一审普通程序案件陪审率已达 71.7%，比 2006 年提高 52%。全国各地现有人民陪审员 8.7 万人，比 2006 年增加 3.1 万人，增长幅度为 55%，人民陪审员总数已超过基层人民法院法官的二分之一。[1]

然而，人民陪审员制度发展的成就主要体现在"量"上，即陪审员数量的增加和参审率的提高，而在"质"的方面，如陪审员的社会代表性和

---

[1] 周强 2013 年 10 月 22 日在第十二届全国人大常委会第五次会议所作的《最高人民法院关于人民陪审员决定执行和人民陪审员工作情况的报告》。

参加审判的实质性，人民陪审员制度仍有较大的提升空间，也存在一些较为严重的问题。这些问题的存在，有些是立法规定本身不合理所致，有的则是在实践中走了样儿，偏离了人民陪审员制度设立的初衷。这些问题，是人民陪审员制度在下一步的改革发展中需要着力解决的。

三、新时代人民陪审员制度的改革和发展

为进一步完善人民陪审员制度，2013 年 11 月，十八届三中全会通过《中共中央关于全面深化改革若干重大问题的决定》，提出"广泛实行人民陪审员、人民监督员制度，拓宽人民群众有序参与司法渠道"。2014 年 10 月 23 日十八届四中全会《决定》对保障人民群众参与司法进行了更为具体的部署，提出"完善人民陪审员制度，保障公民陪审权利，扩大参审范围，完善随机抽选方式，提高人民陪审制度公信度。逐步实行人民陪审员不再审理法律适用问题，只参与审理事实认定问题"。

2015 年 4 月 1 日，《试点方案》在中央全面深化改革领导小组第十一次会议上审议通过。4 月 20 日，在第十二届全国人大常委会第十四次会议上，最高人民法院院长周强作《关于授权在部分地区开展人民陪审员制度改革试点工作的决定草案》说明时表示，拟选择北京、河北、黑龙江、江苏、福建、山东、河南、广西、重庆、陕西 10 个省（区、市），每个省（区、市）选择 5 个法院开展人民陪审员制度改革试点工作，试点期限为二年。为了保证改革于法有据，第十二届全国人大常委会第十四次会议作出《关于授权在部分地区开展人民陪审员制度改革试点工作的决定》，授权最高人民法院和司法部在全国 10 个省（区、市）50 家法院开展为期两年的人民陪审员制度改革试点工作。2015 年 4 月 24 日，最高人民法院、司法部联合向开展人民陪审员制度试点工作的北京、河北、黑龙江、江苏、福建、山东、河南、广西、重庆、陕西 10 个省（区、市）的高级人民法院、司法厅（局）印发了《试点方案》。2015 年 5 月起改革试点工作正式启动，试点期限原则上二年，最低不少于一年。试点期满后，实践证明可行的，应当修改完善有关法律；实践证明不宜调整的，及时恢复施行有关法律规定。为了确保人民陪审员制度改革试点工作稳妥有序推进，最高人民法院、司法部又于 2015 年 5 月 20 日印发了《人民陪审员制度改革试点工作实施办

法》（以下简称《实施办法》），对试点工作作出具体部署。试点一年之后，在 2016 年 6 月 30 日召开的第十二届全国人民代表大会常务委员会第二十一次会议上，周强代表最高人民法院向全国人大常委会作了《关于人民陪审员制度改革试点情况的中期报告》。该中期报告介绍了试点工作开展情况和初步成效，同时也总结了试点工作面临的问题和困难，例如全面实行随机抽选难度较大、缺乏区分事实审和法律审的有效机制等。试点过程中遇到的这些困难和问题，特别是事实审与法律审的区分在审判实践中如何具体操作仍未形成一致意见，有些问题还没有充分显现，也还需要一段时间进一步研究总结。2017 年 4 月 24 日在第十二届全国人民代表大会常务委员会第二十七次会议上，时任最高人民法院副院长沈德咏提请全国人大常委会，将人民陪审员制度改革试点工作延期一年至 2018 年 5 月。

经过三年改革试点，在总结试点经验的基础上，2018 年 4 月 27 日，第十三届全国人大常委会第二次会议审议通过了《人民陪审员法》，并于同日公布施行。至此，人民陪审员制度改革暂告一个段落。

截至 2020 年 10 月，《人民陪审员法》实施两年有余，全国各级法院和司法行政机关落实党中央关于人民陪审员制度的各项决策部署，狠抓法律的贯彻落实，出台配套规范，完善工作机制，加强宣传培训，提升保障水平，人民陪审员工作平稳推进，进展顺利。从制度建设来看，最高人民法院出台了《最高人民法院关于适用〈中华人民共和国人民陪审员法〉若干问题的解释》，联合司法部出台了《人民陪审员选任办法》《人民陪审员培训、考核、奖惩工作办法》及《最高人民法院政治部关于人民陪审员工作若干问题的答复》，依法保障和规范人民陪审员参加审判活动，全面改进提高人民陪审员工作水平，逐步建立起科学完善的人民陪审员制度体系。从人民陪审员队伍整体情况来看，截至 2020 年 10 月，全国共新选任人民陪审员 22 万余人，人民陪审员总数达到 33.6 万余人，与 2018 年 4 月《人民陪审员法》实施前相比上升了 58.1%。一大批通民情、知民意、接地气的普通群众被选任为人民陪审员，人民陪审员的男女比例更加均衡，年龄结构更加合理，职业分布更加广泛，人民陪审员广泛性和代表性的目标初步实现。从参审理念来看，各级人民法院实现了从原来的注重陪审案件"数量""陪审率"向关注陪审案件"质量"转变，"驻庭陪审""陪而不审"

"审而不议"等问题得到进一步解决。从参审案件情况来看，《人民陪审员法》实施两年来，全国各地法院人民陪审员共参审各类案件 659.4 万余件，包括一批涉及群体利益、社会公共利益，人民群众广泛关注，社会影响重大的案件，取得了良好法律效果和社会效果。全国各地法院人民陪审员共参审民事案件 514.2 万余件，刑事案件 102.4 万余件，行政案件 42.8 万余件，由人民陪审员参与组成七人合议庭审结社会影响重大的案件 1.2 万余件，取得良好的法律效果和社会效果。从履职保障情况来看，在开展人民陪审员工作过程中，各地法院会同司法行政机关积极构建管理保障长效机制，进一步明确管理机构和职责，建立完善岗前培训与任职培训相结合的常态化培训制度，加强信息化建设，落实经费保障制度，初步实现了人民陪审员管理保障工作的规范化、科学化、经常化，人民陪审员参审积极性进一步提高，全社会理解、支持和拥护人民陪审员制度的良好氛围初步形成。[1]

---

〔1〕　参见"最高人民法院、司法部通报人民陪审员法实施两周年工作情况并发布《〈中华人民共和国人民陪审员法〉实施中若干问题的答复》"，2020 年 10 月 19 日刊发于"法治日报"微信公众号。

中　篇

人民陪审员制度改革展开的制度背景

　　人民陪审员制度改革是本轮司法改革的重要一环。其展开的制度背景，是认罪认罚从宽制度改革和以审判为中心的诉讼制度改革，或者表述更加温和的庭审实质化改革。了解认罪认罚从宽制度改革和以审判为中心（或庭审实质化）改革的目的、功能和实现程度，有利于锚定人民陪审员制度自身的定位和科学设计具体的制度。实证研究表明，目前的庭审实质化改革效果并不理想，在实践中的推进遇到了"瓶颈"。在此大背景下，人民陪审员制度改革的历史使命在于进一步推进庭审实质化改革，人民陪审员制度改革的具体举措也不能悖逆这一大潮流。

第三章

认罪认罚从宽制度试点与入法

一、刑法修正对刑事司法的冲击

随着社会结构的变迁，中国进入社会转型期，同时随着全球性风险社会的到来，各类风险聚集引发公共安全焦虑。[1]而一旦涉及人身自由，以行政为主导的社会控制手段的"正当性"日益受到质疑。[2]在上述因素的综合作用下，中国的刑事立法观日益转向积极主义、功能主义，即重视通过刑法规范引导个体行为、参与社会管理、解决社会突出矛盾。这种新动向在《中华人民共和国刑法修正案（八）》（以下简称《刑法修正案（八）》）和《中华人民共和国刑法修正案（九）》（以下简称《刑法修正案（九）》）中表现得尤为突出。例如，将原本属于交通违法的"醉驾"行为入刑，增设危险驾驶罪；将原本具有民事性质的"欠债"行为犯罪化，规定拒不支付劳动报酬罪；动用刑事手段处罚严重丧失社会诚信的虚假诉讼、使用虚假身份证件、考试作弊等行为；将某些预备行为、帮助行为规定成为实行行为，立法上积极评估未来可能出现的法益侵害并及时跟进，确立相对较低的行为入刑标准，等等。[3]劳动教养制度被废除后，许多原来由劳动教养规制的行为进入刑法调整的视野，犯罪门槛进一步降低。[4]其结果是，刑事处罚的端口前移，刑法干预社会生活的范围大幅度扩张，刑事法网正

---

[1] 参见劳东燕："风险社会与变动中的刑法理论"，载《中外法学》2014年第1期。

[2] 作为这种质疑的结果，1996年收容审查制度被废除，2003年"孙志刚事件"后废止收容遣送制度，2013年劳动教养制度被废除。对于尚未废止的类似措施，例如针对卖淫嫖娼人员的收容教育、针对违法犯罪的未成年人的收容教养，以及针对吸毒成瘾者的强制隔离戒毒，质疑或废止的呼声也是此起彼伏。

[3] 参见周光权："转型时期刑法立法的思路与方法"，载《中国社会科学》2016年第3期。

[4] 参见熊秋红："废止劳教之后的法律制度建设"，载《中国法律评论》2014年第2期。

在经历从"厉而不严"到"严而不厉"的结构性转型。1979 年《中华人民共和国刑法》（以下简称《刑法》）只有 100 多个罪名，经过刑法各修正案大幅度增加和扩充，我国刑法规定的罪名总数目前已经达到 468 个。

由此所造成的后果是刑事案件数量的持续增加。1995 年，公安机关刑事案件立案数是 1 690 407 件，2013 年达到 6 598 247 件，不到 20 年的时间里翻了将近两番。[1]水涨船高，法院刑事一审案件收案数也持续上扬。图 3-1 显示的是 1995—2015 年法院一审案件收案数。1995 年，法院刑事一审案件收案数为 495 741 件，2014 年法院刑事一审案件收案数已突破百万大关，达 104 万件，2015 年则达到 1 126 748 件，增幅约 127.29%。再看法院人数变化。1995 年，全国法院总人数为 280 512 人，法官人数为 168 571 人。[2]2013 年，全国法院总人数为 33 万人，法官人数约 19.6 万人。[3]2014 年，全国法院总人数为 36 万人，法官人数约为 19.88 万人。[4]近 20 年的时间里法官人数增幅仅约为 18.6%，远远跟不上收案数的增幅。

---

〔1〕 数据来源于 1996 年至 2014 年的《中国法律年鉴》。

〔2〕 20 世纪 90 年代以后，最高人民法院基本上没有正式地、系统地公布过审判人员的人数，因此本书列举的法院干警人数和法官人数只能根据公开报道或者发表的相关数据进行推算。关于 1995 年全国法官人数，根据最高人民法院政治部《〈法官法〉实施十年之回顾与进展》（载《法官职业化建设指导与研究》2006 年第 1 辑），该文指出"1995 年法官法实施前，全国法官中研究生 354 人，仅占法官总数的 0.21%"。据此推算，全国法官总人数为 168 571 人。

〔3〕 "我国法官人数已达到 19.6 万人，约占全国法院总人数的 58%"，载新华网，http://news.xinhuanet.com/legal/2013-07/25/c_ 116690358.htm，最后访问时间：2016 年 1 月 25 日。

〔4〕 数据来源于最高人民法院司法改革领导小组办公室规划处处长何帆在 2015 年珞珈法学论坛上的发言。"何帆：法院'案多人少'的八大原因｜2015 年珞珈法学论坛实录"，2015 年 12 月 3 日刊发于"武大大海一舟"微信公众号。

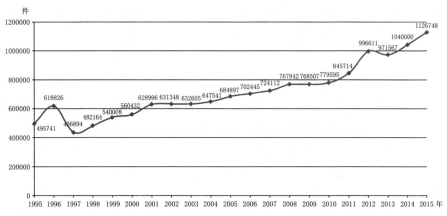

图3-1　1995—2015年法院刑事一审案件收案数[1]

当然，人案矛盾的产生，案件量增加固然是主要原因，现行的司法体制和工作机制，以及相关的程序制度也在无形中作了推手。全国各级法院工作人员中约58%是法官，其中又有相当一部分任职于综合业务和行政部门。同时，法院内部司法辅助人员配备普遍不足，大量事务性或程序性工作只能由法官承担。除审判业务外，法官还要面对来自各方面的业绩考核压力，相当一部分精力消耗在劝访息诉等业务外事务。[2]现有的程序制度也不利于缓解人案矛盾。从垂直的审级制度看，除第一审外，第二审程序和死刑案件中的死刑复核程序都实行"全面审查"原则，均为"事实审"，各级法院无论审级高低，都在事实问题上牵扯大量的时间和精力。水平方向上，十八届四中全会《决定》提出"推进以审判为中心的诉讼制度改革"。依据学界共识，除理顺侦查、审查起诉和审判三者关系外，"以审判为中心"将会落脚于庭审实质化，强化庭审的质证、辩论，最终的着力点是推动证人、鉴定人出庭作证。"以审判为中心"的提出，以防范冤假错案

----

〔1〕　1995年至2013年的数据来源于1996年至2014年的《中国法律年鉴》；2014年数据来源于黄彩相："全国法院收结案数量再创新高 审判工作取得新进展——2014年全国法院案件情况分析"，载《人民法院报》2015年4月30日，第5版；2015年数据来源于最高人民法院研究室：《2015年全国法院审判执行情况》，载最高人民法院网，http://www.court.gov.cn/fabu-xiangqing-18362.html，最后访问时间：2016年3月21日。

〔2〕　参见林娜："案多人少：法官的时间去哪儿了"，载《人民法院报》2014年3月16日，第2版。

为出发点，切中目前刑事诉讼纵向结构的时弊。然而，这一改革，对于缓解人案矛盾，却并非利好消息，如果没有相应的制度举措，无异于雪上加霜。

因此，缓解人案矛盾，需多管齐下。除司法体制和工作机制方面的改革外，针对目前审级制度存在的问题，十八届四中全会《决定》提出"完善审级制度，一审重在解决事实认定和法律适用，二审重在解决事实法律争议"，对一审、二审和死刑复核程序进行适当职能分化，无疑可以在一定程度上减少二审法院和死刑复核法院在时间和精力上的消耗。然而，水平方向上的改革，在推进"以审判为中心"的大背景下，普通程序的简化几无正面推进的余地。在这种情况下，"简者更简"成为一条现实的出路。

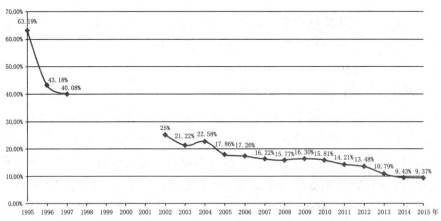

图3-2　历年判处五年以上有期徒刑、无期徒刑和死刑（包括死缓）人数占比[1]

近20年来刑事案件结构的变化为这一思路提供了实证依据。据公安部门统计，近年来严重暴力犯罪的发案数是下降的，收案的增量基本就是轻罪案件，轻罪在发案数中所占比重越来越高。如图3-2所示，1995年，判处

---

〔1〕　1995年至1997年的数据来源于1996年至1998年的《最高人民法院工作报告》，2002年至2013年的数据来源于2003年至2014年的《中国法律年鉴》，2014年的数据参见袁春湘："依法惩治刑事犯罪 守护国家法治生态——2014年全国法院审理刑事案件情况分析"，载《人民法院报》2015年5月7日，第5版。因1998年之后《最高人民法院工作报告》不再显示判处五年以上有期徒刑、无期徒刑和死刑（包括死缓）人数，而《中国法律年鉴》从2003年才开始公布这一数据，所以1998年至2001年的数据缺失。

五年以上有期徒刑、无期徒刑、死刑（包括死缓）的重刑犯有 63.19%，[1]
到了 2013 年只有 10% 多一点。相反，表 3-1 显示，量刑为三年有期徒刑以
下刑罚的案件所占的比例到 2013 年已超过 80%。

表 3-1　轻罪（刑）生效判决人数及占比[2]

年份	生效判决总人数	三年以下有期徒刑	拘役	有期徒刑、拘役缓刑	管制	单处附加刑	免予刑事处罚	轻罪/刑总人数	轻罪/刑率
2011	1 051 638	365 037	76 683	309 297	14 829	22 125	18 281	806 252	76.7%
2012	1 174 133	395 574	112 766	355 302	12 853	23 602	18 974	919 071	78.3%
2013	1 158 609	405 032	133 044	356 523	14 641	24 819	19 231	953 290	82.3%

　　相对于案件结构的变化，刑事诉讼自 1996 年以后形成的"普通程序—
简易程序"二级"递简"格局却并无优势可言，其突出表现是"繁者不
繁""简者不简"。一方面，对疑难、复杂案件，被告人不认罪的案件，普
通程序的精细化、正当化程度还不够，庭审快速走过场；[3]另一方面，简
易程序适用跨度大，程序相对单一，量刑三年以上和三年以下的案件，除
对审判组织和审理期限有不同要求外，简化程度没有明显区别，繁简分流、
区别对待的精神未能充分体现。

　　正是在这种背景下，全国人民代表大会常务委员会于 2014 年 6 月 27
日颁布了《关于授权最高人民法院、最高人民检察院在部分地区开展刑事
案件速裁程序试点工作的决定》，授权最高人民法院、最高人民检察院在北
京、天津、上海等 18 个城市开展刑事案件速裁程序试点工作。同年 8 月 26
日，最高人民法院、最高人民检察院会同公安部、司法部制定了《关于在
部分地区开展刑事案件速裁程序试点工作的办法》，试点工作正式启动。经
过两年的尝试，速裁程序试点取得一定成效的同时，也暴露了两个比较突

---

　　〔1〕　该数据来自时任最高人民法院院长任建新 1996 年 3 月 12 日在第八届全国人民代表大会
第四次会议上所作的《最高人民法院工作报告》。
　　〔2〕　数据来源于 2012 年至 2014 年的《中国法律年鉴》。
　　〔3〕　参见时任最高人民法院副院长黄尔梅 2015 年 12 月 2 日在北京市刑事案件速裁程序试点
专家论证会上的讲话。

出的问题：一是速裁程序试点仍然是在审判程序的简化上"做文章"，无法控制进入审判程序的总量；二是速裁程序的适用率不够理想，说明试点方案对被告人的激励机制不足，对被告人没有足够的吸引力。因此，2016 年 9 月 3 日，全国人大常委会又发布《关于授权最高人民法院、最高人民检察院在部分地区开展刑事案件认罪认罚从宽制度试点工作的决定》，授权 18 个地区开展刑事案件认罪认罚从宽制度试点，速裁程序试点纳入新的试点继续推进。

上述改革历程，在时间上基本与国家监察体制改革同步进行。为了保障国家监察体制改革顺利进行，完善监察与刑事诉讼的衔接机制，刑事诉讼法修改被列入《全国人大常委会 2018 年立法工作计划》。速裁程序、认罪认罚从宽制度分别经过四年和两年的试点，已经形成一些可复制、可推广的经验和行之有效的做法，也需要借此刑事诉讼法修正的机会上升为法律规范，在全国范围内推行。[1]2018 年 10 月 26 日，第十三届全国人大常委会第六次会议表决通过了《关于修改〈中华人民共和国刑事诉讼法〉的决定》，将认罪认罚从宽制度试点中的成功经验正式上升为法律。

二、认罪认罚从宽制度的逻辑与价值

（一）认罪认罚从宽制度的内在逻辑

十八届四中全会之后不久，中央政法委书记孟建柱撰文指出，"要加强研究论证，在坚守司法公正的前提下，探索在刑事诉讼中对被告人自愿认罪、自愿接受处罚、积极退赃退赔的，及时简化或终止诉讼的程序制度，落实认罪认罚从宽政策，以节约司法资源，提高司法效率"。[2]可见，认罪认罚从宽制度下的"从宽"可以是认罪、认罚、积极退赃退赔三种行为的结果。

"认罪"，一般是指被追诉人对被指控犯罪事实全部或部分承认。在不同诉讼制度、不同程序环节中，被告人的"认罪"被赋予了不同的法律意

---

〔1〕 参见全国人大常委会法制工作委员会主任沈春耀 2018 年 4 月 25 日在第十三届全国人民代表大会常务委员会第二次会议上所作的《关于〈中华人民共和国刑事诉讼法（修正草案）〉的说明》。

〔2〕 孟建柱："完善司法管理体制和司法权力运行机制"，载《长安》2014 年第 12 期。

义，因而对认罪的内容也有不同的要求。在英美对抗式审判中，控辩双方的主张存在实质上的对立是审判有序展开的必要前提，而实际上不是所有的被告人都选择与控方对抗，因此，在案件被起诉到法院之后、开始审判之前，会有一个专门的传讯程序（arraignment）对案件进行分流。[1]只有在传讯程序中答辩无罪的被告人才会进入正式审判程序，答辩有罪的被告人则直接进入量刑程序，不再举行审判。所以，传讯程序中的认罪是一种"答辩"，具有特别的法律意义，即终结诉讼，审判从根本上不再举行，其法律效力相当于民事诉讼中的"自认"。相比之下，法庭上的当庭"认罪"、警察讯问过程中的"认罪"只具有证据法意义，其效力如何，理论上仍要受制于法官的自由心证。传讯程序中的认罪答辩也不要求被告人提供如同"供述"一样的事实细节，被告人只需概括地宣称有罪，法官经审查认为有罪答辩是被告人"自愿""理智"的选择，并有一定的事实基础即可接受。[2]

在非对抗制的诉讼制度中，"认罪"更正式的称谓是"供述"或"自白"，是法定证据的一种，是法官自由心证的对象，但其效力往往受到立法者有意的限制，[3]这是刑事证据法领域少数证明力规则之一。既然是法官审查判断的对象，"认罪"就不能满足于概括性地承认罪行，在内容上必须提供事实方面的细节。值得注意的是，创制国际刑事法院的《罗马规约》第65条在"关于认罪的程序"中采用了"认罪"（admission of guilty）的表述，而没有采用普通法中"认罪答辩"（plea of guilty）的说法，其内涵更接近非对抗制诉讼中的"供述"。究其原因，有学者指出，"供述"比形式性的认罪宣告更容易解读出忏悔，在国际刑事法院背景下，明确的忏悔，特别是那些大规模侵犯人权活动的领导者作出的忏悔，对于活动的受害人，

---

〔1〕　在美国联邦司法系统，大陪审团对被告人提起公诉，或者检察官提交起诉书之后，就要对被告人进行传讯。在传讯程序中，会向被告人宣读起诉书的内容、向辩护律师提供一份起诉书的复印件，然后要求被告人对每个指控进行答辩，根据被告人的答辩决定是否进入正式审判程序。因此，传讯程序可以理解为正式审判开始之前的一个分流机制。See Joshua Dressler & Alan C. Michaels, Understanding Criminal Procedure (4ᵗʰed., vol.2), Matthew Bender & Company, Inc.2006, p.175.

〔2〕　See Joshua Dressler & Alan C. Michaels, Understanding Criminal Procedure (4ᵗʰed., vol.2), Matthew Bender & Company, Inc.2006, pp.178-186.

〔3〕　例如，我国《刑事诉讼法》第55条第1款规定："……只有被告人供述，没有其他证据的，不能认定被告人有罪和处以刑罚……"

会有一种疏导效果，并动摇活动参与者的信仰系统，[1]而这种效果，是形式性地宣告认罪无法实现的。

基于同样的理由，在我国语境下，"认罪"是提供犯罪细节的"供述"，不能仅是形式化的宣布"认罪"，因为供述比形式化的认罪宣告更容易反映出犯罪人主观上的悔过态度。这既是追求案件真相所需，也避免认罪认罚从宽制度完全沦为应对案件压力的工具，体现认罪认罚从宽制度自身应有的价值。当然，认罪认罚从宽制度下的"认罪"，意味着对被指控的犯罪事实的承认和叙述，并不当然包含对罪名的认同，因为罪名的认定归根结底属于法律适用问题。所以，如果供认了犯罪事实，但对认定的罪名不认同的，仍可构成"认罪"。

"认罚"，是指被追诉人对司法机关提出的处罚方案的接受。这里的处罚，不应局限于刑事处罚，还应该包括其他性质的处罚措施。这一观点有实体和程序两个方面的根据。首先，《刑法修正案（八）》和《刑法修正案（九）》将一些原本属于行政不法和民事不法的行为纳入刑法规范的范围，其立意不在于惩治犯罪人，而在于督促其履行义务，引导社会行为和解决社会问题。例如，虽然实施了《刑法》第 201 条第 1 款列举的逃税行为，但同条第 4 款又规定，经税务机关依法下达追缴通知后，补缴应纳税款，缴纳滞纳金，已受行政处罚的，不予追究刑事责任。在这里，"补缴应纳税款，缴纳滞纳金"，并接受"行政处罚"可以成为不追究刑事责任的条件。其次，由于认罪认罚"从宽"的结果可能导致刑事诉讼程序的终止，此时对当事人的不法行为施加刑事处罚已无可能，为全面追究其法律责任，则应当有其他领域的处罚措施予以衔接，因此，"认罚"不应局限于刑事处罚。

"积极退赃退赔"里的"退赃"，是指犯罪人将犯罪所得的赃款或者赃物，直接退还被害人或上缴司法机关的行为。"退赔"，是指犯罪人因犯罪所得的赃物已被非法处置或毁损无法退还被害人原物，采取折价方式直接赔偿被害人或上缴司法机关的行为。"积极退赃退赔"的关键在于，通过主动的、自愿的退赃退赔，可以对犯罪后果进行一定程度的修补，挽回被

---

[1]　See Mirjan Damaska, Negotiated Justice in International Criminal Courts, *Journal of International Criminal Justice*, Vol. 2, 2004, p. 1023.

害人的损失，降低犯罪行为的社会危害性，使遭到破坏的社会关系得以修复。

"从宽"，应该理解为兼具实体性和程序性，[1]即不仅包括实体处理上的从宽，也包括程序适用上的从宽。前者例如，《刑法》第 390 条第 2 款规定，"行贿人在被追诉前主动交待行贿行为的，可以从轻或者减轻处罚。其中，犯罪较轻的，对侦破重大案件起关键作用的，或者有重大立功表现的，可以减轻或者免除处罚"。后者例如，"犯罪嫌疑人与被害人双方根据刑事诉讼法的有关规定达成和解协议"的，可以作为人身危险性降低的表征而作出不批准逮捕的决定或者不予逮捕。[2]在进行羁押必要性审查时，犯罪嫌疑人、被告人"与被害方依法自愿达成和解协议，且已经履行或者提供担保的"，人民检察院可以向办案机关提出释放或者变更强制措施的建议。[3]

对"认罪""认罚"和"积极退赃退赔"的被追诉人予以从宽处理，在理论逻辑上主要有两方面的根据。一是从客观上，行为人通过事后的行为，挽回犯罪后果，降低了社会危害性；二是主观上，犯罪人事后的认罪、自愿接受处罚，或者积极退赃退赔的态度和行为，往往表明其已经认识到自己行为的不法性，说明其尚存在法规范意识，并有配合司法机关的意愿，表明行为人已有悔罪表现，人身危险性不大，再犯可能性较小，不再有通过严厉的刑罚实现矫正效果之必要。意大利学者菲利也指出，对刑事司法程序中的认罪者给予刑罚轻缓化并不在于诱使其尽快认罪，而在于认罪体现出犯罪嫌疑人的悔罪表现和改造可能性，从而其人身危险性相对未认罪者较低，从而应当给予刑罚轻缓化的处遇措施，以有利于对犯罪人的教育改造，达到刑罚特殊预防之效果。[4]在实践层面，行为人是否自首、坦白，认罪态度如何，以及是否积极赔偿，也是影响缓刑的适用、罚金数额、刑

---

〔1〕　参见陈卫东："认罪认罚从宽制度研究"，载《中国法学》2016 年第 2 期。

〔2〕　参见《人民检察院刑事诉讼规则》第 140 条第 2 项、第 3 项、第 4 项。

〔3〕　参见 2016 年 1 月 13 日最高人民检察院第十二届检察委员会第四十七次会议通过的《人民检察院办理羁押必要性审查案件规定（试行）》第 18 条第 7 项。

〔4〕　参见［意］恩里科·菲利：《实证派犯罪学》，郭建安译，中国人民公安大学出版社 2004 年版，第 311 页。

罚长度的重要因素。[1]"认罪认罚从宽"与"公诉案件当事人和解"两种制度之间有重叠，但旨趣不同。认罪认罚从宽制度旨在以"从宽"为条件，鼓励犯罪嫌疑人、被告人放弃抵抗，与公权力机关合作；当事人和解制度则是在恢复性司法理念支配之下，促进犯罪嫌疑人、被告人与被害人之间的和解，进而在一定程度上影响刑事案件的处理。当事人和解以被害人同意为必要前提，而认罪认罚从宽制度不以被害人同意为条件。

（二）认罪认罚从宽制度的外在价值

现代法治社会，诉讼是解决刑事案件的唯一途径。社会转型时期，利益关系重组，社会矛盾凸显，犯罪率提高，刑事案件数量逐年攀升，直接导致处理刑事案件所需要的各项成本与诉讼固有的公正诉求之间的紧张。在国家层面，将诉讼所需成本限制在一个合理、较低的水平上，设计出快速、低成本的简化处理程序就成为现实的选择。然而在个体层面，任何简化的程序都意味着对诉讼权利某种程度的减损。在很多国家，"获得充分的审判"是一项基本权利，同时也是为包括联合国《公民权利和政治权利国际公约》和《欧洲人权公约》在内的一系列国际公约所承认的基本人权。对于这样一项"硬邦邦"的权利，很难以国家的支付能力为由直接加以拒绝。因此，任何简化处理程序都面临着一个共同的"正当化"困境。而这一问题通常是引入当事人弃权这一"正当化"机制来化解的。程序越是简化，这种正当化机制的要求就越高。例如，美式的辩诉交易，从根本上省略了审判程序，因而需要两方面的弃权机制确立其正当性：一是程序方面，被告人必须"自愿""明智"地放弃宪法所保障的获得充分审判的权利及其涵盖的陪审团审判、与不利证人对质、反对强迫自证其罪等一系列权利，[2]即形成控辩双方在选择适用简化程序方面的"程序合意"。二是实体方面，被告人通过在审前的传讯程序中认罪，放弃了获得无罪判决的机会，即控辩双方形成在判决内容上的"实体合意"。

以 1996 年《刑事诉讼法》修正为标志，中国开始了刑事程序简化的探索和尝试。当时的简易程序以"案情简单轻微"作为唯一的适用标准，并

---

[1] 参见文姬："醉酒型危险驾驶罪量刑影响因素实证研究"，载《法学研究》2016 年第 1 期。
[2] See Fed. R. Crim. P. 11 (b).

未要求以"被告人认罪"作为适用前提。2002 年 4 月，牡丹江铁路运输法院审理的"孟广虎案"以"辩诉交易"方式结案，掀起了中国是否引入辩诉交易的广泛大讨论。[1] 鉴于在此问题上的巨大意见分歧，"辩诉交易"在实践中迅速偃旗息鼓。但辩诉交易固有的"实体合意"和"程序合意"机制逐渐为学界和实务界所理解和接受。

2003 年 3 月 14 日，最高人民法院、最高人民检察院、司法部联合发布《关于适用简易程序审理公诉案件的若干意见》和《关于适用普通程序审理"被告人认罪案件"的若干意见（试行）》，对简易程序的适用条件作出微调，对被告人认罪的案件试行普通程序简化审理方式，要求"被告人及辩护人对所指控的基本犯罪事实没有异议"以及"被告人对被指控的基本犯罪事实无异议，并自愿认罪的第一审公诉案件"时才可以适用简易程序和普通程序简化审理程序，[2] 明显吸收了辩诉交易的"实体合意"因素。但是，普通程序简化审理方式的合法性备受质疑。[3] 在 2012 年《刑事诉讼法》修改中，"简易程序"的适用范围被大幅度拓宽，从 1996 年《刑事诉讼法》规定的"三年以下有期徒刑、拘役、管制、单处罚金"的案件，扩大到"基层人民法院管辖的案件"，即所有可能判处有期徒刑的案件。这个范围，基本上涵盖了原来被告人认罪案件的简化审理方式的适用范围。[4] 除证据条件外，根据新《刑事诉讼法》的规定，简易程序的适用还要具备两个方面的条件：一是被告人承认自己所犯罪行，对指控的犯罪事实

---

〔1〕 参见"国内诉辩交易第一案审结"，载中国法院网，http://www.chinacourt.org/html/article/200204/19/2247.shtml，最后访问时间：2016 年 2 月 29 日。

〔2〕 参见《关于适用简易程序审理公诉案件的若干意见（试行）》（已失效）第 1 条、第 3 条、第 4 条，以及《关于适用普通程序审理"被告人认罪案件"的若干意见》（已失效）第 1 条。

〔3〕 对普通程序简化审理程序的质疑主要集中于普通程序简化审理方式的"出身"。根据我国 2015 年 3 月 15 日开始施行的《中华人民共和国立法法》第 8 条第 5 项和第 10 项，涉及"公民政治权利的剥夺、限制人身自由的强制措施和处罚"以及"诉讼和仲裁制度"等事项，只能制定法律。普通程序简化审理方式是在 1996 年《刑事诉讼法》规定的普通审判程序和简易程序之外增设的第三种审判程序，但是，它却不是国家立法机关通过法律规定，而是最高人民法院、最高人民检察院和司法部通过司法解释的形式创设，直接突破了《中华人民共和国立法法》的规定。

〔4〕 根据最高人民法院、最高人民检察院、司法部《关于适用普通程序审理"被告人认罪案件"的若干意见（试行）》（已失效）第 2 条第 2 项，普通程序简化审理方式适用于可能判处死刑的案件以外的案件。

没有异议；二是被告人对适用简易程序没有异议。[1]从这个角度来说，新的简易程序已完全吸收了辩诉交易的"实体合意"和"程序合意"机制。

2014年《关于在部分地区开展刑事案件速裁程序试点工作的办法》也将"被告人自愿认罪"作为适用刑事速裁程序的前提之一。2015年最高人民法院、最高人民检察院提交的《关于刑事案件速裁程序试点情况的中期报告》也强调了刑事速裁程序在实现认罪认罚从宽精神方面的功能，刑事速裁案件被告人被拘留、逮捕的占52.08%，比简易程序低13.91个百分点；适用非监禁刑的占36.88%，比简易程序高6.93个百分点。通过减少审前羁押，对被告人从快处理、从宽量刑，更加准确兑现了宽严相济刑事政策，充分体现了认罪认罚从宽处罚精神。[2]

总之，从那时起，我国刑事诉讼中已初步形成了"普通程序—简易程序—速裁程序"的三级"递简"格局。决定具体程序适用的，有一"明"一"暗"两条线索。"明线"是案件的严重程度，从普通程序、简易程序到速裁程序，分别适用于"可能判处无期徒刑以上刑罚的案件""25年有期徒刑以下刑罚"和"1年有期徒刑以下刑罚"的案件。在案件严重程度相近的前提下，"被告人认罪"则成为区分简易程序、速裁程序与普通程序的"暗线"，即简易程序、速裁程序的适用，均以被告人"认罪"为前提，并以被告人对简易程序、速裁程序的自主选择为条件。

究其原因，国家通过立法设计出一系列简化程序解决成本、效率问题，但这种努力必须要有来自当事人方面的最低限度的"配合"。这种配合，如前所述，既包括实体方面的"认罪"，也包括程序方面的，即对简化程序的自主选择适用。然而，无论是实体上的"认罪"，还是程序方面的自主选用，对被追诉人而言都是一种"利益自损"行为。若从"理性经济人"的假设出发，非有额外的利益作为驱动力，难以期待犯罪嫌疑人、被告人在上述两个方面的主动配合。如此则需要引入实体或程序上的"从宽"处理来作为动力机制，驱使理性的犯罪嫌疑人、被告人在追求个人利益的过程

---

〔1〕 2012年《刑事诉讼法》同时淡化了检察机关在适用简易程序方面的作用，1996年《刑事诉讼法》以"人民检察院建议或者同意"作为适用简易程序的必要条件，现在只是简单规定人民检察院可以建议人民法院适用简易程序，不再将其意见作为适用简易程序的决定性因素。

〔2〕 参见最高人民法院、最高人民检察院《关于刑事案件速裁程序试点情况的中期报告》。

中，"主动"配合立法者的设计，在实践层面完成降低成本、加速程序的立法目标。因此，如果说简化程序需要被追诉人实体方面的"认罪"来提供"正当化"机制的话，那么被追诉人的"认罪"则需要实体或程序上的"从宽"处理来提供动力机制。具体到中国语境中，设计出简易程序和速裁程序并没有一劳永逸地解决问题。在实践层面，简易程序和速裁程序的适用需要被告人的"认罪"提供"正当化"机制，而被告人的认罪反过来又需要"从宽"处理作为动力机制。

可见，"认罪认罚从宽"制度的基本价值和功能在于为简易程序和速裁程序的适用提供正当化机制和动力机制，提高两种程序的适用率，从行动层面实现优化司法资源配置的立法意图。就这一点而言，认罪认罚从宽制度服务于纾解案件压力的目标，这是它所具有的外在的、"辅助性"价值。

然而，"认罪认罚从宽"的价值不止于此。传统司法程序中的判决是强加给被告人的，判决的执行依赖的是外部的强制力，对被告人而言，这是一种"他律"的判决。如果被告人能够通过自主"认罪"、选择简化程序，并因而获得实体处理或程序上的优待，就等于在一定程度上自主地设定自己和他人、自己和社会未来的关系。那么，被告人未来更可能放弃抵抗行动，接受和服从自己参与确定的判决内容。这样，对判决的服从就从"他律"的外在强制转化为"自律"的内在服从。这在实践效果上，应该更有利于犯罪人改过自新，回归社会。

"认罪认罚从宽"对侦查取证也有特殊的意义。在现有的侦查技术条件下，口供仍然是刑事诉讼中最重要的证据形式之一，尤其是在某些特殊类型的犯罪例如贿赂案件中，无现场、无被害人，很大程度上仍要依赖口供，没有口供几乎难以定案，如何合法取得口供成为反腐工作顺利推进必须要解决的问题。然而，随着我国刑事诉讼法对侦查取证规范的严密化，"不得强迫任何人证实自己有罪"规则的引入，以及非法证据排除规则的确立，以身体或心理强制为条件获取口供的方式已经受到立法者明确的否定。在这种情况下，有必要适当转换一下侦查思路，从过去的以身体或心理强制为条件的取供，转向"认罪认罚从宽"鼓励下的自愿供述，既取得了口供，又不触犯立法禁区，无疑是双赢之举。因此，立法和相关司法解释格外鼓励犯罪嫌疑人在侦查阶段"坦白"，而不仅仅是笼统的当庭认罪。这是在我国现实国情下认罪认罚从宽制度具有的特殊价值。例如，《刑法》第 67 条第 3 款将可以从轻、减轻的"坦白"主体限定为"犯罪嫌疑人"，显得意味深长，明显有鼓励、督促犯罪嫌疑人在侦查阶段放弃抵抗、如实供述的立法意图。最高人民法院 2013 年发布的《关于常见犯罪的量刑指导意见》也对坦白、认罪持鼓励态度，而且对当庭认罪和审前的"坦白"在量刑上差别对待。该意见第 7 条规定："对于当庭自愿认罪的，根据犯罪的性质、罪行的轻重、认罪程度以及悔罪表现等情况，可以减少基准刑的 10%以下……"该意见第 6 条规定："对于坦白情节，综合考虑如实供述罪行的阶段、程度、罪行轻重以及悔罪程度等情况，确定从宽的幅度。（1）如实供述自己罪行的，可以减少基准刑的 20%以下；……"可见，被追诉人越早坦白，可以期待的量刑方面的减让就越多。最高人民法院对侦查阶段"坦白"的鼓励态度，跃然纸上。2015 年《刑法修正案（九）》修改了贪污罪和受贿罪的定罪量刑标准。根据修改后的《刑法》第 383 条第 3 款规定，如果犯罪嫌疑人"在提起公诉前"如实供述自己罪行的，"可以从轻、减轻或者免除处罚"。这里特别强调"提起公诉前"，仍意在鼓励、督促犯罪嫌疑人在侦查阶段坦白。

三、认罪认罚从宽的制度边界

"认罪认罚从宽"有两种不同的制度形式，一种是以贯彻"宽严相济"刑事政策为脉络的实体法上对"自首""认罪""坦白""确有悔改表现"等的从宽处理制度。例如，《刑法修正案（八）》将"坦白从宽"的刑事政策上升为立法，成为实体上的量刑规则。修正后的《刑法》第 67 条第 3 款规定："犯罪嫌疑人虽不具有前两款规定的自首情节，但是如实供述自己罪行的，可以从轻处罚；因其如实供述自己罪行，避免特别严重后果发生的，可以减轻处罚。"最高人民法院 2013 年发布的《关于常见犯罪的量刑指导意见》第 6 条、第 7 条对犯罪嫌疑人、被告人"如实供述"和"当庭自愿认罪"规定了具体而量化的"从宽"量刑标准。2015 年，《刑法修正案（九）》修改了《刑法》第 383 条，重订了贪污罪和受贿罪的定罪量刑标准，也从量刑上体现了"坦白从宽"的精神。修改后的《刑法》第 383 条规定："对犯贪污罪的，根据情节轻重，分别依照下列规定处罚：（一）贪污数额较大或者有其他较重情节的，处三年以下有期徒刑或者拘役，并处罚金。（二）贪污数额巨大或者有其他严重情节的，处三年以上十年以下有期徒刑，并处罚金或者没收财产。（三）贪污数额特别巨大或者有其他特别严重情节的，处十年以上有期徒刑或者无期徒刑，并处罚金或者没收财产；数额特别巨大，并使国家和人民利益遭受特别重大损失的，处无期徒刑或者死刑，并处没收财产……犯第一款罪，在提起公诉前如实供述自己罪行、真诚悔罪、积极退赃，避免、减少损害结果的发生，有第一项规定情形的，可以从轻、减轻或者免除处罚；有第二项、第三项规定情形的，可以从轻处罚……"

以上规定，均是国家根据行为人犯罪后的表现单方面提供给罪犯的相对固定的量刑上的利益，在这种关系中，国家是主导者，被告人是相对消极的利益接受者，提供利益的根据在于罪犯的"认罪""认罚"和"积极退赃退赔"中体现出的社会危害性和人身危险性的降低。作为"宽严相济"刑事政策的体现，这种意义上的认罪认罚从宽制度，在我国刑法中不仅早已存在，而且在适用上不受案件范围的限制，甚至也可以不受诉讼阶段的限制，从侦查阶段的强制措施适用，到审判中的量刑，乃至判决执行过程中的减刑、假释，都践行着这一制度理念。

有学者主张侦查阶段不适用认罪认罚从宽制度，主要原因是担心侦查机关采用刑讯逼供、威胁、引诱等不当方式取证。[1]对此问题的回答，涉及对认罪认罚从宽制度的功能设定。认罪认罚从宽制度的功能之一在于破解特定案件中的侦查困境，发挥认罪的激励功能，《刑法》第67条第3款对"犯罪嫌疑人"的强调，第383条第3款对"在提起公诉前"的强调，以及《刑事诉讼法》第120条规定的侦查人员在讯问时应当告知犯罪嫌疑人如实供述自己罪行可以从宽处理的法律规定，莫不是围绕此一功能作出的立法努力。因此，一概排除认罪认罚从宽制度在侦查阶段的适用并不妥当。至于非法取证，则需要加强侦查讯问程序的人权保障来解决，这是另外的重要课题，并非认罪认罚从宽制度的作用场域。

另一种是与现有的"宽严相济"刑事政策着眼点不同的类似于"辩诉交易"的协商程序。"完善认罪认罚从宽制度"的重心之一应该是这种包

---

〔1〕　参见陈卫东："认罪认罚从宽制度研究"，载《中国法学》2016年第2期。

含制度创新的协商程序。因为，如果仅仅是重申既有的刑事政策，则完全没有必要在十八届四中全会《决定》中如此郑重地提出。与上述"宽严相济"的制度形式中国家以居高临下的姿态"恩惠"式地给予认罪认罚的被告人某种量刑上的利益不同，在这里，国家开始以相对平等的姿态坐下来与被告人协商，以某种特定的实体上或程序上的利益来换取被告人的认罪。在这一种制度形式中，官方与被告人的关系趋于平等化，"从宽"是协商的结果。然而，这种"权力—权利"关系的变化势必强烈冲击传统司法观，并伴随诸多问题和风险，因此这种形式的认罪认罚从宽制度，案件范围不能漫无限制。

四、认罪认罚从宽制度对刑事审判制度的冲击

刑事诉讼制度之改革，往往牵一发而动全身，推进认罪认罚从宽制度，不仅会打破刑事诉讼中既有的力量平衡，冲击证据制度，甚至会改变法院、检察院、公安机关之现有力量对比，也会对传统的刑事审判制度造成不小的冲击。

例如，《刑事诉讼法》第 6 条规定："人民法院、人民检察院和公安机关进行刑事诉讼……必须以事实为根据，以法律为准绳……"第 53 条规定，公安机关提请批准逮捕书、人民检察院起诉书、人民法院判决书，必须忠实于事实真相。对案件真相的执着追求可以说是我国刑事诉讼法的基本原则之一。从本质上说，"真相"是排斥任何形式的"妥协""协商"和"交易"的。协商程序的引入，会不会打破这一刑事诉讼基本原则？更具体地说，协商程序中是否意味着必须容忍一个更低的证明标准？无独有偶，具有浓厚职权主义传统的德国在 2009 年立法上正式引入"供述协议"制度时也遇到同样的问题。对此，起草法案的德国联邦司法部的态度是"刑事诉讼的基本原则不变，协商并不是法院作出判决的基础和前提，法院仍将致力于案件事实真相的发现"。《德国刑事诉讼法典》新增设的第 257c 条也宣布："第 244 条第 2 款的规定保持不变。"[1]为此，德国没有采用美国的

---

〔1〕《德国刑事诉讼法典》第 244 条第 2 款规定："为了调查事实真相，法院应当依职权将证据调查延伸到所有对于裁判有意义的事实、证据上。"这是德国刑事诉讼法的基本原则，也是职权主义诉讼模式的核心条款。根据这一原则，法院不受被告人供认之约束，必须致力于调查实体法事实真相。参见 ［德］约阿西姆·赫尔曼："《德国刑事诉讼法典》中译本引言"，载《德国刑事诉讼法典》，李昌珂译，中国政法大学出版社 1995 年版。

"认罪答辩"机制，[1]协商的目的，不是为了获取"认罪答辩"，而是为了得到被告人的"供述"，法官仍然要致力于查明真相，在综合审查全部证据的基础上作出决定。因此，"供述协议"并非处理案件的机制，而仅仅是发现真相的工具。本书主张"供述"协商，基本上也是出于同样的考虑，即尽量不牵动基本原则层面的价值碰撞。由此，关于证明标准问题也有了解答，即协商程序中证明标准没有降低，只不过对被告人有罪的证明从严格证明转变为自由证明，不再恪守普通程序中的程序规则，尤其是直接言词原则，法庭在讯问被告人的基础上，结合案卷、其他证据作出判决。

又如，为了纠正实务中过于偏重口供的倾向，现行刑事诉讼立法对口供持贬抑态度。《刑事诉讼法》第50条列举证据的法定分类时，有意将犯罪嫌疑人、被告人供述和辩解列于物证、书证、证人证言和被害人陈述之后，位列第五。第55条第1款则明言，"对一切案件的判处都要重证据，重调查研究，不轻信口供。只有被告人供述，没有其他证据的，不能认定被告人有罪和处以刑罚；没有被告人供述，证据确实、充分的，可以认定被告人有罪和处以刑罚"。然而，随着认罪认罚从宽制度的推进，势必无形中抬高口供的地位，如果没有相应的制度性规范措施，实践中偏重口供的侦查陋习势必大幅度反弹。而且，口供的"自愿性"是认罪认罚从宽制度的生命线，如果自愿性无从保证，认罪认罚从宽制度则从根本上丧失了正当性。为此，我国应进一步完善侦查讯问程序，赋予犯罪嫌疑人沉默权，确立侦查讯问时辩护律师在场权，以程序规范确保口供的"自愿性"。同时，《刑事诉讼法》第52条规定，"……严禁刑讯逼供和以威胁、引诱、欺骗以及其他非法方法收集证据……"，为防止量刑减扣对犯罪嫌疑人、被告人构成不当"引诱"，从而导致认罪丧失自愿性，适用协商程序刑罚减扣的幅度应控制在三分之一的范围内。

---

[1] 起诉后至审判开始之前，英美刑事诉讼中会有一个传讯程序，在这个程序中，要求被告人对指控作出有罪或无罪的答辩。这个程序充当了分流机制，将控辩双方不存在原则性分歧的案件（被告人答辩有罪）剔除出对抗式审判程序，直接进入量刑程序。被告人在这一程序中的认罪具有终结或规避审判的程序法功能，其地位相当于民事诉讼中的"自认"，不仅仅是我们通常所理解的证据法价值。

再如，引入和完善审前分流机制，检察机关成为案件分流的中枢；扩大酌定不起诉适用范围直接扩大了检察机关的起诉裁量权；附条件不起诉从未成年人推广适用于成年人，不仅意味着起诉裁量权的扩大，而且以金钱或劳务义务为不起诉的附加条件，部分地将实质意义上的刑罚权由法院转移给了检察机关；设立协商程序，检察机关的量刑建议基本上决定了判决的内容；改革速裁程序，检察机关的处罚意见在通常情况下会直接成为判决结果。由此可见，推进认罪认罚从宽制度的几乎每一个举措，都会涉及检察机关，而且几乎无一例外地导致检察机关权力的扩张，检察机关成为整个司法系统的中枢，刑事司法的重心发生了位移。权力的扩张必须有相应的规范和制约同步跟进，否则就难以杜绝权力的滥用。参考比较立法例并立足我国现有制度资源，可考虑从以下几个方面引入或强化对检察机关行使权力的制约：其一，引入法院的制约。对于检察机关以附加金钱或者劳务义务为条件作出的暂缓起诉的决定，可参考《德国刑事诉讼法典》第 153a 条，要求相应的管辖法院之同意。法院的同意，可以是内部程序而不必作出裁定。[1]其二，被害人的制约。可以参考德国的强制起诉程序或日本的准起诉程序，[2]完善被害人对不起诉决定的监督与制约程序。其三，人民监督员的监督。可以参考日本的检察审查会制度，[3]完善人民监督员参与案件监督的程序，实现监督的常规化和规范化，强化人民监督员决议的约束力。

现代刑事审判在案件压力之下已经很难抵制形形色色的"交易"司法、"协商"程序的渗透，协商程序以当事人双方之"合意"取代立法中体现的"公意"，模糊了立法和司法的界限，破坏了权力分工体制，隐含着以当事人之间的利益妥协损害刑事立法中包含的公共利益的风险；它损害了司

---

[1]《德国刑事诉讼法典》第 153a 条第 1 款规定："如果负担与条件适于消除刑事追诉的公共利益，且罪责的严重性与此不相抵触，经负责开启审判程序的法院和被指控人同意，检察院可以对轻罪暂时不提起公诉，同时科处被指控人履行一定的负担与条件。"关于法院的同意可以是内部程序的观点，参见宗玉琨译注：《德国刑事诉讼法典》，知识产权出版社 2013 年版，第 146 页。

[2]"强制起诉程序"参见《德国刑事诉讼法典》第 172 条，"准起诉程序"参见《日本刑事诉讼法》第 262—268 条。

[3] 关于日本的检察审查会制度，参见陈效："日本检察审查会制度实施现状评析"，载《人民检察》2014 年第 7 期。

法的公开性、法律适用的平等性，侵蚀了中国刑事司法二十多年来一直在努力确立的无罪推定原则，隐含着无辜者被定罪的风险，等等。[1] 在这种情况下，包括人民陪审员制度在内的刑事审判制度又当如何作出回应？

---

[1]　关于协商性司法的问题和风险，详见魏晓娜：《背叛程序正义：协商性刑事司法研究》，法律出版社 2014 年版，第 161—164 页。

第四章

"以审判为中心"的刑事诉讼制度改革

　　十八届四中全会《决定》在对人民陪审员制度改革作出部署的同时，也首次提出了"严格司法"的概念，并且，该决定从实现司法公正和进一步完善司法制度机制的角度，对严格司法提出一系列具体的任务和举措，其中之一便是"推进以审判为中心的诉讼制度改革"。可以说，"以审判为中心"的诉讼制度改革不仅与人民陪审员制度试点同步启动，而且构成了人民陪审员制度改革的大的制度背景。只有在"以审判为中心"的诉讼制度改革这个大的坐标系上，才能够更好地理解人民陪审员制度的基本定位和功能。

　　21世纪之初，刑事诉讼法学界即有"审判中心论"与"诉讼阶段论"之争。前者着眼于英美传统的"诉讼即审判"的观念，认为审判为整个诉讼程序当之无愧的中心；后者则认为，随着诉讼职能的不断分化，刑事诉讼的阶段逐渐增多，因此，传统的"审判中心论"应为"诉讼阶段论"所取代。[1]从历史的视角来看，"诉讼阶段论"的确描述了一个事实，即近代以来，欧洲大陆和英美的刑事司法虽然路径不同，但殊途同归，都经历了一个诉讼阶段从无到有，并逐渐分化、成形的过程。从这个角度来看，英美和欧洲大陆刑事诉讼最终都走向了"诉讼阶段论"所描述的格局。然而，可以继续追问的是，在审判和审前各阶段分化形成之后，它们之间是一种什么样的关系？是相互平行，还是"以审判为中心"？

　　在西方发达国家的学术语境中，很少有"以审判为中心"或者"审判中心主义"之类的表述。[2]但是，专业术语的阙如并不必然意味着制度实

---

　　〔1〕　关于"审判中心论"与"诉讼阶段论"之争，参见陈瑞华：《刑事诉讼的前沿问题》，中国人民大学出版社2000年版，第132—134页。

　　〔2〕　本书所谓"审判中心主义"，皆在"以审判为中心"意义上使用。

践的缺失,〔1〕因为,专业术语往往产生于一定的问题意识。换言之,西方学术语境中"以审判为中心"术语的缺失,并不代表西方不存在"以审判为中心"的制度实践,〔2〕相反,更可能的情况是因为"以审判为中心"已经内化为日积月累的制度实践,早已不成为问题了。至于"以审判为中心"观念何以根深蒂固地扎根于西方司法实践,则与基督教文化的影响有关。早期基督教有所谓"血罪"的观念,即任何形式的杀人、流他人血的行为,无论合法还是非法,包括法官判决他人死刑,都被视为罪孽,要遭受地狱之灾。〔3〕为了帮助法官逃避"血罪",早期基督教区分法官的"公共身份与私人身份",确立了"法官以公共身份杀人不是罪"的原则。因此,中世纪的法官,为了保证自己免受地狱之灾,谨守"公共身份与私人身份"的界限,从来不敢迈出法庭大门调查犯罪,也从不动用自己的个人知悉判决案件,这是西方审判中心主义司法传统的神学渊源。〔4〕

然而,在中国,无论是立法还是司法,无论是宏观的诉讼结构,还是微观的制度和技术,"以审判为中心"的观念基本上是缺失的。在立法层面,例如对于"证据"一词的理解,《刑事诉讼法》第 50 条规定,可以用于证明案件事实的材料,都是证据。这一证据定义贯穿于整个第五章,从而也贯穿于从立案、侦查、审查起诉、审判等整个诉讼过程。《刑事诉讼法》第 52 条的规定更为明显:"审判人员、检察人员、侦查人员必须依照法定程序,收集能够证实犯罪嫌疑人、被告人有罪或者无罪、犯罪情节轻重的各种证据……"又如《刑法》第 305 条关于伪证罪的规定,"在刑事

---

〔1〕 例如,英国没有"自由心证"的概念,却一直有"自由心证"的实践。法国大革命后,议员杜波儿在第一届国会上提出"自由心证"的概念,即是来自英国的制度实践。由于此前法国盛行法定证据制度,为了与旧制度决裂,有必要标新立异创造出一个新的术语,"自由心证"一词就此产生。

〔2〕 例如,《德国刑事诉讼法典》第 261 条规定,法庭应当根据审判全过程确立自由心证,根据由此得出的证据调查结果作出判决。参见《德国刑事诉讼法典》,李昌珂译,中国政法大学出版社 1995 年版,第 106 页。又如,《意大利刑事诉讼法典》第 526 条规定,法官在评议中不得采用不是依法在法庭审理中调取的证据。参见《意大利刑事诉讼法典》,黄风译,中国政法大学出版社 1994 年版,第 186 页。

〔3〕 See James Q. Whitman, The Origins of Reasonable Doubt, Yale University Press, 2007, pp. 32-33.

〔4〕 参见佀化强:《形式与神韵——基督教良心与宪政、刑事诉讼》,上海三联书店 2012 年版,第 80 页。

诉讼中，证人、鉴定人、记录人、翻译人对与案件有重要关系的情节，故意作虚假证明、鉴定、记录、翻译，意图陷害他人或者隐匿罪证的，处……"可见，无论是"证据"还是"伪证"的概念，在中国立法上都并非仅局限于审判阶段，也并非仅针对法庭或法官。在诉讼的纵向结构上，宪法和刑诉法确定的三机关分工负责、互相配合、互相制约原则，在司法中落实成了侦查、审查起诉、审判等诉讼阶段相互平行、首尾相继的"流水线"型诉讼结构，审判只是在侦查、审查起诉阶段工作的基础上对案件的深加工，对案件事实的再认识。在制度和技术层面，如《刑事诉讼法》第 56 条第 2 款规定："在侦查、审查起诉、审判时发现有应当排除的证据的，应当依法予以排除，不得作为起诉意见、起诉决定和判决的依据。"非法证据排除规则的适用阶段不限于审判阶段，适用主体也不限于法庭。"以审判为中心"观念在立法、诉讼结构、制度和技术层面的缺失，导致审判偏离了整个诉讼程序的"中心"，呈现出"离心化"倾向。

审判的"离心化"倾向，在司法实践中产生了一定的后果。例如，侦查、审查起诉、审判之间相互平行、首尾相继的"流水线"型诉讼结构，一旦进入公安机关在中国政法系统中居于强势地位的法制传统模式，再结合公、检、法机关内部不尽合理的考评机制，在实践中就异化成了"侦查中心主义"。对于侦查中犯下的错误，很难期待通过法庭审判纠正。中国近年来发现的一系列冤案，究其原因，公安机关在侦查过程中的行为偏差固然是祸首，但是，根据中国宪法和刑诉法"分工负责、互相配合、互相制约"的结构设计，即使侦查结论错误，如果审判的制约机制有效发挥作用，也不至于演变成板上钉钉的冤案。所以，冤案的发生，无一不是审判的制约作用失灵所致。实践中，侦查反而"倒逼"审判，法院根据羁押期限"量体裁衣"地判处刑罚的现象也并不鲜见。

中国"流水线"型诉讼结构之所以能够形成，关键在于诉讼案卷在侦查、审查起诉、审判三个不同诉讼阶段之间发挥勾连作用，这意味着，侦查案卷可以无障碍地进入审判，如果不对侦查案卷的使用有意识地施加限制，侦查案卷势必会对法庭裁判产生实质性影响。这样一来，法庭裁判并非完全建立在法庭上出示的证据的基础上，法庭审判就难以在查明事实、认定证据中发挥决定性作用；审判中的辩护活动也很难得到法庭的足够重视，质证权也没有机会充分发育，证人、鉴定人出庭率低的问题也不可能得到根本解决。此外，在法庭审判中，一旦辩护律师对事实、证据提出不同意见，则不仅是挑战公诉人，也是对法官依据侦查案卷形成的"先见"提出挑战，法官与律师之间就难免关系紧张。中国刑事法庭上奇特的法官与律师冲突的现象，难说与此无关。

从水平的侦查、审查起诉、审判三者关系中观察到的审判"离心化"倾向，如果转换一下观察视角，在垂直的一审、二审，以及死刑案件中的死刑复核程序之间，又转化成一审的"失重"现象。第二审程序和死刑案件中的死刑复核程序均实行"全面审查"原则，[1]这意味着第二审法院或者死刑复核法院可以在事实认定、法律适用或者刑罚量定中的任何一个方面否定前一个审级的判决。可见，中国的刑事程序体系中存在一种上行的权威，审级越高，权威越大，整个程序体系的重心也经由第二审程序、死刑复核程序逐级上行。其结果是，第一审程序失去"重心"地位，与此互为因果的则是第一审程序中存在的证人出庭率不高、被告人质证权发育不充分等诸多问题。

因此，"以审判为中心"的提出，带着鲜明的问题意识，触及中国刑事诉讼宏观结构中一个由来已久的症结。正是因为中国刑事司法在不同层面、不同方向上存在不同程度的"离心"和"失重"现象，所以，即使是西方缺失这一术语，在中国当前的语境下，"以审判为中心"作为概念提出仍然是有意义的。基于同样的原因，所谓"推进以审判为中心的诉讼制度改革"，也需要在不同的层面、不同的方向上展开。

一、侦查、审查起诉与审判三阶段之关系

以审判为中心，其核心要求是作为裁判根据的案件信息，形成于并仅

---

〔1〕 对于死刑复核程序的审查范围，《刑事诉讼法》没有明确规定，但《最高人民法院关于适用〈中华人民共和国刑事诉讼法〉的解释》第 427 条第 1 款规定，复核死刑、死刑缓期执行案件，应当全面审查以下内容：（1）被告人的年龄，被告人有无刑事责任能力、是否系怀孕的妇女；（2）原判认定的事实是否清楚，证据是否确实、充分；（3）犯罪情节、后果及危害程度；（4）原判适用法律是否正确，是否必须判处死刑，是否必须立即执行；（5）有无法定、酌定从重、从轻或者减轻处罚的情节；（6）诉讼程序是否合法；（7）应当审查的其他情况。可见，死刑复核程序奉行的实际上也是"全面审查"原则。

仅形成于审判程序。所以，以审判为中心，并非忽视侦查、审查起诉程序，侦查和审查起诉是审判的准备，其收集和运用证据的质量关乎审判之公正，高质量的侦查和起诉，可以从源头上防范冤假错案的发生。然而，从结构角度考虑，为了保证作为裁判基础的案件信息形成于审判，须人为割断侦查和起诉信息顺利进入审判程序的通道。仅就"以审判为中心"而言，对抗制诉讼结构较之非对抗制诉讼结构更为成功，就是因为在对抗制结构之下，由于一系列制度和规则的存在，阻断审前信息流动显得更为卓有成效。[1]这一点，在由非对抗制诉讼传统向对抗制诉讼结构转型的国家，尤其明显，因为这种转型是否成功，在很大程度上取决于能否成功地阻断审前信息进入审判程序。

以日本为例。"二战"之前日本在法国法和德国法的影响之下确立了职权主义诉讼结构，战后在美国的强烈影响下转向对抗制诉讼结构，为此，日本采取一系列举措阻断审前信息向审判阶段的自由流动。例如，实行起诉状一本主义，禁止起诉时移送案卷和证据，也不得在起诉书中添附可能使法官对案件产生预断的文书及其他物品，或者引用该文书等的内容。[2]又如，在提起公诉后到第一次公审期日前，关于羁押的处分，必须由负责审判的法官以外的法官作出，以防止有关法官通过羁押处分，对案情产生预断。[3]再如，确立传闻证据排除规则，排除形成于法庭之外的陈述成为证据。[4]

1988年，立足于职权主义诉讼传统的意大利通过新的法典，开始向对

---

〔1〕 例如，对抗制造成了控辩双方之间的信息隔绝，因为"对抗"的前提假设阻断了自愿的审前信息交流；又如"禁止单方接触"原则阻却了法官单方面通过当事人对案件信息的获取。所谓"单方接触"（Ex Parte Communications），是指在正式审判之前，一方当事人在另一方当事人不在场的情况下与法官单独接触。See Michael D. Bayles, Procedural Justice, Boston：Kluwer Academic Publishers, 1990, p. 35.

〔2〕 参见《日本刑事诉讼法》第256条第6款。参见《日本刑事诉讼法》，宋英辉译，中国政法大学出版社2000年版，第60页。

〔3〕 参见［日］铃木茂嗣："日本刑事诉讼法的特色及解释上的诸问题"，载［日］西原春夫主编：《日本刑事法的形成与特色》，李海东等译，法律出版社（中国）、成文堂（日本）联合出版1997年版，第54页。

〔4〕《日本刑事诉讼法》第320条规定，除第321条至第328条规定的以外，不得以书面材料作为证据代替公审期日的供述，或者将公审期日外其他人的供述为内容所作的供述作为证据。参见《日本刑事诉讼法》，宋英辉译，中国政法大学出版社2000年版，第72页。

抗制全面转型。在欧洲大陆传统中，警察和当事人在审前的侦查阶段收集的所有证据都被放入一个官方的案卷，该案卷会对审判产生非常重要的影响。1988年以前，审判形同对审前收集的证据进行确认的程序。1988年通过新法典有意对案卷的作用作出限制。审判法官根本不接触侦查案卷，侦查案卷的作用是供对立双方查阅。法官受理案件后，要准备一个新的审判案卷，在开庭前，审判案卷应当是空白的，只有在法庭上出示和调查过的证据才能记入审判案卷，审判法官只能根据审判案卷中有记载的证据作出判决。这就是意大利独特的"双重案卷"制度。[1]新法典严格限制自动提交审判法官的案卷材料的范围，任何一方当事人想要审判法官接触一项额外证据，就要由另一负责预备聆讯的法官（giudice dell'udienza preliminare）举行听证，由他决定是否将证据提交给审判法官。1988年以后，审判成为整个诉讼的核心。

中国1996年《刑事诉讼法》第一次修正时也曾经有过向抗辩制审判转型的努力。为此，1996年《刑事诉讼法》改革了起诉方式和公诉审查方式，从原来的"案卷移送主义"的起诉方式和实体性审查的公诉审查方式，[2]转向"复印件主义"和程序性审查为主，[3]以尽量控制审前信息向审判程序的流动。然而，由于制度环境不相契合，实施效果并不理想。[4]2012年《刑事诉讼法》第二次修正，放弃了向"起诉状一本主义"转型的努力，

---

〔1〕 关于意大利的双重案卷（double dossier）制度，参见 Antoinette Perrodet, The Italian System, Mireille Delmas-Marty and J. R. Spencer（ed.）, European Criminal Procedures, Cambridge University Press（New York）, 2002, p. 369。

〔2〕 1979年《刑事诉讼法》第108条规定："人民法院对提起公诉的案件进行审查后，对于犯罪事实清楚、证据充分的，应当决定开庭审判；对于主要事实不清、证据不足的，可以退回人民检察院补充侦查；对于不需要判刑的，可以要求人民检察院撤回起诉。"人民法院在开庭前的公诉审查环节即对证据的充分性作出初步判断，这是一种实体性的公诉审查方式。

〔3〕 1996年《刑事诉讼法》第150条规定："人民法院对提起公诉的案件进行审查后，对于起诉书中有明确的指控犯罪事实并且附有证据目录、证人名单和主要证据复印件或者照片的，应当决定开庭审判。"

〔4〕 比较权威的说法是，这一改革在司法实践中的效果并不好，主要是法官在庭前对大部分案卷材料并不熟悉，不了解案件主要争议的问题，难以更好地主持、把握庭审活动，而且由于检察机关不在庭前移送全部案卷材料，辩护律师也无法通过到法院阅卷了解全案证据，特别是对被告人有利的证据。参见王尚新、李寿伟主编，全国人大常委会法制工作委员会刑法室编著：《〈关于修改刑事诉讼法的决定〉释解与适用》，人民法院出版社2012年版，第175页。

重回"案卷移送主义"。[1]综合上述，无论在过去十几年的时间里立法上如何规定，在实务层面，法官在开庭前，或者在第一次开庭后均有机会阅览全卷。[2]

表 4-1　某市检察机关 2004—2013 年起诉、不起诉和移送单位撤回案件情况

年份	起诉受案（人）	起诉（人）	起诉率（%）	不起诉（人）	移送单位撤回（人）	不起诉率（%）	不起诉和移送单位撤回率（%）
2004	31 543	28 261	89.6	443	1574	1.40	6.39
2005	28 669	25 108	87.6	466	1601	1.63	7.21
2006	29 922	26 581	88.8	522	1751	1.74	7.60
2007	31 054	28 541	91.9	666	1686	2.14	7.57
2008	28 967	26 793	92.5	481	898	1.66	4.76
2009	28 850	27 383	94.9	524	790	1.82	4.55
2010	28 839	26 485	91.8	695	734	2.41	4.96
2011	28 398	26 058	91.8	955	742	3.36	5.98
2012	31 504	27 361	86.8	1527	1707	4.85	10.30
2013	26 165	22 178	84.8	2302	15	8.80	8.85
总计	293 911	264 749	90.1	8581	11 498	2.92	6.83

表 4-1 是笔者在某市检察机关调研得到的该市检察机关起诉、不起诉、移送单位撤回案件情况的统计数据。如表 4-1 所示，2004—2013 年，该市检察机关受案人数整体稳定，维持在年均 29 000 人左右，其中 2013 年起诉受案人数有较为明显的下降，受案人数减少 5339 人，比上年下降了

---

[1]　现行《刑事诉讼法》第 176 条第 1 款规定："人民检察院认为犯罪嫌疑人的犯罪事实已经查清，证据确实、充分，依法应当追究刑事责任的，应当作出起诉决定，按照审判管辖的规定，向人民法院提起公诉，并将案卷材料、证据移送人民法院。"

[2]　1996 年《刑事诉讼法》修正后，最高人民法院 1998 年据此发布了司法解释（法释〔1998〕23 号）（已失效），该解释第 152 条第 1 款规定，"对于公诉人在法庭上宣读、播放未到庭证人的证言的，如果该证人提供过不同的证言，法庭应当要求公诉人将该证人的全部证言在休庭后三日内移交"。此条规定在实践中演化成了第一次开庭后移送卷证。

16.95%。2004—2013 年，该市检察机关起诉率、不起诉和移送单位撤回率等核心数据，波动明显。这种波动，一方面反映了该市检察机关在不同时期对维护社会稳定的需求在起诉政策上的回应，另一方面反映了实体法在罪名上的变化。例如，2008 年、2009 年由于要为奥运会、国庆 60 周年营造稳定的社会环境，这两年的起诉率明显较高，不起诉率明显较低。2009年后，这种适度从严的执法尺度得到逐步调整，起诉率开始走低。又如，2011 年 5 月 1 日起施行的《刑法修正案（八）》降低了盗窃罪的入刑门槛，将醉驾、飙车、拒不支付劳动报酬等行为入刑，这一立法变化导致2012 年、2013 年该市检察机关的起诉率下降比较明显。但总体而言，10 年间该市检察机关不起诉和移送单位撤回率虽有波动，最低 4.55%，最高10.3%，但整体上维持在较低比率。同时，起诉率基本保持在较高水平，尤其是 2007—2011 年 5 年间起诉率都保持在 91% 以上的高位。这意味着，侦查机关移送审查起诉的案件中，绝大多数都作出了提起公诉的决定。

表 4-2　某市检察机关 2006—2013 年提起公诉、无罪判决、撤回起诉情况

年份	提起公诉（人）	无罪判决（人）	撤回起诉（人）	无罪判决（撤回起诉）率（%）
2006	26 581	3	120	0.46
2007	28 541	5	64	0.24
2008	26 793	4	26	0.11
2009	27 383	7	36	0.11
2010	26 485	6	39	0.17
2011	26 058	11	65	0.29
2012	27 361	11	38	0.18
2013	22 178	13	42	0.25
合计	211 380	60	430	0.23

表 4-2 是笔者在该市检察机关调研得到的 2006—2013 年该市检察机关提起公诉、得到无罪判决的情况。鉴于司法实践中人民法院在不认可检察机关的起诉时往往会商请检察机关撤回起诉的做法，因此，笔者也收集了

相应年份该市检察机关在审判阶段撤回起诉的数量，表 4-2 所统计的无罪判决率属广义的无罪判决率，即将撤回起诉的案件数量也计算在内。从表 4-2 反映的情况来看，该市检察机关起诉到人民法院的案件中，被判决无罪（含撤回起诉）的比率，在 2006—2013 年 8 年的时间里有一定波动，例如 2008 年、2009 年无罪判决和撤回起诉的比率最低，只占 0.11%，这在一定程度上反映了奥运会和国庆 60 周年维护社会稳定的需要，但是，总体而言，无罪判决（含撤回起诉）率一直徘徊在很低的水平，平均只有 0.23%。这意味着，检察机关起诉到人民法院的刑事案件，绝大多数都作出了有罪判决，无罪判决（含撤回起诉）只是少见的例外。

综合表 4-1 和表 4-2 反映的情况，在 2004—2013 年 10 年的时间里，在该市检察机关接受侦查机关移送审查起诉的犯罪嫌疑人，绝大多数（平均90.1%）都作出了起诉决定；在 2006—2013 年 8 年的时间里，由该市检察机关向人民法院提起公诉的被告人中，绝大多数（约99.77%）都作出了有罪判决，作出无罪判决或者撤回起诉的，只是少见的例外（0.23%）。鉴于该市检察机关、人民法院在执法理念和执法规范性方面在全国都属先进，由此推测全国的起诉率、有罪判决率只会更高，不会更低。[1] 以表 4-1 和表 4-2 反映的情况为基础，基本可以得出结论，一旦侦查机关作出犯罪嫌疑人有罪的认定，绝大多数都会被检察机关提起公诉；一旦检察机关提起公诉，绝大多数都会被人民法院宣告有罪。二者联动的结果是，侦查结论在某种程度上决定着判决的结果。因此，现实的中国刑事诉讼实践状况更接近"侦查中心主义"，高企不下的有罪判决率反映了审判阶段的尴尬地位——不是"以审判为中心"，相反，审判是"离心"的。

究其原因，人们经常会提及诉讼机制之外的司法体制问题——法院、检察院、公安机关配合有余、制约不足，以及三机关内部片面追求起诉率、

---

〔1〕 直接统计全国检察机关起诉率以及人民法院无罪判决率存在一个技术上的障碍：无论中国法律年鉴还是历年最高人民法院、最高人民检察院工作报告，均不反映移送审查起诉的侦查机关撤回案件的数字，以及审判阶段检察机关撤回起诉的数字。根据最高人民法院 2015 年 5 月 7 日在《人民法院报》发布的《依法惩治刑事犯罪　守护国家法治生态——2014 年全国法院审理刑事案件情况分析》，2014 年全国法院判决发生法律效力的被告人 118.4 万人，宣告无罪 778 人，占比 0.07%。而根据常识，审查起诉阶段侦查机关撤回案件的数字远高于作出不起诉决定的数字，审判阶段检察机关撤回起诉的数字也远高于作出无罪判决的数字。表 4-1 和表 4-2 提供的数据也反映了这一点。

无罪判决率的考评指标设置不尽合理、违背诉讼规律。这对中国司法实践中的高起诉率、高有罪判决率当然会起到推波助澜的作用。如前文所述，从历史上看，诉讼阶段之分化，其根本原因在于诉讼职能之分化，因此，各诉讼阶段之关系，在一定程度上也折射出各诉讼职能执掌主体之关系。在中国刑事诉讼中执掌侦查、审查起诉和审判三大重要职能的公安机关、检察机关和人民法院，公安机关由于历史原因成为政法系统的"龙头老大"，检察机关稳居法律监督机关之宪法地位，其监督对象包括人民法院。长期以来，公安机关、检察机关在中国现实政治生态中的地位均高于人民法院。由于在刑事诉讼流程中居后的机关相对"弱势"，对前一诉讼流程的制约不免"乏力"，于是形成了"和为贵"的诉讼局面。

然而，特殊的司法体制形成的法院、检察院、公安机关"和谐"共生关系在一定程度上已经通过上述表 4-1 和表 4-2 中记载的审查起诉阶段"移送机关撤回案件"和审判阶段检察机关"撤回起诉"等灰色司法实践得到表达。问题是，中国法院系统超高的有罪判决率是否可以完全归咎于司法体制？诉讼内的案卷移送制度在这个过程中起到什么作用？

德国学者贝恩德·许乃曼教授曾在 1979—1986 年主持过一项检验案卷信息对判决影响的实证研究。[1]该研究试图解决的问题是，德国刑事诉讼程序允许职业法官审前获知案卷信息，这是否会妨碍法官在审判程序中不带偏见地加工信息？一共 35 位刑事法官参与此项研究，他们被随机分配到不同的实验条件：（1）知道案卷信息/有机会询问证人；（2）不知道案卷信息/有机会询问证人；（3）知道案卷信息/没有机会询问证人；（4）不知道案卷信息/没有机会询问证人。供受试者评判的案卷是基于 20 世纪 70 年代末慕尼黑法院审理的一个真实案件。研究针对每个受试者单独进行，向受试者呈现相同的审判记录。在具备询问证人机会的实验条件下的受试者可以从出庭的 7 位证人中选择 2 位，在他们作完陈述后对他们提出有关案情的问题。受试者不知道的是，他们可以询问的永远是案件中的第一和第三位证人。所有受试者没有通过亲自提问获得的信息都会在之后的检察官和

---

〔1〕 关于该项实证研究的详细介绍，参见 ［德］贝恩德·许乃曼等："案卷信息导致的法官偏见：关于与英美模式比较下德国刑事诉讼程序优缺点的实证研究"，刘昶译，载何挺等编译：《外国刑事司法实证研究》，北京大学出版社 2014 年版，第 74 页。

辩护人对证人的询问中出现。也就是说，无论受试者是否有询问证人的机会，他们所获得的有关案情的信息量其实是相同的。表4-3反映了受试者在不同实验条件下的分布，表4-4提供了刑事法官在不同实验条件下判决行为的概况。[1]

表4-3　受试法官分布

	具备询问证人的机会	不具备询问证人的机会
侦查案卷+审判程序	8	9
只有审判程序	11	7

表4-4　受试法官的判决行为

		具备询问证人的机会	不具备询问证人的机会
侦查案卷+审判程序	有罪判决	8	9
	无罪判决	0	0
只有审判程序	有罪判决	3	5
	无罪判决	8	2

表4-4呈现的实验结果令人惊异：接触侦查案卷的所有刑事法官都作出了有罪判决，无论是否具备询问证人的机会！相反，当法官不接触侦查案卷，仅知道审判程序中出现的信息，在没有询问证人的机会这一条件下，大部分法官还是判决被告人有罪，但有机会询问证人的条件下，大部分法官会作出无罪判决。就能否看到侦查案卷而言（表4-4左边一栏），两组之间的差别非常显著（有侦查案卷：8人判决有罪/无人判决无罪；无侦查案卷：3人判决有罪/8人判决无罪）。在不能询问证人这一条件下，侦查案卷信息对判决结果的影响没有特别显著地表现出来（表4-4右边一栏）。这一结果也容易理解，因为即使没有侦查案卷信息，大部分法官也

---

[1]　表4-1和表4-2均根据许乃曼教授主持的该项研究提供的数据整理而成，由于原始研究还关注刑事法官和检察官对侦查案卷的不同评价，因此实验涉及受试检察官的判决行为。因主题所限，本书只呈现涉及刑事法官判决行为的数据。参见［德］贝恩德·许乃曼等：《案卷信息导致的法官偏见：关于与英美模式比较下德国刑事诉讼程序优缺点的实证研究》，刘昶译，载何挺等编译：《外国刑事司法实证研究》，北京大学出版社2014年版，第91—92页。

会作出有罪判决（5 人判决有罪/2 人判决无罪）。但引人注意的是，在不接触侦查案卷的条件下比较有机会和没有机会询问证人的两组：有机会询问证人的一组里更多法官判决被告人无罪，不能询问证人的一组中更多法官判决被告人有罪（3 人判决有罪/8 人判决无罪 vs. 5 人判决有罪/2 人判决无罪）。

据此可得出结论：侦查案卷信息对法官判决行为的影响之大，超出了我们的想象，即使法官有机会亲自询问证人，也很难修正侦查案卷信息带来的决定性影响。只有在没有条件接触侦查案卷的情况下，是否有机会询问证人才会对法官的判决行为产生重要影响。在不能询问证人的情况下，法官倾向于作出有罪判决，在能够询问证人的情况下，法官更倾向于作出无罪判决。

如果上述结论成立，回到中国刑事诉讼的背景下，在过去或明或暗的案卷移送实践之下，实难期待审判法官在如此强大的有罪提示面前作出其他判决选择，更遑论刑事法庭上证人绝大多数都不出庭，法官根本就没有询问证人的机会。所以，中国超高有罪判决率的背后，或许有司法体制问题作为推手，但是，如果不改变传统案卷移送制度之下案件信息的呈现方式，超高的有罪判决率不可能有实质性改变，侦查决定起诉、起诉决定审判 "联动" 造成的 "侦查中心主义" 就不可能松动，"以审判为中心" 也就成了一句空话。

因此，回归 "审判中心主义"，其根本解决之道仍是对侦查案卷信息与裁判信息进行必要的切割，要么走向起诉状一本主义，要么对公诉审查主体和审判主体进行适当的分离，何去何从，只能依赖未来的立法修正作出选择。然而，在刑事诉讼法刚刚修正不久，立即启动再修改不太现实的情况下，可以考虑充分利用现有的制度资源，强化法律实施，为 "审判中心主义" 发掘更大的制度空间。

例如，从 2012 年《刑事诉讼法》第 159 条和第 170 条的规定可以推知立法者之良善用意，[1] 即本次刑事诉讼法修正虽然重拾案卷移送制度，但

---

[1] 2012 年《刑事诉讼法》第 159 条规定，在案件侦查终结前，辩护律师提出要求的，侦查机关应当听取辩护律师的意见，并记录在案。辩护律师提出书面意见的，应当附卷。第 170 条规定，人民检察院审查案件，应当讯问犯罪嫌疑人，听取辩护人、被害人及其诉讼代理人的意见，并记录在案。辩护人、被害人及其诉讼代理人提出书面意见的，应当附卷。

案卷中所包含的信息之结构已经悄然发生变化。以往的案卷基本上是一边倒的对犯罪嫌疑人、被告人不利的信息，现在的案卷则同时包含了辩方的意见。但是，这种设计真正发挥作用，在很大程度上依赖于审前阶段，尤其是侦查阶段辩护律师参与的常态化和实质化，最终取决于侦查、审查起诉阶段辩护律师合法权益的保障。当然，实践中如果按照这种思路继续推进，则可以考虑借鉴意大利单独设立辩护律师案卷的做法，[1]将辩护律师的调查取证和辩护意见单独立卷，待案件将来提起公诉后与公诉案卷一起移送至人民法院。

此外，还可以借鉴欧洲大陆国家为限制侦查案卷对审判的影响而采取的一系列措施。《法国刑事诉讼法典》第 347 条规定了重罪法庭不能将案卷带入评议室。[2]德国虽然采案卷移送制度，但案卷之内容原则上不得用为裁判之根据。[3]在阅览案卷的主体方面，立法也有严格的限制：由于担心陪审员不自觉地受到影响，因此陪审员原则上不得接触案卷；审判长和制作裁判文书的法官也不得阅览案卷。德国还有所谓的"询问本人原则"，即《德国刑事诉讼法典》第 250 条规定的，对事实的证明如果是建立在一个人的感觉之上，要在审判中对他进行询问。不允许以宣读以前的询问笔录或者书面证言代替询问。上述规定未来如果能够以司法解释的形式引入中国的刑事司法实践，也可以在一定程度上限制侦查案卷信息对审判的影响。

二、审判阶段：以"庭审"为中心

"以审判为中心"的命题，表述了"审判"与其他诉讼阶段的基本关系。在刑事案件的办理过程中，人民法院、人民检察院和公安机关都对案件实施认识活动，都依法对案件作出处理，如此才能推进诉讼活动的深入和发展，然而，为何只是以"审判"为中心，更为何"未经人民法院依法

---

[1] 根据 2000 年第 397 号法律，意大利开始设立单独的辩护律师案卷。参见 Antoinette Perrodet, The Italian System, Mireille Delmas-Marty and J. R. Spencer（ed.）, European Criminal Procedures, Cambridge University Press（New York）, 2002, p. 369。

[2] 参见 [法] 贝尔纳·布洛克：《法国刑事诉讼法》，罗结珍译，中国政法大学出版社 2009 年版，第 487 页。

[3] [德] 克劳思·罗科信：《刑事诉讼法》，吴丽琪译，法律出版社 2003 年版，第 430 页。

判决,不得确定任何人有罪"?换句话说,何以人民法院对案件的认识、对案件的处理具有高于人民检察院、公安机关的权威性?一言以蔽之,因为人民法院所主持的庭审活动具备程序正义的最完整形态,人民法院对案件的认识和处理是建立于庭审活动中控辩双方对证据、法律意见的充分讨论和辩驳之上的。在庭审中,被告人的程序参与权、辩护权得到最有效的保障,公开审判、直接言词、集中审理等基本原则得到最充分的贯彻和体现,各种证据、主张、观点、意见都得到来自正反两个方面的充分讨论和反驳,在此基础上的事实认定和法律适用是最科学和公正的。因此,法院判决的权威性来自于庭审程序的公正性和认识活动的科学性。

然而,这也说明,"以审判为中心"不能等同于以"法院"为中心,法院判决的权威性来自于公正的庭审,法院自身也不能游离于庭审活动之外进行事实认定活动,相反,人民法院的对于案件事实的认识活动应该"以庭审为中心",杜绝、限制开庭之前、法庭以外的信息对判决产生影响。例如,我国2012年《刑事诉讼法》修正案对开庭前的准备程序作出修改,增加了"在开庭以前,审判人员可以召集公诉人、当事人和辩护人、诉讼代理人,对回避、出庭证人名单、非法证据排除等与审判相关的问题,了解情况,听取意见"的规定,[1]成为在开庭之前召开庭前会议的基本法律依据。庭前会议制度之设,其基本功能在于为庭审的集中、顺利进行做充分的准备,明确控辩双方争议的焦点,解决案件中的程序性问题。然而,这种"充分"是有限度的,即庭前会议活动不得损害被告人的审判权。因为庭前会议虽然是控、辩、审三方到场的场合,但毕竟与正式审判程序不同,缺乏正式审判程序提供的诸多程序性保障。因此,与被告人的定罪、量刑密切相关的实质性问题,不应当在庭前会议中讨论。此外,我国立法目前尚未完全贯彻"以庭审为中心"的原则,在一定条件下赋予合议庭"庭外调查权"。[2]为强化"以庭审为中心",最高人民法院作出两点解释对此加以限制和补充:一是如果庭外调查作为"取证"的手段,则"法庭

---

〔1〕 参见2012年《刑事诉讼法》第182条第2款。
〔2〕 我国《刑事诉讼法》第196条规定:"法庭审理过程中,合议庭对证据有疑问的,可以宣布休庭,对证据进行调查核实。人民法院调查核实证据,可以进行勘验、检查、查封、扣押、鉴定和查询、冻结。"

庭外调查核实取得的证据，应当经过当庭质证才能作为定案的根据"，除非经庭外征求意见，控辩双方均没有异议；[1]二是如果庭外调查作为"核实"证据的手段，则"必要时，可以通知检察人员、辩护人、自诉人及其法定代理人到场"。[2]这样解释，具有将"庭外"调查一定程度上转化为"庭上"调查的效果，即在合议庭对证据有疑问，需要通过勘验、检查、查封、扣押、鉴定、查询、冻结对证据进行调查核实时，事先通知控辩双方到场，对所调查核实的证据发表意见。因为"庭审"并非一个地理概念，其本质上是一个"场合"概念，即在控、辩、审三方到场的"场合"下解决争议的活动。实践中应进一步强化该解释的刚性，将法庭调查核实证据时"通知检察人员、辩护人、自诉人及其法定代理人到场"作为一般原则，只有在例外的情况下才可以不通知控辩双方到场。

"以庭审为中心"也是西方发达国家刑事诉讼的基本惯例。英美对抗制审判借助陪审团认定案件事实，即使不特设规则，也足以保证判决信息基本上完全出自庭审。欧洲大陆由于在中世纪有比较悠久的书面审传统，且进入现代后仍实行案卷移送制度，因此立法上需特设规则防范庭外信息影响判决。比较典型的如《德国刑事诉讼法典》第261条规定，法庭应当根据审判全过程确立自由心证决定证据调查的结果，[3]以及《意大利刑事诉讼法典》第526条规定，法官在评议中不得采用不是依法在法庭审理中调取的证据。[4]此外，法官私下对犯罪行为有所知悉，只能以证人身份接受询问，不能在本案中继续担任法官职务，也不能将该私下知悉径行用作判决之根据。其他诉讼程序中获得的证据结果也不能径行用为证据。[5]

不过，同样是以庭审为中心，欧洲大陆和英美的理论支撑点并不完全一致。欧洲大陆刑事诉讼奉行职权主义，对参与刑事诉讼的所有机关施加

〔1〕 参见2013年《最高人民法院关于适用〈中华人民共和国刑事诉讼法〉的解释》（已失效）第220条第2款。
〔2〕 参见2013年《最高人民法院关于适用〈中华人民共和国刑事诉讼法〉的解释》（已失效）第66条第1款。
〔3〕 参见《德国刑事诉讼法典》，李昌珂译，中国政法大学出版社1995年版，第106页。
〔4〕 参见《意大利刑事诉讼法典》，黄风译，中国政法大学出版社1994年版，第186页。
〔5〕 ［德］克劳思·罗科信：《刑事诉讼法》，吴丽琪译，法律出版社2003年版，第435页。

发现真相的义务,[1]其思想基础在于有关机关在作出决定时应当寻找和占有完整、准确的信息。[2]因此,职权主义审判最典型的特征是法官对"实体真实"的追求以及为此所享有的广泛职权,检察官和当事人在审判中居于相对次要的地位。因此,欧洲大陆的法庭审判以法官的认知结构为基础确立规则。在诉讼中,法官对于案件事实的认识是以证据为中介的,形成"法官—证据—案件"的认知结构。为了最大限度地发现案件真相,在这一认知结构的两个环节均要求无介质而具有直接关系。就"法官—证据"环节而言,要求法官以直接的方式面对被告人、证人、鉴定人和其他证据,能够实时地对被告人、证人、鉴定人进行追问和直接交流,对审判材料形成基于个人感受的印象,并在这种个人印象的基础上形成裁判。就"证据—案件"环节而言,则要求作为法官认知手段的证据,必须直接产生于案件事实,或者最大限度地接近案件事实的第一手资料,以此保证发现案件真相。前者基本对应于德国刑诉理论上的"形式的直接审理原则"(die formelle Unmittelbarkeit),后者大致对应于"实质的直接审理原则"(die materielle Unmittelbarkeit)。[3]法律所希望达到的效果是,法官要对被告人与见证犯罪事实的证人的"人的现实"有一种亲身体验。[4]

英美法同样严格区分"法庭上"和"法庭外"的陈述,实际上这一区分正是"传闻"概念产生的基础。所谓传闻,是在审判中作证的人以外的人作出的"法庭外"陈述,提供该陈述的目的是证明陈述中所断定的事实的真实性。[5]根据证据规则,传闻证据不可采,除非它属于传闻规则的例

---

〔1〕 例如,《德国刑事诉讼法典》第160条第1款规定检察院的职责:"通过告发或者其他途径,检察院一旦了解到有犯罪行为的嫌疑时,应当对事实情况进行调查,以决定是否提起诉讼。"《德国刑事诉讼法典》第244条第2款规定审判法院的职责:"为了调查事实真相,法院应当依职权将证据调查延伸到所有对于裁判具有意义的事实和证据上。"

〔2〕 [德]托马斯·魏根特:《德国刑事诉讼程序》,岳礼玲、温小洁译,中国政法大学出版社2004年版,第2页。

〔3〕 参见李文伟:"论德国刑事诉讼中直接言词原则的理论范畴",载《山东社会科学》2013年第2期。

〔4〕 参见 [法]贝尔纳·布洛克:《法国刑事诉讼法》,罗结珍译,中国政法大学出版社2009年版,第487页。

〔5〕 See Fed. R. Evid. 801 (c).

外。在 2004 年的克劳弗诉华盛顿案中，[1]美国联邦最高法院又认定，如果一项庭外陈述是"证言性陈述"（testimonial），[2]那么，除非作出陈述的人曾经（或者现在正在法庭上）接受交叉询问，否则，根据对质条款，禁止采纳该庭外陈述作为证据。可见，美国的庭审中心主义，其基本的立足点在于被告人的对质权。在美国当事人主义背景下，这一点并不难以理解。英美刑事诉讼中程序推进和证据调查皆依赖于当事人，法官和陪审团相对消极，主要通过控辩双方的攻击防御活动获取案件信息，这是当事人主义之下形成作为判决基础的案情信息的基本结构。因而当事人是否享有呈现有利证据、质疑对方证据，即交叉询问的机会，无论对于被告人还是裁判者，都至关重要，交叉询问一直被视为"迄今为止为发现真相而发明的最大的法律引擎"。[3]而只有对质权得到有效保障才能够使被告人对证人的交叉询问成为可能。美国联邦最高法院也一直认为对质条款的主要目的是防止用书面证言"代替对证人本人的询问和交叉询问"，要求证人本人当庭作证。[4]

可见，虽然认知结构和立足点并不相同，欧洲大陆和英美"以庭审为中心"的核心要求却是近似的，即强调裁判者的亲历性和证人亲自出庭两大要素。关于法官的亲历性，正是目前中国正在全面推进的司法体制改革和审判运行机制改革着重要解决的问题。而证人出庭问题，正是中国各项诉讼制度改革能否顺利推进的关节点。

然而，不可否认的现实是，长期以来，中国刑事审判中的证人出庭率，一直徘徊在极低的水平，即便是 2012 年《刑事诉讼法》修正后，这种局面

---

〔1〕 Crawford v. Washington, 541 U. S. 42 (2004).

〔2〕 所谓"证言性陈述"，根据美国联邦最高法院的表述，如果一项陈述是"出于在法庭上使用它的目的而作出时"，就很可能会被认定为"证言性陈述"，它至少包括预审、大陪审团程序，或者在以前的审判中作出的先前证言，也包括警察讯问。但是，"9·11"接警员的电话录音，报案人为了让警察帮助应对正在发生的紧急情况而作出的陈述，不属于"证言性陈述"。See Joshua Dressler & Alan C. Michaels, Understanding Criminal Procedure (4[th]ed. , vol. 2), Matthew Bender & Company, Inc. 2006, p. 244.

〔3〕 See California v. Green, 399 U. S. 158 (1970).

〔4〕 See Joshua Dressler & Alan C. Michaels, Understanding Criminal Procedure (4[th]ed. , vol. 2), Matthew Bender & Company, Inc. 2006, p. 223.

也没有任何改观。[1]《刑事诉讼法》第 62 条第 1 款规定，"凡是知道案件情况的人，都有作证的义务"。但是，2012 年增设的第 187 条又把证人应当出庭作证的情况限定为"公诉人、当事人或者辩护人、诉讼代理人对证人证言有异议，且该证人证言对案件定罪量刑有重大影响，人民法院认为证人有必要出庭作证的"。证人是否应当出庭作证，很大程度上取决于法院对于出庭必要性的判断。就这一点而言，中国刑事审判的职权主义底色仍十分浓厚。如同欧洲大陆一样，中国刑事诉讼法赋予各专门机关以查明真相的职责并为此赋予其较为广泛的职权，这在中国"重实体"的文化传统中似乎是必然之选。但是，正如我们不能把"以审判为中心"简单归结为法院、检察院、公安机关三家之间的事，同样也不能把"以庭审为中心"认为只是法院一家的事。"以审判为中心"的诉讼制度改革如果不能最终落实到被告人的权利保障上，就不可能真正破题，也不可能走得太远。司法实践中早已常态化的超低证人出庭率就是明证。中国要真正实现"以庭审为中心"，就必须适当承认并强化被告人的对质权。

中国刑事诉讼法中涉及对质的主要条文是 2012 年增设的第 187 条和第 188 条。但是，从保护对质权的角度来看，这两个条文所构建的保障机制却存在不足。其一，没有明确承认对质的权利属性，相反，证人是否应当出庭很大程度上取决于人民法院的裁量，即人民法院是否"认为证人有必要出庭作证"，这就具有一定的随意性，被告人对质的机会可能会被轻易地剥夺。其二，证人不出庭作证的，其庭外证言是否可以采用没有明确说法。2012 年《刑事诉讼法》第 188 条第 2 款规定了证人不出庭的后果，"证人没有正当理由拒绝出庭或者出庭后拒绝作证的，予以训诫，情节严重的，经院长批准，处以十日以下的拘留……"。但是，证人不出庭在诉讼法上的后果，刑事诉讼法以及相关的司法解释只字未提。相反，2012 年《刑事诉讼法》第 190 条却规定，对未到庭的证人的证言笔录，应当当庭宣读，这等于变相肯定了庭外证言的证据资格。上述两个问题的存在，使得被告人的对质权基本上丧失了有效的法律保障。

---

〔1〕 根据最高人民检察院办公厅 2014 年 11 月 28 日印发的《关于以十八届四中全会精神为指引进一步贯彻执行好修改后刑事诉讼法的通知》，2013 年至 2014 年 9 月，全国一审公诉案件证人出庭 3086 件，鉴定人出庭 992 件，分别占起诉案件数的 0.18% 和 0.06%。

为了提高证人的出庭率，2012 年《刑事诉讼法》修正案也曾作出过努力，即在《刑事诉讼法》第 188 条增加了强制证人出庭的规定，即"经人民法院通知，证人没有正当理由不出庭作证的，人民法院可以强制其到庭"，同时"被告人的配偶、父母、子女"可以免于强制出庭。立法者的初衷是吸收西方亲属免证权维系家庭关系和谐的精神，[1]但由于只承认特定亲属"可以免于强制出庭"，并不承认"拒证权"，更不认为被告人是"拒证权"的主体，这在实践中带来了意想不到的效果。以"薄熙来案"为例，薄熙来妻子薄谷开来在 2013 年 3 月曾提供不利于薄熙来的证言，其作证视频在庭审过程中被当庭播放，薄熙来要求证人薄谷开来出庭，合议庭以 2012 年《刑事诉讼法》第 188 条规定的"被告人的配偶"免于强制出庭为由加以拒绝。在该案中，亲属免于强制出庭的效果，是被告人对质权的落空。被告人对质权保护之薄弱，可见一斑。

对质权起源于一个简单的命题：被指控犯罪的人，有权当面挑战、质疑指证他的人。所以，对质权的核心在于"刑事被告人"与"不利证人"之间的关系，即被告人享有的让证人当庭作证的权利。所谓"当庭作证"，必须包含四个完整的要素：（1）可以接受交叉询问；（2）在伪证罪威胁下提供；（3）提供的方式使陪审团能够观察证人的情态举止；（4）证人与被告人"面对面地"提供证言。[2]对质权并非美国对抗式审判程序的专利。对质条款在《欧洲人权公约》列于第 6 条"公正审判"条之下的第 3 款第4 项，属于公平审判权的一部分，也是其最低限度的要求。近年来，欧洲人权法院结合《欧洲人权公约》第 6 条"公正审判"条款，以案例的形式确认，对质权应当包含以下几个方面的保障：（1）调查证据（包括询问证人）应当在被告人在场时进行；（2）询问证人的程序必须是对审式的（adversarial）；（3）在不利证人陈述当时或者稍后程序阶段，必须赋予被告人向不利证人提问质疑的充分而适当的机会。美国和欧洲在对质条款的具体表述上可能有所不同，但其基本前提都是被告人享有要求不利证人出庭作

---

〔1〕 参见王尚新、李寿伟主编，全国人大常委会法制工作委员会刑法室编著：《〈关于修改刑事诉讼法的决定〉释解与适用》，人民法院出版社 2012 年版，第 189 页。

〔2〕 See Joshua Dressler & Alan C. Michaels, Understanding Criminal Procedure (4th ed., vol. 2), Matthew Bender & Company, Inc., 2006, p. 245.

证的权利。在中国的语境下，明确赋予被告人对质权具有两个方面的意义：一是从工具主义的角度，对质权赋予被告人与不利证人当庭对质的机会，可以从反面检验证人证言的可靠性，提高事实认定的准确性，防止冤假错案的发生；二是从程序公正性的角度，赋予被告人以充分的辩驳机会，对于可能遭受不利裁判的被告人而言，也是审判公正性的基本要求。这对于提高被告人对于裁判结果的接受度，实现判决的终局性，具有现实的意义。因此，为了强化对质权的法律保护，我国立法一方面要明确承认被告人享有与不利证人对质的权利；另一方面对于被告人无法行使对质权的庭外陈述，除符合法律明确规定的例外情况，应当排除其成为法庭证据的资格。只有如此，对质权才能成为被告人"硬邦邦"的权利。

当然，这只是实现"以庭审为中心"的第一步。"以庭审为中心"的关键在于实现庭审的实质化，归根结底要落实被告人的有效辩护权，而对质权只是实现被告人有效辩护的必要环节之一。被告人在法庭上还应当享有申请"有利证人"出庭的权利，对于被告人的申请，除非具备法律明确列举的例外情形，法庭不得随意拒绝。[1]此外，我国目前刑事审判中律师辩护率仍然比较低，大约在30%，发达地区一般不超过50%。在面临被定罪处刑的关键阶段，被告人的律师辩护权理应得到充分和有效的保障。目前我国刑事诉讼法将应当提供法律援助的情形从刑罚上限于"可能被判处无期徒刑、死刑"的案件，范围明显过窄，十八届四中全会《决定》提出"完善法律援助制度，扩大援助范围"，应当尽快扩大法律援助范围。

三、审级视角：以"一审"为重心

鉴于第一审程序存在上述诸多问题，现行刑事诉讼法在审级制度的设计上，对第一审裁判质量也是抱持相当的不信任态度。中国刑事审判实行两审终审制，上诉程序不仅是对被告人的救济，同时也被设计为上级法院对下级法院判决进行监督审查的机制。立法对当事人的上诉持鼓励态度，

---

〔1〕 在我国，申请证人出庭作证的权利规定于《刑事诉讼法》第43条，表现为辩护律师的调查取证权。但是，由于刑诉法对于人民法院可以拒绝传唤证人的具体情形没有明确限制，导致这一权利在司法实践中形同虚设。为此，可以参考《德国刑事诉讼法典》第244条的规定，明确规定法庭可以驳回被告人申请的具体情形，除此之外，法庭不得拒绝被告人的调查证据申请。

上诉被设计为一种低成本、低风险的诉讼行为——不仅上诉不需要说明理由，而且上诉审实行"上诉不加刑"原则以消除当事人的后顾之忧。在死刑案件中，在普通的两个审级之外，还设置一个自动启动的强制性的死刑复核程序，由最高人民法院统一对死刑的适用进行审核。在审理范围方面，第二审实行"全面审查"，可以对第一审判决认定的事实、适用法律甚至量刑进行全面、综合地审查，不受上诉范围的限制。因此，第二审不仅是对案件的重新审判，同时也是第一审的继续，可以接受新的证据，审理新的事实。死刑复核程序的审查范围刑事诉讼法并没有明确规定，但根据最高人民法院有关司法解释，其审查范围涵盖了案件事实、证据、情节、法律适用、诉讼程序等可能影响死刑适用的方方面面。[1]

逐级的上行审查使得刑事案件形成一种等级化的权威结构。普通刑事案件的第一审、第二审程序和死刑案件中的死刑复核程序构成了不同的权威层级。同时，由于第二审和死刑复核程序均在法律上或者实践中贯彻"全面审查"原则，其审查范围不限于法律问题，这意味着第二审法院或者死刑复核法院可以在事实认定、法律适用或者刑罚量定中的任何一个方面否定前一个审级的判决。因此，审级越高，权威越大，整个刑事案件程序体系的重心也随之逐级上移，相应地，第一审则失去程序重心地位。

第一审重心地位的失落，可能带来两个方面的问题。其一，第二审法院以及死刑案件中的死刑复核法院是否有能力纠正一审判决的事实错误？根据一般常识，在认定事实的能力方面，上诉法院并不优于初审法院。与初审法院相比，上诉法院进一步远离了犯罪的时间和地点，案发时遗留下来的痕迹和物品损毁或者灭失的可能性更大，残存在证人记忆中的印象也将进一步淡化。证据的进一步减少使得上诉法院"对于发生在离犯罪时间更远的几个月后的新的审判能更好地查明事实这一点，令人怀疑"。[2]我国台湾地区学者陈朴生也指出："第二审之审理，其距离犯罪时间与场所较第一审为远，其获得之诉讼资料未必较第一审为优。加之，证据易因时间

---

〔1〕 参见 ［日］ 铃木茂嗣："日本刑事诉讼法的特色及解释上的诸问题"，载 ［日］ 西原春夫主编：《日本刑事法的形成与特色》，李海东等译，法律出版社（中国）、成文堂（日本）联合出版1997年版，第54页。

〔2〕 ［德］ 托马斯·魏根特：《德国刑事诉讼程序》，岳礼玲、温小洁译，中国政法大学出版社2004年版，第222页。

之经过失其真实性。使为重复之调查，徒增程序繁剧，证据纷乱，影响证明力之判断。"[1]死刑复核程序距发案地点和发案时间更为遥远，在事实判断方面居于更加不利的地位。另外，在第二审开展的方式上，除法律明确列举的被告人、自诉人及其法定代理人对第一审认定的事实、证据提出异议，可能影响定罪量刑的上诉案件；被告人被判处死刑的上诉案件；人民检察院抗诉的案件；其他应当开庭审理的案件四种情形下，法院应当组成合议庭开庭审理外，其他案件均由法院裁量决定是否开庭审理。[2]死刑复核程序则根本不开庭。第二审和死刑复核审的"全面审查"必然造成审判重心从第一审移向第二审和死刑复核审，而第二审和死刑复核审的"不开庭审理"又加剧了对这种重心上移的合理性质疑：第二审法院和死刑复核法院以书面案卷为基础作出的事实认定，何以优于第一审法院开庭审理作出的事实认定？

其二，程序重心的上移可能会带来特殊的风险。这一点在死刑案件中表现得尤为突出。依据常识，再完美的司法制度也难以完全避免错案。日本法学家团藤重光曾针对日本的司法状况指出，"目前……一、二审比从前慎重多了，所以误判比以前大为减少是可以预见的。但是，谁又能断言今后就绝无误判？固然在事实认定上，法官是受有训练，且积有经验，但只要是人就不可能断言他绝不会犯错"。[3]我国台湾地区女作家张娟芬在访谈过程中发现刑事法官有"三怕"：一怕有关机关伪造证据，二怕无辜者顶包替罪，三怕阴差阳错各种巧合。尤其是第三种，各种几乎不可能发生的巧合，加上刑讯得来的认罪供述，简直就是承办法官的噩梦。[4]在当代世界，死刑本身就是一个极富争议的政治法律议题，死刑的错判更会给一个国家的社会政治体系带来激烈的冲击。各国司法制度设计审级制度的出发点之一是将社会矛盾分散化处理，增加社会不满的吸纳点和吸纳能力，尽

---

[1] 陈朴生：《刑事证据法》，海天印刷厂有限公司1979年版，第62页。
[2] 参见《刑事诉讼法》第234条第1款。
[3] [日]团藤重光：《死刑废止论》，林辰彦译，商鼎文化出版社1997年版，第7页。
[4] 2010年，我国台湾地区曝出"江国庆冤杀案"。当年定罪的关键证据，除了刑讯后的认罪口供，就是一张同时沾有疑犯精液与受害女童血液的面巾纸。而实际的情况可能是，江国庆在厕所自慰，事毕用面巾纸擦拭精液，并随手丢进废纸篓，真凶奸杀女童时，鲜血恰好喷溅在这张纸上。参见张娟芬：《杀戮的艰难》，中国人民大学出版社2013年版，第9页。

量避免将大量社会矛盾引向中央政府。而目前中国刑事程序中"上行"的权威结构正是一种将死刑案件与生俱来的各种责难和错判风险引向中央司法机关的结构，是一种高风险结构。

综观西方发达国家审级制度，可以发现一个明显的趋势：在法律适用问题上是上行的权威，即审级越高，权威越大，但是，在事实认定问题上，则存在相反的趋势，权威总体是趋于下沉的。例如在美国，一审是整个刑事程序体系当仁不让的重心。在事实认定方面，一审判决有着一锤定音的效果，初审后的直接上诉原则上只能针对法律错误而提起，对事实问题几乎没有置喙的余地。即便是法律错误，在上诉审查中也未必总是能够得到救济。在美国联邦系统，有三个重要的规则保护着一审判决的核心地位，许多州也遵循着类似的规则：（1）如果被告人没有在初审法院对一项裁定或者程序错误提出异议，那么被告人不得在上诉中（第一次）提出，除非该错误属于"显而易见的错误"（plain error），这就是所谓的"未提出视为放弃"的规则（raise-or-waive rule）。[1]（2）对一审中的错误要进行"无害错误"分析（harmless error analysis），据此，一个错误并不要求撤销定罪，除非该错误具有影响结果的充分可能性。[2]（3）二审法院只能审查原审卷宗，不得调查卷宗以外的材料，不考虑新的事实和证据。上述规则的综合效果，使得第一审成为名副其实的程序重心。在欧洲大陆传统影响下的法国、德国、意大利、日本等国家及地区，对初审法院作出的判决，事实争议至多在第一次上诉时提起，[3]第二次上诉则只能针对法律问题。因此，事实问题在初审或者第一次上诉之后即不再讨论。

---

〔1〕 "未提出视为放弃"规则的理论基础在于贯彻当事人主义和确保司法经济：（1）在当事人进行主义下，诉讼之争点和证据应由当事人自行提出，然后再由法院裁判。（2）下级审未发生错误，上级审不应干预。当事人在一审中从未主张并提出的问题，一审当然没有作出正确裁判的机会，如果因此指摘下级审裁判错误，于理不合。（3）如果没有该规则，败诉一方可以提出上诉，若上诉审发回重审，造成国家和他造当事人必须负担重新审判的费用。如果当事人当初在一审中就提出主张，则可以在一审解决争点，可以节省当事人和国家上诉审和重审的成本。所以该规则迫使当事人在一审中提出所有主张，提升审判程序的效率。See Wayne R. LaFave & Jerold H. Israel, and Nancy King, Criminal Procedure (2ed), West Publishing Co., 1992, p. 1158.

〔2〕 See Joshua Dressler & Alan C. Michaels, Understanding Criminal Procedure (4th ed., vol. 2), Matthew Bender & Company, Inc., 2006, p. 380.

〔3〕 并非所有的案件都可以对事实问题提起上诉。例如在德国，对于州法院判决的可能判处四年以上监禁的重罪案件，只能向州高等法院提起法律审上诉。

物理学上有"重心越低越稳定"的定律，司法制度亦同此理。根据我国刑事诉讼法，享有刑事案件初审权的基层法院在数量上居于绝对优势，遍布全国各县级单位，对死刑案件享有初审权的中级人民法院在全国也有400多家，高质量的第一审程序可以成为刑事司法系统分散而坚实的支撑点，有效缓解中央司法机关的压力。确立第一审程序的重心地位，除以对质权为核心打造坚实的第一审外，还应当合理界定和调整刑事案件第二审和死刑复核程序的功能。

（一）强化刑事案件第二审的救济功能

一般认为，上诉制度目的有二：一是保证法院对个案的决定是根据适当的程序和实体法作出的，保障当事人的合法权利；二是借由审级制度的运作，上级法院得以撤销、纠正下级法院违法或者不当之审判，减少下级法院擅断、误判的机会。[1]在第二审功能的设定上，中国历来偏重借助第二审贯彻上级法院的审判监督，鼓励当事人提出上诉，不要求当事人提供上诉理由并实行"上诉不加刑"免除其后顾之忧。这种定位对第二审的程序结构产生了重大影响，在第二审程序规则的设置上，往往是立足于监督的视角，并不突出其救济功能。比如，目前的第二审程序，在立法上实行"全面审查"原则，即如《刑事诉讼法》第233条第1款规定的，"第二审人民法院应当就第一审判决认定的事实和适用法律进行全面审查，不受上诉或者抗诉范围的限制"。这种设计造成的问题已如前述。

笔者认为，解决问题的根本之道，在于突出第二审程序的救济功能，允许当事人或者人民检察院仅就第一审判决的一部分提起上诉或者抗诉，第二审法院受其约束，原则上其审理范围仅限于对原审判决提出上诉或者抗诉的部分。这样处理有三个理由：首先，从当事人的角度来看，允许对判决的一部分提起上诉既合乎上诉的目的，又有利于当事人的攻击防御。上诉既然是对原判决声明不服，上级审如果集中于当事人不服而有争执的部分，当然更符合当事人提起上诉的目的。而且，当事人可以借部分上诉

---

〔1〕 参见［德］托马斯·魏根特：《德国刑事诉讼程序》，岳礼玲、温小洁译，中国政法大学出版社2004年版，第215页；林钰雄：《刑事诉讼法》（下册 各论编），中国人民大学出版社2005年版，第216页。

突出攻击防御的焦点，主动限定第二审法院的审理范围，增加上诉结果的可预期性，不至于发生对原判决服判的部分却被第二审法院改判的危险。其次，从法院负担看，"全面审查"意味着第二审法院必须依职权对原判决控辩双方已无争执的部分重复审理，重新调查证据、认定事实。这种做法，浪费司法资源，没有实际利益，而且可能会对有实质争执案件的开庭审理产生消极影响，拖累第二审案件的整体审判质量。以当事人上诉约束第二审法院的审理范围则可以节省司法资源，将有限的司法资源投入在对于一审判决确实有争执的部分，有助于提高二审开庭的比例和审判质量。最后，从审级结构来看，第二审"全面审查"可能会架空第一审，导致诉讼重心上移。相反，以当事人上诉或者检察机关的抗诉限制第二审法院的审理范围，则可以避免程序重心移往上级审，保证第一审的程序重心地位。

（二）发挥死刑复核程序的统一死刑适用功能

由最高人民法院统一核准死刑，在中国单一制的政治体制下是必要的，因为死刑的适用在同一个司法体系内应该保持标准的统一性。这也决定了最高人民法院死刑复核程序与死刑案件第一审程序、第二审程序的着眼点应该有所不同。死刑案件第一审程序重在死刑适用在个案中的妥当性，包括认定事实、适用法律、诉讼程序是否合乎法律规定，适用死刑是否合法与妥当。第二审程序的重点应当是在个案中对第一审判决出现的错误提供具体的救济。而统领全局的最高人民法院，应当侧重于把握案与案之间在适用死刑上是否标准统一，是否合法、公平并合乎比例。

上诉审理论上可以分为"复审""续审"和"事后审查审"三种类型。[1]目前最高人民法院在死刑复核程序中实行全面审查，但这种审查并不是"复审"，因为最高人民法院在死刑复核程序中并不是取代原审法院自行审理案件，而是审查原审判决在认定事实、适用法律、量定刑罚和诉讼程序上是否存在重大瑕疵。如果实行复审制，上诉审法院会"一律对案件本身为审理，进而依审理之结果，对于案件本身自为判决。于自为判决外，上诉审法院认为上诉有理由时，应将原审判决经上诉部分加以撤销"。[2]《刑

---

〔1〕 参见林钰雄：《刑事诉讼法》（下册 各论编），中国人民大学出版社 2005 年版，第 239 页。
〔2〕 黄朝义："刑事第二审构造及其未来走向"，载《月旦法学杂志》2007 年第 143 期。

事诉讼法》第250条规定，"最高人民法院复核死刑案件，应当作出核准或者不核准死刑的裁定。对于不核准死刑的，最高人民法院可以发回重新审判或者予以改判"。这种先裁定不核准，再发回重审或者予以改判的做法更接近"事后审查审"。所谓"事后审查审"，是指"上诉审之审判并非针对案件本身进行审查，而是……审查该案件所为之判决妥当与否，或者审查所为判决之程序有无违误之审判方式"。[1]德国、日本等国家及地区的第三审，以及英美的上诉审，皆属"事后审查审"。

但是，中国目前的死刑复核程序与典型的"事后审查审"相比，仍有两点不同：一是"事后审查审"的调查范围一般仅限于上诉理由指摘事项。中国的死刑复核程序不待当事人提出上诉，而是对死刑案件自动且强制启动，因此不存在上诉理由问题。二是"事后审查审"基本上是法律审。如前所述，中国的死刑复核程序实际上奉行的也是"全面审查"原则。结合实践中死刑复核的重点目前仍集中于事实问题的现实，因此，将中国的死刑复核程序改造为"法律审"的想法似乎背离了这一基本事实。

然而，所谓的法律审并不绝对排除对事实问题的审查。在德国，如果上诉理由为违反实体法，那么第三审法院就要审核原审法院认定的事实，以确定是否正确地适用了实体法。[2]德国联邦法院近年来的一个发展趋势是，扩大基于法律错误的上诉对原审法院事实认定的审查范围，具体方法是当事人主张原审法院违反了《德国刑事诉讼法典》第244条第2款所规定的收集所有相关证据的义务，因而判决的事实基础不充分。这是一种程序违法主张。根据法律错误的上诉对原审法院事实认定进行审查的另一种方式是对判决的内在一致性进行审查，尤其是事实认定是否符合逻辑法则，以及法官在评判证据时是否考虑了全部的可能性。如果判决没有考虑其他"明显的"可能性，因而不能给判决一个一致而全面的解释，那么就应当撤销原判。[3]在日本，当事人提出上告（第三审）的理由仅限于违反宪法和违反判例，但是，上告审一旦发动，在"量刑显著不当"和"给判决带来

〔1〕 黄朝义："刑事第二审构造及其未来走向"，载《月旦法学杂志》2007年第143期。
〔2〕 参见［德］克劳思·罗科信：《刑事诉讼法》，吴丽琪译，法律出版社2003年版，第515页。
〔3〕 参见［德］托马斯·魏根特：《德国刑事诉讼程序》，岳礼玲、温小洁译，中国政法大学出版社2004年版，第226—227页。

影响的重大事实认定有错误"等情况下，上告审法院可以依职权撤销原判决。实践中，当事人提出上诉多是为了促使法院发动这种职权，从而实现事实审查的效果。[1]即便在美国，法律审也未能阻止上诉法院对事实认定问题的审查。被告人在上诉中经常提出的一种主张是，支持被告人有罪判决的证据不充分。联邦最高法院对此确立的标准是，"从最有利于控方的角度审查全部证据后，任何理性的事实裁判者是否都会排除合理怀疑地认定犯罪要素的存在"。[2]可见，法律审并不完全排除对原审判决的事实认定进行审查，但这种审查又和初审法院的事实认定的侧重点有所不同，即基本不触及证据的"质"的问题，只审查证据的"量"和形式性问题，即证据的充分性和事实认定的内在逻辑性。这是因为上诉审法院并没有审查证据可靠性的条件，不能调取新的证据，只能在原审法院移送的案卷基础上作出判断。

上述国家通过"法律审"审查事实问题的特点对改革中国的死刑复核程序有一定的启发意义。在中国现阶段，完全排除死刑复核法院对于事实问题的审查并不现实。但是与原审法院相比，我国最高人民法院同德日等国的第三审上诉法院一样缺少"核实"证据的必要手段，其在事实审查方面并不占优势。以最高人民法院目前可以借助的调查手段而言，将审查重点集中于证据的充分性、事实认定的内在逻辑性以及死刑案件之间标准的一致性与统一性是比较合理的——这种审查，实际上已经无异于"法律审"了，但对于死刑复核程序统一死刑适用的功能定位来说，其实已经足够。这样一来，既节省了成本、资源和复核法官的精力，又实现了死刑复核程序与第一审、第二审基本功能的合理分化，也保护了第一审的程序重心地位。

当然，要将死刑复核程序改造成完全的"法律审"，一个必要的前提是法律援助制度必须同步跟进，法律援助的质量必须执行更高的标准。现行刑事诉讼法允许辩护律师参与死刑复核程序，但是对于死刑复核程序中的被告人是否应当提供法律援助则没有明确规定。在死刑案件第一审、第二

---

〔1〕 参见［日］松尾浩也：《日本刑事诉讼法》，张凌译，中国人民大学出版社 2005 年版，第 269 页。

〔2〕 Jackson v. Virginia, 443 U. S. 307 (1979).

审程序中能够得到保障的获得法律援助的权利，在被告人生死攸关的最后关头——死刑复核程序中更应该得到保障。1984 年联合国通过的《关于保护面对死刑的人的权利的保障措施》第 5 条规定："只有在经过法律程序提供确保审判公正的各种可能的保障，至少相当于《公民权利和政治权利国际公约》第 14 条所载的各项措施，包括任何被怀疑或被控告犯了可判死刑之罪的人有权在诉讼过程的每一阶段取得适当法律协助后，才可根据主管法院的终审执行死刑。"2015 年，中共中央办公厅、国务院办公厅印发了《关于完善法律援助制度的意见》，提出要在现有立法基础上扩大法律援助范围，特别提出"建立法律援助参与……死刑复核案件办理工作机制，依法为更多的刑事诉讼当事人提供法律援助"，同时要求提高法律援助质量，推进法律援助标准化建设，"严格办理死刑、未成年人等案件承办人员资质条件，确保案件办理质量"。[1] 上述意见如果能够切实得到落实，我国的法律援助制度状况将会得到显著改善，也为死刑复核程序改造成"法律审"创造良好的制度环境。

---

[1] 参见中共中央办公厅、国务院办公厅《关于完善法律援助制度的意见》第 4 条、第 6 条。

第五章

困境中的以审判为中心改革

　　为贯彻中央改革要求，2016 年 7 月，最高人民法院、最高人民检察院、公安部等联合印发《关于推进以审判为中心的刑事诉讼制度改革的意见》。2017 年 2 月，最高人民法院印发《关于全面推进以审判为中心的刑事诉讼制度改革的实施意见》。2017 年 6 月，最高人民法院、最高人民检察院、公安部等又联合印发《关于办理刑事案件严格排除非法证据若干问题的规定》等文件。2017 年 11 月，最高人民法院出台"三项规程"（《人民法院办理刑事案件庭前会议规程（试行）》《人民法院办理刑事案件排除非法证据规程（试行）》和《人民法院办理刑事案件第一审普通程序法庭调查规程（试行）》），全面深入推进以审判为中心的刑事诉讼制度改革。

　　与此同时，全国法院推进以审判为中心的试点工作也渐次展开。充分发挥审判特别是庭审在刑事诉讼中的决定性作用，成为改革的核心要求和重中之重。[1]例如，成都市法院系统自 2015 年 2 月以来即在全国率先开展以审判为中心的刑事庭审实质化改革试点工作。[2]温州市中级人民法院从 2015 年开始，以严格落实证人出庭制度为主要抓手，也开展了庭审中心与证人出庭改革试点工作。[3]2017 年 3 月，山西省高级人民法院启动刑事案件庭审实质化改革试点，针对刑事庭审证据调查制度完善、健全非法证据

---

　　〔1〕 戴长林、刘静坤："让以审判为中心的刑事诉讼制度改革落地见效"，载《人民法院报》2017 年 6 月 28 日，第 6 版。在 2016 年 7 月 29 日中央政法委举办第三次全国政法干部学习讲座上，中央政法委书记孟建柱也指出，推进庭审实质化，是以审判为中心的诉讼制度改革的关键环节。

　　〔2〕 参见王鑫、刘方祺："成都 刑事庭审实质化的一年答卷"，载《人民法院报》2016 年 3 月 21 日，第 5 版。

　　〔3〕 参见温萱："温州 一场让庭审更具'实战化'的改革"，载《人民法院报》2016 年 5 月 9 日，第 5 版。

排除程序等 12 个重点项目，分别在 45 家法院先行先试。[1]2017 年 6 月，最高人民法院在研究制定深化庭审实质化改革的"三项规程"过程中，先确定河北省廊坊市、山西省太原市等 17 个中级人民法院及其所辖的部分基层人民法院为试点法院。"三项规程"发布后于 2018 年 1 月 1 日起开始在全国范围内试行，成为法院系统推进中央以审判为中心改革、严格实行非法证据排除规则改革的主要抓手。[2]

在此期间，在监察体制改革的驱动下，刑事诉讼法经历了第三轮修改。引人注目的是，原本作为"以审判为中心"的配套改革措施、[3]以提高诉讼效率为主要导向的认罪认罚从宽制度，经过两年试点之后，经由本轮《刑事诉讼法》修改，上升为正式的法律制度。而"以审判为中心"或者庭审实质化改革，在本轮修改中并未被提及。实际上，认罪认罚从宽制度能否实现既定的立法目标，在很大程度上取决于正式审判程序的发育程度，正式的诉讼制度越是规范和有效，认罪认罚从宽制度的发展就越是健康。因此，在认罪认罚从宽制度正式入法之后，我们反而更有必要回过头来审视"以审判为中心"改革的进展，考察改革四年来的实际效果，客观看待其成效与不足，寻找改革成效最大化的现实路径。

一、"以审判为中心"改革的实效

近年来，已有一些法院就庭审实质化改革试点情况进行总结，得出较为乐观的结论。[4]也有学者对地方法院庭审实质化试点情况进行调研，得

---

〔1〕　参见孟绍群："刑事庭审实质化改革的山西实践"，载《法制日报》2017 年 8 月 8 日，第 3 版。

〔2〕　参见刘静坤："最高人民法院部署开展'三项规程'试点工作"，载《人民法院报》2017 年 6 月 11 日，第 1 版。

〔3〕　参见沈德咏："论以审判为中心的诉讼制度改革"，载《中国法学》2015 年第 3 期。

〔4〕　例如，2015 年成都市法院系统共开试验示范庭 83 件，其中，律师参与辩护 83 件，召开庭前会议 59 件，启动非法证据排除程序 14 件，排除非法证据 2 件，人证出庭作证 53 件，当庭认证 42 件，当庭宣判 34 件。参见四川省成都市中级人民法院课题组："成都法院刑事庭审实质化改革试点工作调研报告"，载《刑事审判参考》（第 103 集），法律出版社 2016 年版，第 197—198 页；王鑫、刘方祺："成都　刑事庭审实质化的一年答卷"，载《人民法院报》2016 年 3 月 21 日，第 5 版；"刑事庭审询问证人制度实证研究报告"，载法制网，http://www.legaldaily.com.cn/fxjy/content/2017-02/27/content_7031206.htm? node＝70693，最后访问时间：2019 年 3 月 28 日。其他地方法院的试点也被认为取得了初步成效，参见徐建新、任国权、吴程远："温州法院推进庭审实质化改革试

出更为谨慎的"有效但有限"的结论。[1]然而，改革试点进行的研究在方法论上属于"实验研究"，将这种来源于自然科学的研究方法延伸应用于社会科学研究时，往往会在控制实验环境等方面面临更多的现实困难，其最大的问题是可能产生"实验者期望效应"，[2]也就是说，试点的各方参与主体在"试点成功"的殷切期待下，可能会不自觉地改变行为模式，推高庭审实质化的各项指标，从而"制造"出一个试点设计者与试点参与者都期待的"积极"结果。显然，"实验者期望效应"对研究有效性的威胁是客观存在的，因此，严谨的研究者一般会使用"双盲实验"[3]来避免类似的效应。基于同样的原因，要对庭审实质化的效果进行相对客观的观察，必须避免至少是最大限度降低这种期待效应。

（一）研究思路与样本选取

本次调研吸收了实验研究中将"对照组"和"实验组"进行对比的思路，即将庭审实质化改革试点启动之前 2014 年的案件作为对照组，[4]将"三项规程"在全国试行后 2018 年的案件作为实验组。同时，不再进行介入式的试点研究，尽量将观察者对案件本身的影响降低到零，以避免"实验

（接上页）点工作调研报告"，载《刑事审判参考》（第 103 集），法律出版社 2016 年版，第 216 页；温鲞："温州 一场让庭审更具'实战化'的改革"，载《人民法院报》2016 年 5 月 9 日，第 5 版；孟绍群："刑事庭审实质化改革的山西实践"，载《法制日报》2017 年 8 月 8 日，第 3 版。

　　[1]　参见左卫民："地方法院庭审实质化改革实证研究"，载《中国社会科学》2018 年第 6 期。

　　[2]　一系列心理学实验表明，实验者在做实验时经常带有某种期望或者偏向，被试者捕捉到这种信号后，可能会按照与实验者期待或者偏爱相一致的方向作出反应，从而验证实验者的预期。换而言之，实验者期望被试者身上发生的某种特殊反应，有时不过是实验者自己带有倾向性的期望所导致的结果。在这种情况下，实验事实上是无效的。这种对心理学实验效度的影响被称为"实验者期望效应"（experimenter expectancy effect）。参见［美］罗杰·R. 霍克（Roger R. Hock）：《改变心理学的 40 项研究》，白学军等译，中国人民大学出版社 2015 年版，第 99 页。

　　[3]　所谓双盲实验（double-blind experiments），是指在一项实验中，究竟是实验组还是控制组被给予了实验刺激，参与实验的双方（被试者和实验者）都不知道，实验刺激是由实验者和被试者以外的第三者任意分派和给定的。参见风笑天：《社会学研究方法》，中国人民大学出版社 2009 年版，第 215—216 页。

　　[4]　《最高人民法院关于人民法院在互联网公布裁判文书的规定》发布于 2013 年 11 月 21 日，于 2014 年 1 月 1 日起正式开始实施。因此，2014 年是《最高人民法院关于人民法院在互联网公布裁判文书的规定》已经开始实施而庭审实质化改革的试点尚未启动的年份。

者期望效应"的干扰。这样一来，中国裁判文书网发布的刑事裁判文书反而成为最佳的研究对象。总体的研究思路是，在特定的检索条件下，分别选取一定数量的 2014 年和 2018 年的刑事判决文书样本，再通过人工阅读的方式，以裁判文书所反映的特定相关指标为依据，对庭审实质化改革的效果进行量化的观察和对比。

本研究的核心检索条件设定为"对案件事实有异议"和"基层法院"。首先，之所以将研究对象限定为"对事实有异议"的案件，主要是考虑到被告人认罪的刑事案件并非推行庭审实质化的主要对象，将这类案件排除出去，更便于集中精力考察庭审实质化改革的效果。其次，之所以选择基层法院的刑事判决书作为研究对象，有两个方面的原因。一是客观方面的原因：中国的基层人民法院承担着绝大多数刑事案件的审判工作，这是任何严肃的学术研究都不能忽略的研究素材。基层人民法院遍布中国 3000 余个县级行政区域，自然条件和法治环境千差万别，它们的判决书更能反映中国刑事审判的"原生态"。二是技术方面的原因：短期自由刑大量出现在基层法院的判决，而中级人民法院的量刑基本都是长期刑或者无期徒刑以上，因此以基层法院判决书为研究对象，才有可能对"羁押期限"和"刑期"展开有意义的量化比较。综合上述两个方面的原因，"事实有异议"和"基层法院"成为样本选取的两个核心条件。

具体取样过程如下：首先，以"事实有异议"为关键词检索全文，同时辅之以"刑事案件""普通程序""基层法院""判决书"的类型限定，2014 年、2018 年的时间限定，可以得到符合上述条件的案件总体。其中，2014 年的裁判文书共计 2784 份，2018 年的裁判文书共计 3839 份。理想的做法应当是对这两个年度的裁判文书进行全样本分析，然而，由于时间、经费和人力方面的限制，只能对其进行抽样研究。为了兼顾置信度，便于观察、比较，笔者按照社会科学的研究规范将拟抽取的两个年度的样本规模统一确定为 300 个。[1]其次，在裁判文书总体确定的前提下，课题组又

---

〔1〕 社会科学研究方法认为，样本规模的确定需要综合考虑各方面的因素，没有一成不变的规定，但是，正式的调查研究一般要达到中型调查类的样本规模，即样本规模在 300—1000 个。它兼顾了样本的误差大小，研究者的人力、财力、时间，以及调查的组织和实施等多方面的因素。参见风笑天：《社会学研究方法》，中国人民大学出版社 2009 年版，第 152—153 页。

运用分层抽样的方法，以确保样本在地区分布上的合理性。[1]具体而言，根据各省份在该年度裁判文书总体中所占的比重即可计算出本年度该省份所应抽取的样本数量。[2]然后，在计算出不同年度各省份的取样数量后，进一步照顾到了样本在时间分布上的均衡性。如果某省份应当抽取的样本数量大于1，则尽量在不同月份之间均衡选取，最终得到2014年、2018年的观察样本各300个。最后，通过人工阅读，再将个别"形式上"符合检索条件但"实质上"并不属于研究对象的问题案例加以替换。比如，被告人在适用简易程序时提出对"案件事实有异议"，依法转为普通程序审理后对指控事实不再提出异议，即属于应当替换的案件。

变量设计，亦即确定每一份裁判文书所应当观察、统计和分析的具体指标。确定指标的标准有二：一是判决书有所反映，即能够通过人工阅读的方式提取出相关信息；二是与庭审实质化相关。根据这两个标准，本研究主要设定了五类指标，包括：（1）辩护情况；（2）庭前会议召开情况；（3）非法证据排除情况；（4）证人、鉴定人出庭情况；（5）羁押期限与刑期情况。每类指标之下按照研究需要再作细分，比如，"辩护情况"需要考察"是否有辩护人""是否为律师辩护""是否为指定辩护""辩护意见采纳情况"，等等。

（二）庭审实质化改革的实效：核心指标之比较

通过阅读裁判文书和数据录入，最终发现2014年的300份判决书共涉及被告人508个，2018年的300份判决书共涉及被告人485个。根据所研究的具体问题，下列各项指标的统计分析有的是以案件为单位进行的，有的则是以被告人为单位进行的。具体情况如下：

---

[1] 课题组参照中国裁判文书网的分类，对除我国香港、澳门、台湾地区外的31个省（自治区、直辖市）进行了抽样研究。

[2] 以北京地区为例，符合条件的2014年的裁判文书总量为2784份，北京地区的裁判文书数量为7件，因此2014年北京地区的取样数量应当为7除以2784再乘以300，四舍五入取整即为1件。各省份的取样数量原则上为四舍五入取整所得，当总量不足300时，再通过比较小数位的大小增补案件。

1. 辩护情况

（1）辩护人辩护的比率、律师辩护的比率。

表 5-1　辩护人辩护的比率与律师辩护的比率

年份	被告人总数	辩护人辩护/占比	律师辩护/占比	委托律师/占比	指派律师/占比
2014	508	241/47.44%	212/87.97%	197/38.78%	15/5.32%
2018	485	344/70.93%	343/99.71%	262/54.02%	81/36.49%

如表 5-1 所示，2014 年的 300 个样本案件共涉及被告人 508 个，其中有辩护人辩护的被告人有 241 个，占比 47.44%；辩护人为律师的有 212 个，占全部辩护人的 87.97%。从辩护律师的产生方式来看，有 197 位被告人自行委托律师担任辩护人，占全部被告人的 38.78%；15 位被告人通过法律援助获得指派律师，占所有没有委托辩护人（律师和非律师）的被告人的 5.32%。[1]而在对照组中，2018 年的 300 个样本案件共涉及被告人 485 个，其中有辩护人辩护的被告人有 344 个，占比 70.93%；辩护人为律师的 343 人，占全部辩护人的 99.71%。从辩护律师的产生方式看，有 262 位被告人自行委托律师担任辩护人，占全部被告人的 54.02%；81 位被告人通过法律援助获得指派律师，占所有没有委托辩护人（律师和非律师）的被告人的 36.49%。

通过上述数据可以看出，在基层法院审理的事实方面有争议的案件中，与 2014 年相比，2018 年在该统计项目上几乎所有数据都有显著的提升。辩护人辩护的比率从 2014 年的 47.44% 提高到 70.93%；有律师辩护占所有有辩护人的被告人的比率从 2014 年的 87.97% 提高到 99.71%，这意味着辩护的专业化程度有明显的提升；其中，自行委托律师的被告人占全部被告人的比率从 38.78% 上升到 54.02%，这说明被告人委托律师的意愿明显提高。这是一个可喜的变化，说明越来越多的被告人相信律师是有用的，这从侧

---

〔1〕 该数据旨在计算没有委托辩护人的被告人中，有多少被告人通过指派方式获得律师辩护。计算方式为获得指派律师的被告人人数/（被告人总数-有辩护人的被告人人数+获得指派律师的被告人人数）= 15/（508-241+15）= 5.32%。

面反映出中国法治环境的改善。法律援助机构为没有委托辩护人的被告人指派律师的比率从5.32%提高到36.49%，如果考虑到基层法院审理的刑事案件除非出现盲聋哑人和限制行为能力人的情况，理论上不是必须指派律师，这个数据反映出近年来推行刑事案件律师辩护全覆盖的实际成效。

（2）自行辩护意见采纳情况。

表5-2　自行辩护意见采纳情况

年份	提出自行辩护意见被告人数	部分采纳自行辩护意见数	全部采纳自行辩护意见数	部分或全部采纳自行辩护意见比率
2014	362	58	45	28.45%
2018	329	49	43	27.96%

表5-2显示，在2014年的300个样本案件的508个被告人中，提出自行辩护意见的有362人，其中58人的自行辩护意见被法庭部分采纳，45人的自行辩护意见被法庭全部采纳，部分或全部采纳自行辩护意见的比率为28.45%。在2018年的300个样本案件的485个被告人中，提出自行辩护意见的有329人，其中49人的自行辩护意见被法庭部分采纳，43人的自行辩护意见被法庭全部采纳，部分或全部采纳自行辩护意见的比率为27.96%。由此可见，一方面，从各年份自行辩护意见采纳率的绝对数值来看，被告人的自行辩护意见对法庭的说服力本身都比较低；另一方面，从两个年份的自行辩护意见采纳率的相对变化来看，被告人自行辩护意见对法庭的说服力不仅没有提升，反而出现了小幅下降。

（3）律师辩护意见采纳情况。

表5-3　律师辩护意见采纳情况

年份	有律师辩护的被告人人数	部分采纳律师辩护意见的数量	全部采纳律师辩护意见的数量	部分或全部采纳律师辩护意见比率
2014	212	110	19	60.85%
2018	343	205	43	72.30%

表5-3显示，在2014年的300个样本案件中，212个被告人有律师担

任辩护人，其辩护律师的辩护意见被法庭部分采纳的有 110 人，被法庭全部采纳的有 19 人，部分或全部采纳律师辩护意见的比率为 60.85%。在 2014 年的 300 个样本案件中，343 个被告人有律师担任辩护人，其辩护律师的辩护意见被法庭部分采纳的有 205 人，被法庭全部采纳的有 43 人，部分或全部采纳律师辩护意见的比率为 72.30%。首先，将本组数据与表 5-2 的数据分析结果进行横向比较，可以发现：2014 年，律师的辩护意见被全部或者部分采纳的比率（60.85%）明显高于被告人自行辩护意见的采纳率（28.45%）；2018 年，两者之间的差距进一步加大（72.30% 比 27.96%）。这说明，律师辩护比自行辩护的效果整体上要好得多。其次，对本组数据进行内部的纵向比较，可以发现：2018 年律师辩护意见的采纳情况较 2014 年而言有了较大提升，从 60.85% 增至 72.30%，增长了近 12%。这表明，近年来律师辩护意见对法庭的说服力有所提升，辩护效果有所改善，似乎也能反映出法庭对律师辩护意见的重视程度在提高。

2. 召开庭前会议情况

在 2014 年的 300 个样本案件中，没有发现 1 例有庭前会议相关信息的判决书，召开庭前会议的案件数为 0。2018 年的 300 个样本案件中，共有 3 个案件召开了庭前会议，占比为 1%。[1]

3. 启动排非率和成功排非率

表 5-4 启动排非率和成功排非率

年份	启动排非的案件数	启动排非率	成功排非的案件数	成功排非率
2014	3	1%	0	0
2018	1	0.33%	0	0

表 5-4 显示，在 2014 年的 300 个样本案件中，辩护方得以启动非法证

---

〔1〕 案件编号分别为 2018-39、2018-143、2018-211。本研究所构建的数据库是以被告人为单位的，每一条记录对应一个案件中一名特定被告人的信息。若案件中只有一名被告人，则其编号格式为"年份-案件序号"；若案件中包含多名被告人，则其编号格式为"年份-案件序号-被告人序号"。比如，2018-39 代表 2018 年第 39 个案件被告人的信息，2018-31（3）代表 2018 年第 31 个案件第 3 个被告人的信息，下文脚注中案件编号的含义依此类推，不再赘述。

据排除程序的共 3 件，但结果无一成功；2018 年，辩护方启动非法证据排除程序的案件仅有 1 件，同样未能成功。然后，将启动非法证据排除程序的案件数除以案件总数，得出启动排非率；将排除非法证据的案件数除以案件总数，得出成功排非率。这两个年份的成功排非率均为 0。

4. 证人出庭率和鉴定人出庭率

表 5-5　证人出庭率和鉴定人出庭率

年份	证人出庭的案件	证人出庭率	鉴定人出庭案件数	鉴定人出庭率
2014	2	0.67%	0	0
2018	1	0.33%	0	0

表 5-5 显示，在 2014 年的 300 个样本案件中，有两件有证人出庭，占全部案件的 0.67%，鉴定人无一出庭。2018 年的 300 个样本案件中，只有 1 件有证人出庭，占全部案件的 0.33%，鉴定人无一出庭。

5. 审前羁押与判决结果的关系

本研究主要通过对以下三组数据的分析来观察、探究被告人所受审前羁押与案件最终判决结果之间的关系。

（1）无罪、定罪免刑的被告人羁押措施适用情况。

表 5-6　无罪、定罪免刑的被告人羁押措施适用情况

年份	无罪人数	采取羁押措施人数	定罪免刑人数	采取羁押措施人数
2014	1	1	9	0
2018	0	0	5	2

本研究所称之"羁押措施"是指被追诉人受到过拘留、逮捕或者指定居所监视居住，亦即具有刑期折抵效果的强制措施。表 5-6 显示，在 2014 年和 2018 年的 600 件样本案件中，只有 2014 年有 1 个被告人被宣判无罪。定罪免刑的被告人在 2014 年的样本中共有 9 人，分布在 4 个案件中；在 2018 年的样本中共有 5 人，也是分布在 4 个案件中。进一步观察上述被告人羁押措施的适用情况：唯一一例被判处无罪的被告人审前被采取了羁押

措施，截至判决之日，被告人共被羁押 1 年 2 个月 19 天。[1]在所有被定罪免刑的 14 个被告人中，只有 2018 年的 2 个被告人被采取了羁押措施，其余被告人自始均被取保候审。在中国的司法环境下，无罪判决对侦查人员和检察人员而言属于小概率的"意外事件"，因此，观察定罪免刑被告人的羁押情况具有特殊意义。在 2014 年的 9 个被定罪免刑的被告人中，无一在审前被采取羁押措施，"未被羁押"与"定罪免刑"之间表现出很强的正相关性。而在 2018 年的 5 个被定罪免刑的被告人中，有 2 个被告人被采取了羁押措施，[2]其余 3 人则未被羁押。相较于 2014 年而言，在 2018 年的样本中，被告人"未被羁押"与"定罪免刑"判决之间的正相关性有所削弱。

（2）未被羁押但判处实刑的人数及占比。

表 5-7　未被羁押但判处实刑的人数及占比

年份	未被羁押但判处实刑的人数	被判处实刑的被告人人数	占比
2014	3	438	0.68%
2018	4	397	1.01%

在本研究的 600 个样本案件中，观察那些未被羁押但被判处实刑的被告人人数，得到统计结果如表 5-7 所示：在 2014 年的 300 个样本案件中，未被羁押但被判处实刑的共 3 人，当年 508 个被告人中被判处实刑的有 438 个，因而未被羁押但判处实刑的人数占全部被判处实刑的被告人人数的比率为 0.68%；[3]在 2018 年的样本案件中，未被羁押但被判处实刑的共 4

---

〔1〕 案件编号为 2014-64，本案被告人于 2013 年 1 月 23 日被拘留，同年 2 月 6 日被逮捕，法院于 2014 年 4 月 11 日对本案作出判决。以"判决日期"减去"拘留日期"，羁押时间共计 1 年 2 个月 19 天。

〔2〕 案件编号分别为：2018-31（3）和 2018-42。2018-31（3）的被告人：2015-7-12 拘留，2015-7-24 逮捕，2017-2-23 取保，2018-9-5 判决，审前羁押 1 年 6 个月 42 天。2018-42 的被告人：2015-10-19 拘留，2015-10-20 指定居所监视居住，2015-12-17 逮捕，2016-5-17 取保候审，2017-5-16 取保候审，2017-6-12 取保候审，2018-5-7 判决，审前羁押 6 个月 29 天，其中的 1 个月 28 天为指定居所监视居住。

〔3〕 案件编号及被告人所获刑期分别为：2014-52（被告人被判处有期徒刑 6 个月）、2014-85（4）（被告人被判处有期徒刑 3 年 6 个月）、2014-177（被告人被判处管制 2 年）。

人，在当年的 485 个被告人中，有 397 个被判处实刑，未被羁押但判处实刑的人数占全部被判处实刑的被告人人数的比率为 1.01%。[1]这两年的数据水平都相当低，说明"未被羁押但被判处实刑"在基层法院的刑事审判实践中基本属于小概率事件。而与 2014 年相比，2018 年的数据有小幅提升，似乎说明羁押与实刑的"捆绑"状态有松动迹象。

（3）羁押期限与刑期的关系。

为了探明审前羁押是否会对被告人的刑期造成影响，笔者对"羁押期限"和"刑期"展开了更进一步的量化比较。首先，借助 SPSS 软件可以计算出每个案件被告人的审前羁押期限，具体方法是以"判决日期"减去"抓获时间""拘留时间"或者"逮捕时间"中最早的那一个，然后筛选出"羁押期限"大于被告人"刑期"的案件。[2]其次，逐一阅读这些案件以核对被告人在被拘留、逮捕之后是否被转为适用非羁押性强制措施。最后，过滤出那些审前羁押期限"真正"长于被告人所获刑期（拘役或有期徒刑）的案件。按照上述方法对 2014 年、2018 年的案件数据进行运算，我们发现 SPSS 筛选出了 76 个"形式上"羁押期限大于所获刑期的被告人。但逐一核对后可以发现，大量案件的被告人在被拘留、逮捕之后都被采取了非羁押性强制措施，其中以取保候审为主，个别情况下为监视居住。最终，过滤掉变更强制措施的，真正意义上羁押期限大于所获刑期的被告人共有 4 个，2014 年、2018 年各 2 人，[3]其中包括上文已分析过的 2014 年的 1 个无罪判决和 2018 年的 2 个定罪免刑判决。也就是说，在 2014 年的样本案件中，如果不考虑无罪判决的话，则只有 1 例羁押期限大于刑期的情况；[4]而

---

〔1〕 案件编号分别为：2018-6（5）（被告人被判处有期徒刑 2 年）、2018-161（5）（被告人被判处管制 1 年）、2018-171（被告人被判处管制 2 年）、2018-223（被告人被判处有期徒刑 2 年）。

〔2〕 需要说明的是，运用 SPSS 软件能够实现羁押期限的计算同时生成"羁押期限"这一新的变量和相关数据，然后运用筛选功能即可检索出那些"羁押期限"大于"刑期"的案件。但是，由于 SPSS 无法自动判断在先的羁押性强制措施是否一直持续到判决作出之日，还是被告人后续被转为适用非强制性羁押措施，因此，截至这一步所筛选出的案件只是羁押期限在"形式上"大于刑期的案件。

〔3〕 案件编号分别为：①2014-44（1），本案被告人审前羁押期限为 5 个月 17 天，最终被判处拘役 5 个月；②2014-64，本案被告人审前羁押期限为 1 年 2 个月 19 天，最终获得无罪判决；③2018-31（3），本案被告人审前羁押期限为 1 年 6 个月 42 天，最终被定罪免刑；④2018-42，本案被告人审前羁押期限为 6 个月 29 天，其中的 1 个月 28 天为指定居所监视居住，最终被定罪免刑。

〔4〕 案件编号为 2014-44（1），被告人林某某被羁押 5 个月 17 天，被判处拘役 5 个月，超出 17 天。

2018 年除 2 个定罪免刑的被告人以外，再无羁押期限大于刑期的情况出现。

对于本项数据分析结果必须进行反向解读，即，除去无罪判决和定罪免刑的判决，几乎所有案件的被告人最终被判处的刑期都等于或者长于审前羁押期限。这意味着被告人一旦被羁押，那么其几乎不可能获得短于羁押期限的刑期。由此可见，审前羁押对判决结果的"绑架"效应是客观存在的。而且，在羁押期限与刑期的关系上，2018 年的样本与 2014 年的样本相比，并未发现显著的区别，这意味着 2018 年审前羁押对判决结果的"绑架"效应与 2014 年相比没有明显变化。

综观上述数据分析结果，在本次研究所设定的 5 类指标上，2018 年的数据相较于 2014 年的数据发生明显、积极变化的为第 1 类指标，均与刑事诉讼中的辩护有关，即辩护率、律师辩护率、辩护意见采纳率均有明显提高。有小幅变化的为第 5 项指标中的第（1）组和第（2）组数据，即与 2014 年相比，2018 年被告人"未被羁押"与"获得定罪免刑判决"之间的正相关关系有削弱的迹象，羁押与实刑的"捆绑"状态似乎也有所松动。但第（3）组数据，即羁押时间长短对于最后判处的刑期长短，在 2014 年数据中观察到的明显正相关关系在 2018 年没有发生显著变化。其他三项指标，即第 2 项的庭前会议召开率，第 3 项的非法证据排除率和第 4 项证人、鉴定人出庭率，2018 年均未显示出积极的变化。而这三项指标，与作为法院系统推进以审判为中心改革主要抓手的"三项规程"密切相关，尤其是证人、鉴定人出庭率，直接反映着庭审实质化改革的实际效果。

需要指出的是，本研究也有一定的局限性。由于客观原因的限制，笔者选取了抽样研究的方法，而没有进行全样本研究，虽然按照社会科学的研究规范，此次取样的数量、方法已经能够保证所获样本的代表性，置信度在 95% 以上，但其终究不是相关年度案件总体的全貌。退一步言，即使根据裁判文书网公开的判决书进行"全样本"研究，由于并非所有的刑事裁判文书都会发布在网站上，[1] 所以也难以描绘出中国刑事审判整体的真

─────────

〔1〕　参见"唐应茂：北上广法院裁判文书上网率为何表现不佳？｜中法评"，2018 年 12 月 14 日刊发于"中国法律评论"微信公众号。

实面貌，更不意味着司法实践中没有特例的存在。例如，本研究所观察到的证人、鉴定人出庭情况非常不理想，然而，在庭审实质化改革试点启动之前的 2014 年，就已经出现了像念斌案这样的多名证人、鉴定人、侦查人员、专家辅助人出庭的实质化庭审。[1]可见，由于抽样研究方法本身的特性，本次研究的结论不可避免地带有一定的局限性。

二、"以审判为中心"改革的"瓶颈"

学界已有大量论著指出，"以审判为中心"的诉讼制度改革并非简单的诉讼技术层面的调整，还涉及司法机关体制性改革和工作机制改革，[2]是刑事诉讼的结构性重塑。反观四年来的以审判为中心或庭审实质化改革，可以发现两个突出特点：一是主体上，虽然在中央层面，《关于推进以审判为中心的刑事诉讼制度改革的意见》由深改组审议通过，最高人民法院、最高人民检察院、公安部等联合印发，在地方层面，各省政法委也牵头起草了涉及法院、检察院、公安厅、司法厅等部门的具体实施方案，但改革的实际设计者和实施者实际上主要局限于法院系统。[3]二是在内容上，本轮改革的规范性文件多是对 2012 年《刑事诉讼法》和司法解释内容的重述或者技术性改进，缺少制度性推进和结构性变革。[4]这意味着，在现行的

---

〔1〕 参见熊秋红："以念斌案为标本推动审判中心式的诉讼制度改革"，载《中国法律评论》2015 年第 5 期。

〔2〕 参见沈德咏："论以审判为中心的诉讼制度改革"，载《中国法学》2015 年第 3 期；龙宗智："以审判为中心的改革及其限度"，载《中外法学》2015 年第 4 期；陈卫东："以审判为中心：当代中国刑事司法改革的基点"，载《法学家》2016 年第 4 期。

〔3〕 以广东为例，2017 年 11 月广东省委政法委成立"以审判为中心的诉讼制度改革协调领导小组"及两个工作专班，指定广东省高级人民法院牵头"刑事诉讼制度改革工作专班"，并由广东省高级人民法院代为拟订全省落实刑事诉讼制度改革的实施方案。2017 年年底，广东省高级人民法院向全省各级法院、省公安厅、省检察院、省司法厅等单位发函，征集改革需求和建议，形成《广东省全面落实以审判为中心的刑事诉讼制度改革实施方案》。

〔4〕 例如，最高人民法院《关于全面推进以审判为中心的刑事诉讼制度改革的实施意见》第 14 条关于证人出庭的规定："控辩双方对证人证言有异议，人民法院认为证人证言对案件定罪量刑有重大影响的，应当通知证人出庭作证。控辩双方申请证人出庭的，人民法院通知证人出庭后，申请方应当负责协助相关证人到庭。证人没有正当理由不出庭作证的，人民法院在必要时可以强制证人到庭。根据案件情况，可以实行远程视频作证。"该规定与 2012 年《刑事诉讼法》第 187 条和 2013 年实施的《最高人民法院关于适用〈中华人民共和国刑事诉讼法〉的解释》第 206 条相比并无实质性推进。

诉讼制度和司法体制所形成的审判认知结构和判决权威结构未被根本触动的前提下，以审判为中心改革如同"螺蛳壳里做道场"，辗转腾挪的空间十分有限，改革效果不显著，也在情理之中。

（一）以"案卷"为中心的审判认知结构

根据十八届四中全会《决定》，以审判为中心的核心要求是"保证庭审在查明事实、认定证据、保护诉权、公正裁判中发挥决定性作用"。这意味着，除法律明确规定的情形外，[1]法官据以形成判决基础的信息应当全部来源于庭审。为此，庭审应当贯彻直接、言词、集中原则，形成"法官—庭审证据—案件事实"的基本认知结构，排斥庭审以外的任何可能对判决产生实质性影响的正式、非正式信息交流。比如，法官与检察官在开庭前或者庭下涉及案情的非正式交流，尤其是在对方律师不在场的情况下进行的这种交流，即属"单方接触"的不当行为。

然而，目前对以审判为中心改革形成认知结构局限的，最主要还是案卷。德国的贝恩德·许乃曼教授在 1979—1986 年曾进行过一项针对案卷对判决行为影响的实证研究，该研究结果发现，侦查案卷中记载的信息对法官最终的判决结果有着巨大的影响。[2]长期以来，我国刑事诉讼中一直存在或明或暗的案卷移送实践，案卷中记载的侦查证据信息一直对判决结果产生难以估量的影响。成为判决基础的，主要是法官通过查阅和研读案卷所形成的主观印象，而不是当庭审理所形成的内心确信。这种裁判方式，有学者将其概括为"新间接审理主义"。[3]审判无法与审前尤其是侦查信息进行有效地切割，无法对侦查信息和结论起到制约作用，这是目前实行"以审判为中心"的最大障碍。

以审判为中心改革客观上要求对案卷的移送和使用施加明确的限制。然而，在目前出台的各项改革试点文件中并未发现此种倾向。案卷依然是

---

〔1〕　例如，《美国联邦刑事诉讼规则》第 804 条，《日本刑事诉讼法》第 321 条、第 323 条、第 326 条，《德国刑事诉讼法典》第 251 条。

〔2〕　关于该项实证研究的详细介绍，参见［德］贝恩德·许乃曼等："案卷信息导致的法官偏见：关于与英美模式比较下德国刑事诉讼程序优缺点的实证研究"，刘昶译，载何挺等编译：《外国刑事司法实证研究》，北京大学出版社 2014 年版，第 74 页。

〔3〕　参见陈瑞华："新间接审理主义——'庭审中心主义改革'的主要障碍"，载《中外法学》2016 年第 4 期。

法官心证形成的主导性因素，庭审在一定程度上沦为案卷信息的正式核实和确认程序。相反，由于近年来最高人民法院往往将不同的改革任务交给不同的部门，分别牵头负责起草改革文件，各项改革方案在实际操作中不时出现顾此失彼，甚至熔断以审判为中心改革的现象。例如，最高人民法院 2015 年 9 月印发的《最高人民法院关于完善人民法院司法责任制的若干意见》（以下简称《司法责任制意见》）第 16 条、第 17 条规定，除承办法官需要阅卷、制作阅卷笔录外，合议庭其他法官也应当阅卷。又如，最高人民法院、司法部在 2015 年 4 月印发的《试点方案》，其中第 4 条提出，健全人民陪审员提前阅卷机制，人民法院应当在开庭前安排人民陪审员阅卷，为人民陪审员查阅案卷、参加审判活动提供便利。随后印发的《实施办法》第 18 条也规定："人民法院应当在开庭前，将相关权利和义务告知人民陪审员，并为其阅卷提供便利条件。" 2016 年 6 月，在最高人民法院向全国人大常委会所作的《关于人民陪审员制度改革试点情况的中期报告》中指出，"建立健全人民陪审员提前阅卷机制，在开庭前安排人民陪审员阅卷，为人民陪审员查阅案卷"提供便利，这一机制被作为开展试点的成功经验向全国人大常委会汇报。2018 年正式通过的《人民陪审员法》虽没有出现类似内容，但是，2019 年 5 月 1 日起开始施行的《最高人民法院关于适用〈中华人民共和国人民陪审员法〉若干问题的解释》第 8 条明确规定："人民法院应当在开庭前，将相关权利和义务告知人民陪审员，并为其阅卷提供便利条件。"

（二）"副卷"背后的判决权威结构

案卷对于法官裁判行为的影响基本属于认知心理学范畴。然而，以审判为中心改革实效不佳并不能单纯地归因于案卷移送造成的心理学上的先入为主或者认识偏差。中国刑事司法的问题更为复杂。在中国的司法实践中，一个长期而普遍的做法是案卷材料分立"正卷"与"副卷"，上文所说的案卷，其实指的只是"正卷"。"正卷"之外，还有"副卷"，即法院在装订诉讼卷宗时，将不宜对外公开的材料装订成册而形成的卷宗。[1]案

---

〔1〕 参见杨治、邓红："法院诉讼档案'副卷'改革路径探析——基于基层法院 300 份诉讼档案'副卷'的分析与审视"，载《法律适用》2017 年第 7 期。

卷材料分立正、副卷的做法最早可以追溯到 20 世纪 50 年代，[1]之后最高人民法院又于 1984 年和 1991 年两次下发《人民法院诉讼文书立卷归档办法》，为正、副卷分立的做法提供了规范依据。[2]1990 年，最高人民法院下发《关于保守审判工作秘密的规定》，[3]重申了"副卷不对外公开"的工作原则和保密纪律。可见，虽然同属案卷材料，但"正卷"和"副卷"在刑事诉讼中的地位、作用、公开度却迥然不同：正卷在刑事诉讼法中具有正式的法律地位，辩护律师依法可以查阅、摘抄、复制；而副卷在正式立法中并无一席之地，辩护律师不能查阅，只有办案人员自己能够查阅，或者在出现错案、需要追究责任时，由专案组和上级审查人员查阅。然而，"副卷"却被认为包含着判决的真正原因，"含金量"很高。[4]近年来，随着一系列热点事件的出现，[5]"副卷"逐渐进入公众视野，引起学界关注，已有学者从不同角度撰文，主张副卷中的内容应当逐步归于正卷，直至彻底废除副卷。[6]

---

〔1〕 参见 1957 年《最高人民法院、司法部关于律师参加诉讼中两个具体问题的批复》（2002年废止）。

〔2〕 1991 年《人民法院诉讼文书立卷归档办法》第 4 条规定："人民法院的各类诉讼文书，应按照利于保密、方便利用的原则，分别立为正卷和副卷。"

〔3〕 该规定要求，"案件材料的归类、装订、立卷必须内外有别，按规定立正、副卷。案件的请示、批复、领导的批示，有关单位的意见，合议庭评议案件的记录，审判委员会讨论案件的记录，案情报告以及向有关法院、有关单位征询对案件的处理意见等书面材料，必须装订在副卷内。副卷的材料非因工作需要，又未经本院领导批准，任何单位和个人不得查阅"。

〔4〕 参见陈有西："法院副卷如何兼顾公开、专业与科学性?"，载《民主与法制》2017 年第 11 期。

〔5〕 "副卷"最早进入公众视野，源于《中国青年报》2005 年报道的"周澄案"。2001 年，辽宁省本溪市平山区人民法院院长范玉林在得知自身患绝症后将该案副卷交给已刑满出狱的周澄。副卷记载，审委会讨论案件时，法官们都表达了无罪意见，但最终服从上级决定，判处周澄五年有期徒刑。参见董伟："一场被法外力量左右的审判"，载《三门峡日报》2005 年 12 月 13 日，第 3版；2010 年，重庆市涪陵区人民法院一份本应归入副卷的"最牛公函"因被错放入正卷而意外曝光，在公函中，重庆市涪陵区李渡新区管委会要求法院驳回原告诉讼请求，并警告法院不要一意孤行。参见杨万里："法院判决前接到政府警告函"，载《新京报》2010 年 6 月 28 日，第 A01 版；在2018 年年底、2019 年年初的"'凯奇莱案'卷宗丢失"事件中，"副卷"再一次进入公众视野。也有律师在网上披露曾看到原本应当放在副卷中的材料，或者误将副卷和正卷一起拿给律师阅卷的情况。参见"法院副卷：中国审判的黑匣子"，载 http://search.t.qq.com/index.php? k=法院副卷 &s_source = evidencelaw&pos =809，最后访问时间：2019 年 4 月 15 日。

〔6〕 相关论文参见刘仁文："论我国法院副卷制度的改革"，载《法学评论》2017 年第 1 期；杨治、邓红："法院诉讼档案'副卷'改革路径探析——基于基层法院 300 份诉讼档案'副卷'的分析与审视"，载《法律适用》2017 年第 7 期。

正卷对判决结果的影响基本属于认知范畴。而副卷对判决结果的影响则属于另一个完全不同的向度。根据 1991 年《人民法院诉讼文书立卷归档办法》第 21 条，副卷中的诉讼文书材料主要包括：案件承办人的审查报告；承办人与有关部门内部交换意见的材料或笔录；有关本案的内部请示及批复；合议庭评议案件笔录；审判庭研究、汇报案件记录；审判委员会讨论记录；案情综合报告原、正本；判决书、裁定书原本；审判监督表或发回重审意见书；其他不宜对外公开的材料等。由此可见，副卷中并不包含案件证据材料，而是客观记录了判决形成过程中承办法官与合议庭其他法官之间、合议庭与庭长主管院长之间、合议庭与审判委员会之间、上下级法院之间、管辖法院与其他领导干部之间就案件处理意见进行交流、汇报、请示、批示等正式或非正式的互动所形成的材料。因此，副卷虽小，却承载了中国司法判决的真实形成过程，折射出判决中多层次、多维度、正式或非正式的权威结构。

当然，随着司法改革的推进，副卷里包含的材料也在发生变化。比如对于再审或上级法院发回重审的案件，传统的做法是，在正式的裁判文书中只是概括性地叙述再审或者发回重审的理由，具体存在哪些实体和程序问题，则另附"内部意见函"，置于副卷之中。[1] 再比如领导干部干预、插手具体案件处理的批示、文件往来等，之前法院都作为需要保密的材料归入副卷。但是，2015 年最高人民法院印发的《人民法院第四个五年改革纲要（2014—2018）》第 55 条提出，"……对于领导干部干预司法活动、插手具体案件的批示、函文、记录等信息……均应当存入案件正卷，供当事人及其代理人查询"。因此，在司法改革的大背景下，正如学界所主张的，目前确实存在不断减少副卷中的材料，使其逐步归于正卷的大趋势。然而，即使彻底废除副卷，也只是从"黑箱司法"走向了"公开司法"，如果不触动副卷背后的判决权威结构，"以审判为中心"仍是镜花水月。

在新一轮以司法责任制为核心的司法体制和工作机制改革推动下，对刑事案件办理的各种非法、非正式的插手、干预现象确实明显减少。然而，

---

〔1〕 参见杨治、邓红："法院诉讼档案'副卷'改革路径探析——基于基层法院 300 份诉讼档案'副卷'的分析与审视"，载《法律适用》2017 年第 7 期。

需要引起注意的是，实践中仍存在一些从推进"以审判为中心"角度来看明显不当的措施。例如，2018 年 5 月国家监察委员会和最高人民检察院联合下发的《国家监察委员会与最高人民检察院办理职务犯罪案件工作衔接办法》第 34 条明确规定中央政法委协调案件的做法。[1]众所周知，政法委协调案件后敲定的解决方案也必须通过法院内部的行政化链条具体落实，这也意味着人民法院内部的行政化办案方式并没有完全消失。又如，2018 年通过的《人民陪审员法》第 23 条第 2 款规定："合议庭组成人员意见有重大分歧的，人民陪审员或者法官可以要求合议庭将案件提请院长决定是否提交审判委员会讨论决定。"这一规定强化了陪审案件中审判委员会的职能。再如，2018 年修订的《人民检察院组织法》第 26 条增设了检察长列席审委会会议的条文，之后又不时出现控辩双方同时参加审判委员会会议的新闻。[2]辩护律师参加审委会会议，对检察长列席审委会所形成的"单方接触"局面无疑是一种打破和改进，然而，这种安排进一步加大审判委员会程序在案件处理中的权重，就庭审实质化改革而言是南辕北辙。2019 年 2 月中央政法委牵头的联合调查组公布"凯奇莱案"卷宗丢失等问题调查结果后，有法院内部人士在《法制日报》、中国法院网撰文提出，对于审判委员会的决定，独任法官或合议庭哪怕不认同，也应当执行；[3]认为相关领导查阅卷宗、听取汇报、审核文书等，属于正当行使审判监督管理权，没有"越权越位"。[4]上述种种迹象说明，副卷背后的传统判决权威结构依然保持着强大的生命力。

---

〔1〕 该衔接办法第 34 条规定："对国家监察委员会移送的案件，最高人民检察院公诉部门应当与最高人民法院相关审判庭共同制定审判预案，对可能出现的突发情况和问题提出应对措施，保证起诉、审判等工作顺利进行。对案件涉及重大复杂敏感问题的，应当及时与国家监察委员会沟通协商，必要时提请中央政法委员会协调，确保案件办理的政治效果、法律效果和社会效果。"

〔2〕 2019 年 6 月 4 日，福建省高级人民法院召开审判委员会会议，邀请辩护律师到会，听取检察机关与辩护律师意见，参见"全国首例！控辩双方同时在高级法院审委会发表意见"，2019 年 6 月 5 日刊发于"最高人民法院"微信公众号。2019 年 5 月 10 日，山西省晋城市中级人民法院审委会会议，辩护律师与检察官向审委会作陈述，参见谭畅："'改造'法院审委会 晋城试点，中国首例"，载《南方周末》2019 年 5 月 23 日，第 1 版。

〔3〕 参见何帆："严格坚持民主集中制才能全面落实司法责任制"，载《法制日报》2019 年 2 月 22 日，第 2 版。

〔4〕 参见程语："莫用'干预司法'抹黑合法审判监督"，载中国法院网，https://www.chinacourt.org/article/detail/2019/02/id/3736114.shtml，最后访问时间：2020 年 1 月 22 日。

所以，在"案卷"为中心的审判认知结构和"副卷"所反映的判决权威结构所形成的"瓶颈"效应下，以审判为中心的改革难以在核心指标上取得明显的成效，也就在意料之中了。未来以审判为中心的改革能否取得实质性进展，在某种意义上取决于我们能否解决好"两卷"问题。

三、深化以审判为中心的刑事诉讼制度改革

2019 年 2 月最高人民法院印发的《人民法院第五个五年改革纲要（2019—2023）》将"深化以审判为中心的刑事诉讼制度改革"作为未来五年的重要任务之一。以审判为中心的改革如果要真正取得实效，必须重塑审判认知结构和判决权威结构，为改革开拓更大的空间。

（一）审判认知结构之重塑

重塑审判认知结构，应当有一"弱"一"强"两方面的举措。一"弱"指的是弱化案卷在审判中的作用。通过确立评议的原则和具体的规则，对案卷在审判中的使用施加限制，这是实行案卷移送制度的法治国家的通行做法。所谓"确立评议的原则"，例如，《德国刑事诉讼法典》第 261 条规定，法庭应当根据审判全过程确立自由心证决定证据调查的结果；[1]《意大利刑事诉讼法典》第 526 条规定，法官在评议中不得采用不是依法在法庭审理中调取的证据。[2] 所谓"确立具体的规则"，例如，《法国刑事诉讼法典》第 347 条规定，重罪法庭不能将案卷带入评议室。[3] 在德国，案卷之内容原则上不得用为裁判之根据。[4] 在阅卷的主体方面，德国立法也有严格的限制：由于担心陪审员受到案卷的影响，陪审员原则上不得接触案卷；审判长和制作裁判文书的法官也不得阅览案卷。《德国刑事诉讼法典》第 250 条还规定了"询问本人原则"，即，如果对事实的证明是建立在一个人的感觉之上，要在审判中对他本人进行询问，不允许以宣读以前的询问

---

〔1〕 参见《德国刑事诉讼法典》，李昌珂译，中国政法大学出版社 1995 年版，第 106 页。

〔2〕 参见《意大利刑事诉讼法典》，黄风译，中国政法大学出版社 1994 年版，第 186 页。

〔3〕 参见 [法] 贝尔纳·布洛克：《法国刑事诉讼法》，罗结珍译，中国政法大学出版社 2009 年版，第 487 页。

〔4〕 [德] 克劳思·罗科信：《刑事诉讼法》，吴丽琪译，法律出版社 2003 年版，第 430 页。

笔录或者书面证言代替询问。《意大利刑事诉讼法典》对侦查案卷的使用施加了严格的限制：法官根本不接触侦查案卷，侦查案卷的作用是供对立双方查阅。意大利法官受理案件后，要准备一个新的审判案卷，在开庭前，审判案卷应当是空白的，只有在法庭上出示和调查过的证据才能记入审判案卷，审判法官只能根据审判案卷中有记载的证据作出判决。这是意大利独特的"双重案卷"制度。[1]对于提交给法官的进入审判案卷的材料，意大利立法也规定了严格的限制，任何一方想要审判法官考虑额外的证据，必须经由另一负责预审的法官举行聆讯，由他决定是否将证据提交给审判法官。

在中国，要重塑审判认知结构，必须从限制案卷的使用着手。为此，首先，应当在立法上确立直接原则。直接原则关注两个方面的关系——法官与证据的关系、证据与案件事实的关系。前者要求法官对证据具有"亲历性"；后者要求法庭上出示的证据必须直接产生于案件事实，不能经过转述、复制等中间传递环节。其次，需要确立具体的规则，对开庭前阅览案卷的主体和内容施加限制。在阅览案卷的主体范围上，首先要排除人民陪审员作为阅览主体；对于合议庭审理的案件，因承办法官需要拟定庭审提纲，所以应由承办法官阅览案卷，审判长或者合议庭其他法官原则上不能阅卷。在阅览案卷的内容上，现行《刑事诉讼法》虽然恢复了全卷移送制度，但并未恢复实体性庭前审查，并不要求对证据的充分性作出评估，只需要审查起诉书中是否"有明确的指控犯罪事实"即可。[2]以此标准看，《司法责任制意见》第16条所列举的承办法官职责中第3项职责"对当事

〔1〕　关于意大利的双重案卷（double dossier）制度，参见 Antoinette Perrodet, *The Italian System*, Mireille Delmas-Marty and J. R. Spencer（ed.）, European Criminal Procedures, Cambridge University Press（New York）, 2002, p. 369。

〔2〕　对比1979年《刑事诉讼法》第108条和现行《刑事诉讼法》第186条的规定可以看出这一点。1979年《刑事诉讼法》第108条规定："人民法院对提起公诉的案件进行审查后，对于犯罪事实清楚、证据充分的，应当决定开庭审判；对于主要事实不清、证据不足的，可以退回人民检察院补充侦查；对于不需要判刑的，可以要求人民检察院撤回起诉。"人民法院在开庭前的公诉审查环节即对证据的充分性作出初步判断，这是一种实体性的公诉审查方式。现行《刑事诉讼法》第186条规定："人民法院对提起公诉的案件进行审查后，对于起诉书中有明确的指控犯罪事实的，应当决定开庭审判。"人民法院在开庭前只需要审查起诉书中是否"有明确的指控犯罪事实"，立法者显然将庭前审查设计为一种程序性审查。

人提交的证据进行全面审核，提出审查意见"并不适当，应当删除。最后，限制法庭在评议环节对案卷的接触和使用。法庭调查和法庭辩论环节一经结束，审判长应当命令书记员将案卷收存至法院档案室，除非在评议过程中确有必要对案卷中的某项材料进行审查，才可以由审判长命令将案卷送回评议室，在控辩双方同时在场的情况下，同时开卷，进行查阅。[1]

何谓一"强"？在弱化案卷影响的基础上，如何深化"以审判为中心"，涉及改革的着力点问题。有学者将对抗化的庭审作为庭审实质化的指标之一，[2]但是，实质化的庭审并不等于对抗式庭审，否则欧洲大陆各国职权主义主导之下的庭审将永无实质化的可能，本书更倾向于认为，"以审判为中心"改革与审判模式没有必然的关系，无论是对抗式诉讼还是职权主义诉讼，均可以自己的方式实现庭审实质化。如果求取各国制度上的最大公约数，则是国际刑事司法准则，[3]尤其是联合国《公民权利和政治权利国际公约》第14条确定的公正审判的最低限度标准，特别是第3款第（戊）项所保障的"与不利证人对质的权利"。因而，中国进一步改革的着力点，应当是围绕被告人的对质权发力。此即相对于上文"一弱"而言的"一强"。

本次调研揭示了证人、鉴定人出庭率不仅在2014年处于极低的水平，在推行以审判为中心或庭审实质化改革四年之后的2018年，仍然没有显著改善的迹象。这种局面，与立法在证人出庭问题上自相矛盾的态度有相当大的关系。一方面，《刑事诉讼法》第62条第1款规定，"凡是知道案件情况的人，都有作证的义务"，第61条也规定，"证人证言必须在法庭上经过公诉人、被害人和被告人、辩护人双方质证并且查实以后，才能作为定案

---

[1] 类似的规定可参考《法国刑事诉讼法典》第347条规定："审判长宣布法庭审理结束……审判长命令将诉讼案卷收存至重罪法院书记员手中……如在评议过程中重罪法庭认为有必要对诉讼案卷之一项或数项材料进行审查，审判长得命令将案卷送至评议室，在检察院及被告人与民事当事人的律师当面，重新开卷，以行查阅。"参见《法国刑事诉讼法》，罗结珍译，中国法制出版社2006年版，第347页。

[2] 参见左卫民："地方法院庭审实质化改革实证研究"，载《中国社会科学》2018年第6期。

[3] 持类似观点的还有熊秋红教授，参见熊秋红："刑事庭审实质化与审判方式改革"，载《比较法研究》2016年第5期。

的根据……"另一方面，《刑事诉讼法》第192条把证人必须出庭作证的情形限定于"公诉人、当事人或者辩护人、诉讼代理人对证人证言有异议，且该证人证言对案件定罪量刑有重大影响，人民法院认为证人有必要出庭作证的"。证人是否应当出庭，很大程度上取决于法院关于是否存在出庭必要性的判断。然而，"以审判为中心"不等于以"法院"为中心，要真正实现"以审判为中心"，立法就必须明确承认并适当加强被告人的对质权。

对于被告人对质机会的保障，中国刑事诉讼立法主要是通过2012年增设的第192条和第193条来实现。然而，就保护对质权而言，上述两个条文构建的保障却存在缺陷。其一，《刑事诉讼法》没有明确肯定被告人享有对质的权利，相反，证人是否应当出庭作证基本上完全取决于人民法院对于出庭必要性的判断，即人民法院认为证人是否"有必要出庭作证"，这就具有很大的随意性。其二，在证人没有出庭作证的情况下，立法并未指明书面证言是否具有证据能力。《刑事诉讼法》第193条第2款规定了证人未出庭的实体后果，即"证人没有正当理由拒绝出庭或者出庭后拒绝作证的，予以训诫，情节严重的，经院长批准，处以十日以下的拘留……"。然而，在诉讼法和证据法上证人不出庭所导致的后果，《刑事诉讼法》及有关的司法解释却只字未提。《刑事诉讼法》第195条规定，对未到庭的证人的证言笔录，应当当庭宣读，相当于变相肯定了庭外证言的证据资格。这两个问题的存在，导致被告人在审判中对质的机会根本不会受到重视。

为了加强对质权的法律保障，未来应当双管齐下。一方面，立法要明确肯定对质的权利属性。刑事被告人享有与不利证人的对质权，早已为多数法治国家宪法所吸纳，成为宪法性保障，同时也为一系列全球性或者区域性人权公约所吸纳，成为国际社会的共识，无关乎意识形态、法律传统和诉讼模式。另一方面，增强对质权的刚性，强化剥夺或限制被告人对质权的程序性制裁机制。我国目前已经存在保障被告人质证权的程序机制，但遗憾的是，多数规则仅存在于最高人民法院的司法解释中，法律层级有限，因而刚性不足，施行中打了折扣。例如，《最高人民法院关于适用〈中华人民共和国刑事诉讼法〉的解释》第71条规定："证据未经当庭出示、辨认、质证等法庭调查程序查证属实，不得作为定案的根据。"该解释第271条第2款规定，"对公诉人、当事人及其法定代理人、辩护人、诉讼代理人补充的和审判人员庭外调查核实取得的证据，应当经过当庭质证才能作为定案的根据……"该解释第 458 条第 3 项规定，"原判决、裁定生效前已经收集，但未经质证的证据"应当认定为《刑事诉讼法》第 253 条第 1 项规定的可能引起再审程序的"新的证据"。上述解释，未来应当上升为立法，确立保障对质权的刚性结构。

（二）判决权威结构之转型

副卷及其相关问题，其解决之道不是一废了之，因为副卷只是其背后的判决权威结构的集中反映和如实记录，这种"全程留痕"，在某种意义上也是一种对法庭之外的各种干预的约束和规范，自有其存在的现实合理性。如果只是简单地废除副卷，司法将彻底"黑箱化"，更是一种倒退。将副卷内容全部归于正卷，也非解决问题的根本办法。副卷材料归于正卷，当事人及其律师可以查阅，这将使司法进一步远离"黑箱化"，成为真正的"阳光司法"。这固然是一大进步，然而，在司法公开之外，尚有以审判为中心的改革目标。在以审判为中心的改革议题下，正卷除供当事人及其律师查阅外，本身也是需要限制其用途的材料。因此，废除副卷，将其包含的材料全部归于正卷，从深化以审判为中心改革的角度看，仍是治标不治本。

如前文所述，真正妨碍以审判为中心实现的是副卷背后的判决权威结构。所以，深化以审判为中心改革，必须以直接原则所要求的司法"亲历性"为核心，调整判决权威结构。这不仅涉及人民法院与外部的党政机关、人民检察院、监察委员会的关系的调整与重塑，也涉及上下级人民法院之间，以及人民法院内部员额法官与院庭长之间、合议庭与审判委员会之间关系的调整与重塑。这也是最新一轮以司法责任制为核心的司法体制和工作机制改革的主要目标。在上述议题上已有不少学者发表真知灼见，这里不再重述，仅就院庭长的审判监督管理权进行讨论。

一般认为，人民法院院长的审判监督管理职责（权）的法律依据是《人民法院组织法》第 41 条，"人民法院院长负责本院全面工作，监督本院审判工作，管理本院行政事务……"现行《中华人民共和国法官法》（以下简称《法官法》）第 9 条也规定，"人民法院院长、副院长、审判委员会委员、庭长、副庭长除履行审判职责外，还应当履行与其职务相适应的职责"。所谓"与其职务相适应的职责"即包括审判监督管理职责。院庭长的审判监督管理职责（权）不仅限于宏观层面上进行的审判监督管理，而且还延伸到监督个案。《司法责任制意见》第24条规定，对"（1）涉及群体性纠纷，可能影响社会稳定的；（2）疑难、复杂且在社会上有重大影响的；（3）与本院或者上级法院的类案判决可能发生冲突的；（4）有关单位或者个人反映法官有违法审判行为的"四类案件，院庭长可以进行个案监督。从上述规定来看，院长、副院长就特定类型的案件作批示存在一定的法律依据和政策依据。然而，学术探讨不能止步于此，接下来的问题是，法院内部的行政领导（院庭长）的监督管理职权应当止步于何处？如何区分正当的监督管理与对司法的不当干预？

根据《人民法院组织法》第41条规定，人民法院院长履行的监督管理职责（权）包括两个方面，一是"监督本院审判工作"，二是"管理本院行政事务"。《司法责任制意见》以此为根据，将此二项权利分别概括为"审判监督权"和"行政事务管理权"。就"行政事务管理权"而言，法院内部的行政事务无非围绕人事调配、财政拨付、物资管理（人、财、物）而产生，这是院庭长作为本院行政首长的固有职权，理论争议不大，但实践中有的院庭长等法院内部行政管理者凭借其在行政管理方面的优势地位，干预法官、合议庭的裁判结果，代行本来应当由法官、合议庭独立行使的司法裁判权，导致行政事务管理权与司法裁判权纠缠不清。[1]

法院院长的"审判监督权"更加富有争议。原因在于，院长虽然是法院的行政首长，但一般认为，法院内部关系不同于普通行政机关的内部关系。在推进以审判为中心的改革大背景下，直接原则要求法官在审判案件的过程中具备"亲历性"，尤其是在认定事实上，法院院长并不享有高于承办法官的权威。因此，院长对审判工作的监督管理并非无原则、无边界。最高人民法院《司法责任制意见》开篇即指出制定该意见的目的是"建立健全符合司法规律的审判权力运行机制，增强法官审理案件的亲历性，确保法官依法独立公正履行审判职责"。所以，在院庭长履行审判监督权，与法官依法独立履行审判职责之间，必须确定一个适当的边界。这实际上也

---

〔1〕　参见陈瑞华："司法改革的理论反思"，载《苏州大学学报（哲学社会科学版）》2016年第1期。

是最新一轮司法体制和工作机制改革的核心议题。

这并非我国独有的问题。例如,《德国基本法》第 97 条保障法官独立和不受罢免,"只服从法律"。然而,考虑到法官也是有七情六欲的普通人,难免有个别法官贪名好利、违法滥权、怠惰懒散,所以也需要法院首长(院庭长)对本院法官行使职务监督权,以督促法官恪尽职守,依法审判。但是,这种职务监督是有边界的,不能影响到法官的司法活动,而且法官只在不影响其司法自由的限度内接受这种约束。在德国,一旦法官认为院长的监督行为超越了适当限度,根据《德国法官法》第 79 条的规定,他有权将这一问题提交职务法庭作出裁决。[1]何为适当限度?在德国,联邦法院职务法庭采纳的是"核心领域理论",[2]并成为学界通说。该理论将法官的裁判行为分为核心领域与非核心领域两大类型。对于非核心领域,原则上属于院庭长行使职务监督的范围。"核心领域"包括裁判行为本身,以及所有直接、间接为准备裁判而进行的行为,在这个范围内原则上排除院庭长的职务监督。但是,对于法官显然错误的职务行为,例如适用已废止的法律,院庭长仍可以进行职务监督。这是唯一的例外。

根据《司法责任制意见》,院庭长的审判监督权既包括指导本院本庭各项审判工作、对本院本庭审判质量情况进行监督等宏观意义上的监督职能,也包括在特定的四类案件中行使个案监督。在行使个案监督的情况下,院庭长的审判监督权,与刑事诉讼法中的"审判监督"是一种什么关系呢?仔细探究,发现二者存在共通之处,即都是对审判活动行使的监督。但二者在监督主体、监督范围、监督方式、监督时机、监督依据、监督后果等方面存在显著差异:首先,刑事诉讼中的审判监督具有特定含义,既是指对审判活动的监督,又是指以审判的方式进行的监督,其典型表现是依第二审程序对第一审判决进行的监督,以及依审判监督程序对原生效判决进行的监督。这与《司法责任制意见》第 24 条所规定的院庭长的"审判监督"有本质的不同。其次,刑事诉讼中的审判监督从时机上是一种事后监督,而从《司法责任制意见》第 24 条的规定来看,院庭长监督可以是事

---

〔1〕 Rodolphe Juy-Birman, *The German System*, Mireille Delmas-Marty and J. R. Spencer (ed.), *European Criminal Procedures*, Cambridge University Press (New York), 2002, pp. 297-298.

〔2〕 姜世明:《法院组织法》,新学林出版股份有限公司 2016 年版,第 308 页。

前、事中监督。再次，在监督的依据上，刑事诉讼中的审判监督完全是以刑法和刑事诉讼法的相关规定为依据的，而院庭长的"审判监督"，既可以是违法监督，也可以是违纪监督、职业伦理监督。最后，院庭长的审判监督从效果上受到《司法责任意见》第 24 条的严格限制，即院长、副院长、庭长对案件的审理过程或者评议结果有异议的，不得直接改变合议庭的意见，只能将案件提交专业法官会议、审判委员会讨论。而刑事诉讼中的审判监督，不限于四类案件，既没有案件范围的限制，又没有监督效果的限制，既可以撤销原判、发回重审，又可以直接改判。

　　从《司法责任制意见》的相关规定来看，在审判的"核心领域"——审判活动本身、为审判活动顺利进行而实施的庭前会议等庭前准备工作，以及作为审判后续工作的制作裁判文书等活动——基本上属于独任庭和合议庭审判人员的职责范围，原则上排除院庭长的具体监督。然而在《司法责任制意见》第 24 条规定的四类案件中，这种审判监督已不止于"非核心领域"，已经延伸到"审判过程"和"评议结果"这样的"核心领域"。虽然《司法责任制意见》对院庭长行使个案审判监督的案件范围限于四类案件，在监督效果上也对院庭长的审判监督施加限制，即院庭长如果对审判过程或者评议结果有异议的，"不能直接改变合议庭的意见"，只能将案件提交专业法官会议、审判委员会讨论。

　　但这种处理，引发了进一步的问题：其一，《司法责任制意见》第 9 条将审判委员会讨论案件的范围限定为"涉及国家外交、安全和社会稳定的重大复杂案件，以及重大、疑难、复杂案件的法律适用问题"。[1] 而第 24 条规定的四类案件，在审判过程或评议结果不受院庭长认可时，仍可经由院庭长之手提交审判委员会讨论，这相当于变相扩大了第 9 条限定的审判委员会讨论案件的范围。其二，院庭长对"审判过程"和"评议结果"的异议是仅限于法律适用方面的异议，还是对事实认定、证据使用等方面也可以提出异议？如果允许对事实认定、证据使用等方面提出异议，"增强法官审理案件的亲历性"恐怕又成了一张画饼，而且也必将使审判委员会讨论的范围突破第 9 条设定的"法律适用问题"，直接消解了《司法责任制意

---

〔1〕《司法责任制意见》第 9 条规定，审判委员会只讨论涉及国家外交、安全和社会稳定的重大复杂案件，以及重大、疑难、复杂案件的法律适用问题。

见》优化审判委员会运行机制的改革努力。反之，如果院庭长只限于在法律适用方面对"审判过程"或者"评议结果"提出异议，那么保留院庭长在四类案件中的个案审判监督的意义何在？《司法责任制意见》第9条将审判委员会的职能确定为统一本院裁判标准，在第24条列举的四类案件中，除第三类"与本院或者上级法院的类案判决可能发生冲突的"情形与这一职能设定相关外，其他三类情形下关切的焦点似乎均非"统一本院裁判标准"。在法律职业统一考试、法官遴选委员会层层选拔下产生的员额制法官，在三大诉讼法中已然存在审级之间审判监督的前提下，在审判的"核心领域"，是否还需要院庭长在法律适用问题上进行审判监督？至少目前还看不到明显的制度收益，而消解司法责任制改革的风险确实是始终存在的。因此，依本书所见，在四类案件中，也完全没有必要保留院庭长的"审判监督权"。

（三）"以审判为中心"背景下的审前程序改革

以审判为中心的改革不仅对审判提出更高要求，其影响终将溢出审判阶段，对审前程序产生连锁效应。对侦查机关而言，由于直接言词原则的不断推进，侦查阶段的功能和目标也势必发生相应的变化。在过去，侦查阶段的任务主要是收集供审判使用的证据。然而，随着以审判为中心的改革的推进，审判认知结构的重塑，侦查案卷的作用将受到人为限制，侦查阶段收集的证据不再如过去那样可以无障碍地进入审判。因此，侦查的任务也需要进行相应调整，即从过去的服务于审判，日益转变为服务于公诉，侦查在很大程度上会变成公诉的准备阶段。

对检察机关而言，庭审实质化之下更高的举证要求，更严格的非法证据排除规则，最终会经由证明责任，将负担传递给公诉方，对公诉人的举证、质证提出更苛刻的要求。同时，随着监察体制改革的深入并上升为国家立法，检察机关丧失了大部分的侦查权，这加剧了检察机关在刑事诉讼中的尴尬处境。一方面，在绝大多数的公诉案件中，检察机关都不是侦查主体，大量的证据都是由其他机关（公安机关或者监察机关）收集。但是，如果向法庭提供的证据不确实、不充分，却要由检察机关承担起诉失败的后果。另一方面，如果被告人在审判中提出排除非法证据的申请，根据《刑事诉讼法》的规定，需要由人民检察院对证据收集的合法性加以证明，而对于检察机关来说，这是一个几乎不可能完成的任务：其一，检察机关并非收集证据的主体，证据由其他机关（公安机关或者监察机关）收集，却要求检察机关来证明证据收集的合法性；其二，从古罗马法时代起，一个分配证明责任的重要原则即是"为肯定之人应举证，为否定之人不举证"。[1]而检察机关被要求证明的，恰恰是一个否定性事实，即公安机关或者监察机关没有对犯罪嫌疑人采用刑讯逼供等非法取证手段。[2]

因此，从检察机关履行的公诉职能来看，加强对侦查行为的指导和控制是其本能倾向，以审判为中心的改革对检控方提出的高标准、严要求客观上进一步强化了这种需要。加上监察体制改革后，被削夺了大部分侦查权的检察机关产生了空前的危机感，主观上产生了整合自身力量的精神需要，同时加强对侦查行为的指导和控制也显得越发迫切。在上述多种因素产生的综合压力下，检察机关采取了一系列举措。例如，确立驻所检察官侦查终结前讯问合法性的核查制度，[3]人民检察院提前介入监察机关职务犯罪调查工作，[4]等等。其中，影响最大、最有争议的，当属检察机关"捕诉合一"或"捕诉一体化"改革。

2018年7月25日，最高人民检察院检察长张军在深圳举行的全国大检察官研讨班上提出将"内设机构改革"作为突破口，"要以案件类别划分、实行捕诉合一，形成完整的、适应司法责任制需求、有助于提高办案质量效率和提升检察官素质能力的内设机构体系"。[5]"捕诉一体"的支持者提

---

〔1〕　陈荣宗：《举证责任分配与民事程序法》，三民书局1984年版，第9页。

〔2〕　在法治发达国家，讯问程序的权利保障相对完善，不仅讯问过程有全程录音录像，而且犯罪嫌疑人被明确告知享有沉默权，如果接受讯问，被告人要签署书面的弃权声明。除此之外，律师在讯问过程中享有在场权。在多重程序保障之下，即使被告人提出非法证据的主张，要证明讯问程序的合法性，对检察官而言也并非难事。

〔3〕　2017年最高人民法院、最高人民检察院、公安部等联合印发的《关于办理刑事案件严格排除非法证据若干问题的规定》第14条第3款规定："对重大案件，人民检察院驻看守所检察人员应当在侦查终结前询问犯罪嫌疑人，核查是否存在刑讯逼供、非法取证情形，并同步录音录像。经核查，确有刑讯逼供、非法取证情形的，侦查机关应当及时排除非法证据，不得作为提请批准逮捕、移送审查起诉的根据。"

〔4〕　2018年《国家监察委员会与最高人民检察院办理职务犯罪案件工作衔接办法》第二章以专章规定了"最高人民检察院提前介入工作"。

〔5〕　尚黎阳："重组刑事办案机构案件分类捕诉合一"，载《南方日报》2018年7月26日，第A04版。

出的最有力的理由是，在我国检警机构分离、职能分离的体制下，公诉对侦查引导不足，而"捕诉合一"实现了公诉对侦查监督和证据指引工作的前移，拉近了侦查和起诉的距离，强化了侦查监督力度，提高了案件侦查质量，使侦查能更好地为检察机关公诉做准备。[1] 2018年年底，中央通过《最高人民检察院职能配置、内设机构和人员编制规定》，最高人民检察院第一至第十检察厅按照新的职能和办案机制正式开始运作。但这一改革，从始至终都伴随着反对和质疑的声音。反对者认为，"捕诉合一"的改革设想将作为强制措施的逮捕与作为国家追诉权的公诉混为一谈，违背了基本的诉讼规律，否定了逮捕的独立价值。[2] 将批捕权作为侦查控制的工具，审查批捕的职能将附属于、服务于追诉职能而丧失独立的价值，形成并强化"够罪即捕"的局面。[3] "捕诉合一"实际上是将最不应该合的两个东西合在了一起。该合不合造成效率低下，该分不分导致公正难以维系。[4]

笔者认为，"捕诉一体"改革中所表达的公诉引导、监督、控制侦查取证的合理诉求应当得到应有的考虑，但反对者所表达的不安并非杞人忧天，通过"捕诉一体"的方式实现侦查控制属于路径不当。审查批捕作为一项具有司法性质的职能，涉及人身自由保护的独立价值，行使该职能的主体应当具有中立的属性，不宜由行使追诉职能的主体行使。否则，审查批捕职能势必成为公诉职能的附庸，逮捕"必要性"审查、"社会危险性"审查势必成为犯罪条件审查的附庸，审查批捕作为独立程序而存在的价值将荡然无存。因此，加强公诉对侦查的指导和控制，需要转变改革思路，另辟"侦诉一体化"之蹊径。

十八届四中全会《决定》提出，"完善对限制人身自由司法措施和侦查手段的司法监督，加强对刑讯逼供和非法取证的源头预防，健全冤假错案有效防范、及时纠正机制"。而"侦诉一体化"正是落实十八届四中全

---

〔1〕 参见"邓思清：捕诉合一是中国司法体制下的合理选择"，2018年6月5日刊发于"中国法律评论"微信公众号。

〔2〕 参见"陈瑞华：异哉，所谓'捕诉合一'者"，2018年5月29日刊发于"中国法律评论"微信公众号。

〔3〕 参见聂友伦："检察机关批捕权配置的三种模式"，载《法学家》2019年第3期。

〔4〕 参见"【建言】孙远：为什么捕诉合一不可行？"，2018年6月16日刊发于"中国政法大学国家法律援助研究院"微信公众号。

会《决定》这一要求的有力举措。"侦诉一体化"并不是主张负责公诉的检察机关和负责侦查的公安机关在组织上合二为一，而是倡导侦查机关与检察机关在刑事诉讼中确立密切协作的关系。具体说来，在重大、复杂、疑难刑事案件的侦查过程中，以及在采取重要侦查行为（如讯问）、干预公民基本权利措施（如搜查、查封、扣押、冻结）之前，至少在侦查终结之前，公安机关应当向检察机关报告，由后者及时介入并提出指导意见。这同时也意味着检察机关侦查监督的方式和时机发生重大变化，即从目前的事后监督改变为事中监督、同步监督，以实现对侦查活动的提前介入，强化公诉职能对侦查职能的规范和引导作用。为此，需要强化侦查人员在刑事诉讼中接受检察机关监督的法定义务，除非法定事由或者依法定程序，不得拒绝执行检察机关的指导和监督意见。《中华人民共和国人民警察法》第 42 条规定："人民警察执行职务，依法接受人民检察院和行政监察机关的监督。"为了强化检察机关对警察的控制力，欧洲各国及其影响下的日本，均在警察惩戒、晋升等方面赋予检察官实质性的影响力。例如，在法国，检察长对其辖区内的司法警察警官进行评分（作出评价），检察长的评语是对当事人作出任何晋级、提升决定的一个重要的考虑因素。[1]在日本，如果警察不服从检察官的指令，检察官可以向对警察享有罢免权、惩戒权的机构提起惩戒或罢免的诉讼。[2]因此，为确立检察机关在侦查工作中的权威，应赋予检察机关对相关侦查人员启动惩戒程序的权力，并在侦查人员考核、奖惩、晋升等程序中赋予检察机关实质性的话语权。

四、小结：人民陪审员制度的历史使命

以审判为中心的诉讼制度改革试点以来，已不知不觉走到一个重大的节点，是迎难而上，继续深化改革，还是知难而退，重回侦查中心主义的老路？选择后者，就意味着要接受审判对侦查制约的失灵，接受由此所导致的冤错案件频发的局面，这是任何一个正常社会都难以承受的代价。"开弓没有回头路"，《人民法院第五个五年改革纲要（2019—2023）》提出

---

〔1〕　参见［法］贝尔纳·布洛克：《法国刑事诉讼法》，罗结珍译，中国政法大学出版社 2009 年版，第 245 页。
〔2〕　参见《日本刑事诉讼法》第 194 条。

"深化以审判为中心的刑事诉讼制度改革",实际上对此问题已经作出了回答。2021 年 1 月,中共中央印发了《法治中国建设规划(2020—2025 年)》,这是新中国成立以来第一个关于法治中国建设的专门规划,是新时代推进全面依法治国的纲领性文件,是"十四五"时期统筹推进法治中国建设的总蓝图、路线图、施工图,对新时代更好地发挥法治固根本、稳预期、利长远的重要作用,推进国家治理体系和治理能力现代化,适应人民群众在民主、法治、公平、正义、安全、环境等方面的新要求新期待,加快实现到 2035 年基本建成法治国家、法治政府、法治社会的奋斗目标具有重大意义。[1]在规划中,"深化以审判为中心的刑事诉讼制度改革"作为建设公正高效权威的中国特色社会主义司法制度的一项重要任务,再次被提出和强调。在此背景下,人民陪审员制度改革具有特定的时代意义:其一,人民陪审员制度可以成为推进以审判为中心和庭审实质化改革的重要抓手和推动力量;其二,人民陪审员制度也只有在"以审判为中心"和庭审实质化的诉讼背景下才能发挥其预设功能,实现民主司法、人民司法。因此,人民陪审员制度改革应以审判为中心和以庭审实质化改革为历史使命,而不能抵消、损害庭审实质化和以审判为中心的诉讼制度改革。

---

〔1〕 白阳:"新时代推进全面依法治国的纲领性文件——中央依法治国办负责同志就《法治中国建设规划(2020—2025 年)》答记者问",载新华网,www. xinhuanet. com/2021-01/10/c_1126966955. htm,最后访问时间:2020 年 8 月 1 日。

下 篇
人民陪审员制度改革专题研讨

　　本轮人民陪审员制度改革有诸多的核心课题。例如，改革的首要问题是人民陪审员制度的功能如何设定？作为承载司法民主价值取向的人民陪审员制度，其民主功能如何得到有效发挥？如何限制民主逻辑的不当延展？其次，人民陪审员的资格条件和遴选程序应当如何设置，才能具有充分的社会代表性，使得人民陪审员能够代表主流价值观和民意？七人大合议庭审判的情况下，如何区分事实问题与法律问题？人民陪审员参与审判对审级制度会有什么样的影响？《人民陪审员法》的出台并非改革的终点，对于上述问题，仍需在司法实践中予以总结、反思。

第六章

人民陪审员制度改革试点

2015 年，最高人民法院、司法部印发的《试点方案》，在中央全面深化改革领导小组第十一次会议上通过。为了保证改革于法有据，第十二届全国人大常委会第十四次会议作出《关于授权在部分地区开展人民陪审员制度改革试点工作的决定》。该《试点方案》于 2015 年 4 月 24 日印发给开展人民陪审员制度试点工作的北京、河北、黑龙江、江苏、福建、山东、河南、广西、重庆、陕西 10 个省（区、市）的高级人民法院、司法厅（局），自 2015 年 5 月起开展改革试点工作，试点期限原则上二年，最低不少于一年。为了确保人民陪审员制度改革试点工作稳妥有序推进，最高人民法院、司法部又于 2015 年 5 月 20 日印发了《实施办法》，对试点工作作出具体部署。《试点方案》和《实施办法》确定了此次人民陪审员制度改革的主要内容。

一、改革试点的主要内容

（一）改革人民陪审员的选任条件

此次人民陪审员选任条件的改革主要体现在一"升"一"降"两个方面。一"升"指的是担任人民陪审员的公民的年龄条件有所提高。《实施办法》第 1 条第 1 款规定，"公民担任人民陪审员，应当具备下列条件：（一）拥护中华人民共和国宪法；（二）具有选举权和被选举权；（三）年满二十八周岁；（四）品行良好、公道正派；（五）身体健康"。比较引人注意的是担任人民陪审员的公民的年龄，相比于 2004 年通过的《关于完善人民陪审员制度的决定》中规定的 23 岁，明显提高了。年龄要求的提高，体现出改革者对人民陪审员生活阅历和社会经验的注重。同时，在消极条件上，《实施办法》在《关于完善人民陪审员制度的决定》规定的"因犯罪受过刑事处罚的"和"被开除公职的"两种情形的基础上，在第4条第3项、第4项又增加"被人民法院纳入失信被执行人名单的"和"因受惩戒被免除人民陪审员职务的"两种情形。

一"降"指的是对于担任人民陪审员的文化程度的要求有所降低。《实施办法》第1条第2款规定，"担任人民陪审员，一般应当具有高中以上文化学历，但农村地区和贫困偏远地区德高望重者不受此限"。相比于《关于完善人民陪审员制度的决定》所要求的"担任人民陪审员，一般应当具有大学专科以上文化程度"，学历要求有所降低。但是，即便如此，对担任人民陪审员的公民设置学历门槛，在实行陪审制度的各国仍属特例，也影响着陪审制度所体现的民主性和人民陪审员的广泛代表性。

在选任条件的设置上，《试点方案》提出，"人民陪审员的选任应当注意吸收普通群众，兼顾社会各阶层人员的结构比例，注意吸收社会不同行业、不同职业、不同年龄、不同性别的人员，实现人民陪审员的广泛性和代表性"。这应该成为人民陪审员选任的一般原则。

（二）改革人民陪审员的选任程序

人民陪审员选任程序的改革目标是"增加选任的广泛性和随机性，建立和完善人民陪审员随机抽选机制，提高选任工作透明度和公信度"。为此，《试点方案》和《实施办法》构建了三级随机抽选机制。

（1）抽选人民陪审员候选人：人民法院每五年从符合条件的选民或者常住居民名单中，随机抽选本院法官员额数5倍以上的人员作为人民陪审员候选人，建立人民陪审员候选人信息库。（《实施办法》第6条）

（2）确定人民陪审员人选：人民法院会同同级司法行政机关，从通过资格审查的候选人名单中以随机抽选的方式确定人民陪审员人选，由院长提请人民代表大会常务委员会任命。同时人民法院建立人民陪审员信息库，制作人民陪审员名册，也可以根据人民陪审员专业背景情况，结合本院审理案件的主要类型，建立专业人民陪审员信息库。（《实施办法》第8条、第9条）

（3）确定参与具体案件审理的人民陪审员：参与合议庭审理案件的人民陪审员，应当在开庭前通过随机抽选的方式确定。人民法院可以根据案件审理需要，从人民陪审员名册中随机抽选一定数量的候补人民陪审员，

并确定递补顺序。(《实施办法》第 16 条)

同时，当事人有权申请人民陪审员回避。人民陪审员回避事由经审查成立的，人民法院应当从候补人员中确定递补人员。

（三）规定人民陪审员的参审范围

哪些案件可适用人民陪审员制度审理?《实施办法》采用两种方式作出规定。一种是指导性，明确列举原则上应当由人民陪审员参与审理的案件范围，《实施办法》将其细化为三种情形：涉及群体利益、社会公共利益、人民群众广泛关注或者其他社会影响较大的刑事、行政、民事案件；可能判处十年以上有期徒刑、无期徒刑的刑事案件；涉及征地拆迁、环境保护、食品药品安全的重大案件。另一种是赋予当事人申请人民陪审员参与审判的权利，即第一审刑事案件被告人、民事案件当事人和行政案件原告有权申请人民陪审员参加合议庭审判。人民法院接到申请后，经审查决定适用人民陪审员制度审理案件的，应当组成有人民陪审员参加的合议庭进行审判。

（四）改革人民陪审员的参审机制

为改变以往人民陪审员陪而不审、审而不议等现象，防止人民陪审员演变成"驻庭陪审""编外法官"，《实施办法》第 14 条要求人民法院结合本辖区实际情况，合理确定人民陪审员每人每年参与审理案件的数量上限，并向社会公告。

关于参与庭审的人民陪审员的人数，《试点方案》与随后出台的《实施办法》出现了小小的分歧：《试点方案》第 2 条第 4 款提出，"探索重大案件由 3 名以上人民陪审员参加合议庭机制"，而《实施办法》第 15 条规定"适用人民陪审制审理第一审重大刑事、行政、民事案件的，人民陪审员在合议庭中的人数原则上应当在 2 人以上"。前者可能是为提高人民陪审员在合议庭中的权重而采取的积极举措，后者更可能是对现实的妥协。

《试点方案》提出要"健全人民陪审员提前阅卷机制，人民法院应当在开庭前安排人民陪审员阅卷，为人民陪审员查阅案卷，参加审判活动提供便利"。此举显然是为了强化人民陪审员对案件判决的实质性影响以及在评议过程中的发言权。然而，人民陪审员阅卷的机制设计，仍要面对两个质疑：第一，无论是英美等国的陪审团，还是法德等国的参审制，西方发达国家的陪审员，均没有陪审员提前阅卷的规定，德国则明确禁止陪审员提前阅卷。《法国刑事诉讼法典》第 347 条规定，重罪法庭不能将案卷带入评议室。[1]德国虽然采案卷移送制度，但案卷之内容原则上不得用为裁判之根据。在阅览案卷的主体方面，立法也有严格的限制：由于担心陪审员不自觉地受到影响，因此陪审员原则上不得接触案卷。[2]第二，十八届四中全会《决定》提出要"推进以审判为中心的诉讼制度改革"。人民陪审员阅卷的做法明显与目前正在着力推进的"以审判为中心"的改革背道而驰。

（五）推进人民陪审员的职能改革

为充分发挥人民陪审员参加审判工作的优势，《试点方案》提出要开展试点，积累经验，逐步探索实行人民陪审员不再审理法律适用问题，只参与审判事实认定问题，充分发挥人民陪审员富有社会阅历、了解社情民意的优势，提高法院裁判的社会认可度。

据此，《实施办法》进行了较为细化的规定：合议庭评议案件前，审判长应当归纳并介绍需要通过评议讨论决定的案件事实问题，必要时可以以书面形式列出案件事实问题清单（第 23 条第 1 款）；合议庭评议时，审判长应当提请人民陪审员围绕案件事实认定问题发表意见，并对与事实认定有关的证据资格、证据规则、诉讼程序等问题及注意事项进行必要的说明，但不得妨碍人民陪审员对案件事实的独立判断（第 21 条）；合议庭评议案件时，一般先由人民陪审员发表意见（第 23 条第 2 款）；人民陪审员应当就案件事实认定问题发表意见并进行表决，可以对案件的法律适用问题发表意见，但不参与表决（第 22 条）；人民陪审员和法官共同对案件事实认定负责，如果意见分歧，应当按多数人意见对案件事实作出认定，但是少数人意见应当写入笔录；如果法官与人民陪审员多数意见存在重大分歧，且认为人民陪审员多数意见对事实的认定违反证据规则，可能导致适用法

---

〔1〕参见［法］贝尔纳·布洛克：《法国刑事诉讼法》，罗结珍译，中国政法大学出版社 2009 年版，第 487 页。

〔2〕［德］克劳思·罗科信：《刑事诉讼法》，吴丽琪译，法律出版社 2003 年版，第 430 页。

律错误或者造成错案的，可以将案件提交院长决定是否由审判委员会讨论（第 23 条第 3 款）；人民陪审员应当审核裁判文书文稿中的事实认定结论部分并签名（第 24 条）。

这种借鉴英美陪审团制度中法官与陪审团职能分工的思路出发点无疑是值得肯定的。然而，在中国的语境下，这一设计必然面对一些问题。比如，我国一向没有严格区分"事实"问题与"法律"问题的传统，对于即便是在英美法中也说不清道不明的这种两分法，区分的标准是什么？如果没有标准，或者标准不够明确，造成司法实践中解释上的随意性，必将进一步压缩人民陪审员的作用空间，走向改革目标的反面。

二、改革试点的主要成效

根据最高人民法院 2016 年 6 月 30 日在第十二届全国人民代表大会常务委员会第二十一次会议上所作的《关于人民陪审员制度改革试点情况的中期报告》，从整体情况来看，试点工作呈现"四个转变"，即，人民陪审员选任方式主要由组织推荐产生向随机抽选转变，人民陪审员参审职权由全面参审向只参与审理事实问题转变，人民陪审员参审方式由 3 人合议庭模式向 5 人以上大合议庭陪审机制转变，人民陪审员审理案件由注重陪审案件"数量"向关注陪审案件"质量"转变。从人民陪审员数量变化情况来看，截至 2016 年 4 月底，50 家试点法院全部按要求完成人民陪审员选任工作，新选任人民陪审员 9673 人，人民陪审员总数达到 13 322 人，为法官员额数的 4.3 倍。一大批通民情、知民意、接地气的普通群众被选任为人民陪审员，人民陪审员来源更加广泛，结构更加合理。从参审案件情况来看，人民陪审员共参审刑事案件 10 002 件，民事案件 59 616 件，行政案件 4711 件，占一审普通程序案件总数的 73.2%，其中约 25% 的参审案件以调解、撤诉结案，涉及群体利益、社会公共利益等社会影响较大的案件 1707件。具体说来，改革试点主要取得以下方面成效。

（一）扩大了人民陪审员选任范围

一是落实人民陪审员选任条件改革"一升一降"，完善人民陪审员选任条件。试点法院落实《试点方案》提高人民陪审员任职年龄、降低对人民陪审员文化程度的要求，在农村地区和贫困偏远地区适当放宽学历要求，让一些学历不高但公道正派、德高望重的群众进入人民陪审员队伍。试点地区高中及以下学历的人民陪审员从改革前的 18.3%增至 38.5%，其中，广西崇左市中级人民法院高中及以下学历人民陪审员比例增长 4 倍。试点地区人民陪审员平均年龄 45 岁，新选任的人民陪审员均为 28 岁以上。通过提高任职年龄、降低学历条件，更多的普通群众加入人民陪审员队伍，人民陪审员社会阅历丰富、熟悉社情民意的优势得到充分发挥。

二是实行随机抽选，提高选任工作的透明度和公信度。落实随机抽选，严把选任入口关，实现选任理念由"方便""好用"向"广泛""随机"转变。试点法院从辖区内常住居民或选民名单中随机抽选当地法院法官员额数 5 倍以上的人员作为人民陪审员候选人，再从审核通过的名单中随机抽选不低于法官员额数 3—5 倍的人员作为人民陪审员。普通群众在新增人民陪审员中的比例达到 88%，比改革前提高了 9 个百分点。同时，加大与公安、司法行政机关等部门的沟通协调力度，抓好海选、初选、审核、任命等关键环节，加强人民陪审员资格审查。北京、福建、广西、陕西等地试点法院组成督察组，邀请人大代表、政协委员、专家学者以及新闻媒体等全程见证抽选过程，确保选任程序公开公正。

三是探索分类抽选，提升人民陪审员的广泛性和代表性。试点法院根据人口数量、性别比例、地区特点、行业分布、民族结构、案件类型等因素，积极探索建立分类随机抽选机制，妥善解决人民陪审员分布不均、结构失衡、参审不便等问题。黑龙江绥棱县人民法院、江苏苏州吴中区人民法院根据不同社区、乡镇的具体情况，分别确定相应的选任人员比例。陕西省高级人民法院联合省妇联出台意见，加强女性人民陪审员选任工作，新选任的女性人民陪审员占 36.3%。河南西峡县人民法院在偏远山区乡镇根据基层党组织推荐，吸收 10 名高中以下学历、公道正派、德高望重的人员担任人民陪审员。为提升人民陪审员在疑难复杂案件中的事实认定能力，部分试点法院还结合知识背景和从业经历，对具有建筑、会计、医疗、金融等专业知识的人民陪审员选任机制进行了积极探索。

（二）完善了人民陪审员参审机制

一是合理确定并适当扩大参审案件范围，充分发扬司法民主。对涉及群体利益、社会公共利益的，人民群众广泛关注或者其他社会影响较大的第一审刑事、民事、行政案件，以及可能判处十年以上有期徒刑、无期徒刑的第一审刑事案件，应当由人民陪审员和法官共同组成合议庭审理；第一审刑事案件被告人、民事案件当事人、行政案件原告申请由人民陪审员参加合议庭审判的，可以组成有人民陪审员参加的合议庭进行审理。江苏、山东等地试点法院将争议较大、事实认定难度大的案件确定为适宜人民陪审员参审的案件类型，在审理涉及公共安全、医患纠纷、邻里纠纷等可能引起当事人较大争议的案件，以及土地、房屋行政管理等关系广大群众切身利益的行政诉讼案件时，由人民陪审员和法官组成合议庭进行审理。

二是改革参审职权，探索事实审与法律审相分离。认真贯彻党的十八届四中全会精神，探索逐步实行人民陪审员不再审理法律适用问题，只参与审理事实认定问题。试点法院要求法官制作事实清单，对于一些事实审和法律审区分不清的问题，先纳入事实审范畴，由人民陪审员发表意见并参与表决。50 家试点法院采用事实清单方式审理案件 3374 件。北京、河北、河南等地试点法院还制定了关于事实审与法律审分离的陪审操作规程。

三是创新陪审模式，探索大合议庭陪审机制。对于涉及征地拆迁、环境保护、食品药品、公共利益、公共安全等与社会公众关系较为密切、影响较为直接的案件，以及涉及伦理、风俗、行业惯例等社会关注度较高的案件，试点法院探索由 3 名以上人民陪审员和法官组成 5 人以上大合议庭的审理机制。试点工作开展以来，试点法院共采用大合议庭陪审机制审理重大敏感案件 818 件，提升了裁判的社会认同度。

四是合理确定参审案件比例，实现人民陪审员均衡参审。试点法院根据本地区案件数量、案件类型、人民陪审员数量等，在随机抽选系统中设置 10—30 件不等的人民陪审员参审案件上限。在抽选时，将超过参审案件上限的人民陪审员自动屏蔽，优先抽选参审案件少的人民陪审员，实现人民陪审员均衡参审，防止出现"驻庭陪审""编外法官"等问题。陕西西安雁塔区、江苏南京鼓楼区等人民法院将人民陪审员便于参审的时间录入随机抽选系统，系统自动将无时间参审的人民陪审员排除在外，有效提高了抽选成功率。

五是保障实质参审权利，着力提升人民陪审员参审质量和效果。充分保障人民陪审员的阅卷、调查、发问、评议、表决等权利，细化参审工作流程，建立健全人民陪审员提前阅卷机制，在开庭前安排人民陪审员阅卷，为人民陪审员查阅案卷、参加审判活动提供便利。完善人民陪审员参加合议庭评议程序，建立人民陪审员就案件事实认定问题率先、独立发表意见的合议庭评议规则，将人民陪审员意见记入合议笔录，严格落实合议笔录和裁判文书签名确认制度，切实发挥人民陪审员作用。通过规范参审机制，试点法院从原有的注重陪审案件"数量"转变为关注陪审案件"质量"，人民陪审员"陪而不审""审而不议"的问题得到有效解决。

（三）提升了人民陪审员履职保障水平

一是改革培训机制，提升人民陪审员履职能力。最高人民法院多次就改革人民陪审员培训机制、落实培训经费、改进培训形式和培训内容、提升培训的针对性和实效性等问题进行研究部署，并举办人民陪审员示范培训班，组织编写《人民陪审员履职读本》，推动人民陪审员教育培训工作深入开展。试点法院积极转变培训理念，合理设置培训课题，更加侧重对人民陪审员权利义务、审判程序、证据认定、司法礼仪与行为规范等内容的培训，促进提升人民陪审员的履职能力。一年来，试点法院对人民陪审员岗前培训1万人次，日常培训1.2万人次。

二是经费保障，努力调动人民陪审员参审积极性。试点法院会同司法行政机关积极协调财政部门，认真落实人民陪审员经费保障规定。绝大多数试点法院落实了人民陪审员工作经费"统一管理、专款专用"的规定，将人民陪审员工作经费列入人民法院业务经费予以保障，并提高经费标准。60%的试点法院采用按件补贴、40%的试点法院采用按次补贴的方式，为人民陪审员发放陪审补助。广西上思县人民法院为人民陪审员购买意外伤害保险，山东青岛市中级人民法院、江苏盐城市中级人民法院就严格保护人民陪审员个人隐私以及人身财产安全作出规定。

三是信息化建设，为人民陪审员履职提供便利。最高人民法院研发全国统一的人民陪审员信息管理系统，推进人民陪审员管理网络化、规范化、简便化。江苏南京鼓楼区人民法院、重庆梁平区人民法院开发了人民陪审员手机应用程序，人民陪审员可凭个人密码登录人民陪审员网络平台，查看法院同步扫描的参审案件电子卷宗。江苏、山东等试点法院还采取远程阅卷、电子签章等方式，为人民陪审员参审提供便利。

（四）加大人民陪审员工作宣传力度

为进一步提升社会公众对人民陪审员工作的了解和认同，让人民群众成为人民陪审员制度改革试点的"主角"，各地法院加强了对试点工作的宣传。2016年5月，最高人民法院组织拍摄人民陪审员公益广告，在中央电视台播出，取得良好社会效果。通过官方网站、微博、微信等新媒体平台，采取进社区、进企业、访群众等多种方式，介绍人民陪审员工作基本情况，宣传典型陪审案例，不断扩大人民陪审员工作的群众基础。北京、江苏、广西等地试点法院通过制作宣传网页、纪实片、动漫短片等群众喜闻乐见的形式，用通俗易懂的语言向人民群众介绍人民陪审员选任条件、工作职责和改革情况，取得良好社会反响。《人民日报》、中央电视台等数十家新闻媒体对试点法院的改革工作进行了跟踪报道。

三、改革试点中存在的问题和困难

经过改革试点的探索，也发现人民陪审员制度改革遇到不少问题和困难。

试点方案提出了改革人民陪审员选任条件和完善选任程序的要求，拥护中华人民共和国宪法、品行良好、公道正派、身体健康、具有选举权和被选举权的年满28周岁的公民，原则上都具备担任人民陪审员的资格，但又规定一般应当具有高中以上文化学历，除非是农村地区和贫困偏远地区公道正派、德高望重者。选任程序上要求增加选任的广泛性和随机性，建立和完善随机抽选机制。例如，在案件数量持续攀升、"案多人少"矛盾日益突出的情况下，有的法院认为随机抽选人民陪审员费时、费力，有的法官则对推行大合议庭陪审机制存在疑虑，试点工作发展不平衡，个别试点法院在选任、参审、保障等方面仍有不小差距。候选人信息缺失、滞后情况严重，候选人信息来源不畅。试点法院需要动用大量人力物力采集人口信息、征求候选人意见、审核候选人资格条件，选任工作成本过高。群众参审热情有待提升，候选人不愿担任人民陪审员的比例较高。部分地区由于地域面积较大、交通不便等因素，通过随机抽选产生的人民陪审员参审困难。

以入选试点法院的南京市鼓楼区人民法院为例，随机抽选的数据源从哪里来，有两种选择：公安系统的常住人口名单，或者选民名单。由于鼓楼区是由两区合并而成（2013 年下关区与老鼓楼区合并成为新的鼓楼区），选民名单不完备，于是鼓楼区人民法院选择了公安系统的常住人口名单。原有的 110 名人民陪审员任期还没有结束，鼓楼区人民法院决定用随机摇号的方法再增选 100 名人民陪审员。既然是随机，被抽中的人只要愿意担任人民陪审员，就不能再以其他理由拒绝。鼓楼区 28 周岁以上、65 周岁以下的常住人口有 40 多万人，从中第一轮随机摇出 500 人，经过资格审查和征求意见，同意担任人民陪审员的只有 136 人。鼓楼区人民法院再进行第二轮随机摇号，从这 136 人中产生了 100 名人民陪审员。其实，随机抽选和征求意见，二者本身存在矛盾。[1]

改革试点过程中遇到的另一个比较复杂的难题是如何区分事实审和法律审。人民陪审员参审职权改革，要求案件主审法官准确厘清案件事实问题和法律问题，指引人民陪审员参与庭审、合议。但在司法实践中，案件事实认定问题与法律适用问题往往相互交织，难以完全区分开来。虽然试点法院积极探索采用事实清单、问题列表等方式区分事实问题和法律问题，但在我国三大诉讼法未明确区分事实审和法律审的情况下，如何区分事实认定问题和法律适用问题，还有待进一步探索。

---

〔1〕 参见谭畅："人民陪审的南京试验"，载《南方周末》2017 年 10 月 12 日，第 17 版。

第七章

人民陪审员参与审判的功能

一、西方陪审制度的功能

无论如英美等国采陪审团制度，还是如法德等国采参审制度，陪审制度所承载的功能无非具有以下几个方面。

（一）扩大司法的民意基础

扩大司法的民意基础，在专业的司法过程中引入普通的民众判断，防止司法无视社会主流价值观的发展而故步自封，这是陪审制度的重要功能之一。"陪审团的基本特征显然在于被告人与控告者之间介入了一群外行人的常识判断，以及由社区参与并共同承担由该组织确定是否有罪所产生的责任。"[1]司法的特性是排斥外部干扰，固守特定的价值观。其优点是强化了司法的自治，缺点是法官容易在长期的职业生涯中丧失普通的民众情感，养成僵化、冷漠、机械的职业惯性。而民众的参与恰恰可以撕开司法冷冰冰的面纱，在每一次具体的、独特的、新鲜的案件处理活动中注入鲜活的民众情感和价值判断，使"法理"不再游离于"人情"之外，让冷冰冰的司法有了温度。

（二）分担和转移法官的负担

纪伯伦曾经说过："把手指放在善恶交界之处，可以碰触上帝的袍服。"善恶之间的定夺，本是上帝的权柄，因此法官所行原本是上帝之事，是那"把手指放在善恶交界之处"的人——轻者，定分止争；中者，断人毁誉；

---

〔1〕 See Williams v. Florida, 399 U. S. 78 (1970).

重者，判人生死。[1]西方基督教文化中又有"血罪"之说，即任何形式的杀人、流他人血的行为，无论是合法还是非法，包括法官判决死刑，都被视为罪孽，要遭受地狱之灾。[2]19 世纪的刑法史学家斯蒂芬甚至认为陪审团审判其实是一种责任转移机制，通过迫使其他主体（陪审员）承担全部或者部分最终判决的责任来安慰法官："毋庸讳言，维持陪审团审判对法官比对其他社会成员更具有重要性。它把法官从仅仅根据自己的意见来决定被告人有罪或者无罪的责任中挽救出来——这对许多人而言是一种沉重和痛苦得不堪忍受的负担。"[3]

在当下的中国，上述观念虽然缺乏一定的文化背景，但并非没有现实意义。在社会转型期，利益结构重新调整，相关法律并不总是能够同步跟进，各类社会矛盾十分突出。司法作为社会矛盾的主要解决方式，面对的是非常复杂的利益格局，承受着极大的压力，自身也经受着严峻的考验。尤其是在严重的刑事案件中，特别是可能判处死刑的案件中，在一个大多数国家都已经废除死刑的时代，司法所承受的压力可想而知。在这种情况下，陪审员以公民身份进入法庭，并在死刑案件的定罪和量刑中发挥实质性作用，不仅具有贯彻司法民主的意义，还可以分担和转移法官的责任，在一定程度上减少国际社会中死刑问题上对中国的非议和责难。

（三）体现同侪审判的精神

早在 1215 年，英国《大宪章》第 39 条就表达了这样的思想："凡自由民，非经其具有同等身份的人依法审判，或者根据王国法律，不得加以逮捕、监禁、没收财产……"此后，受到"具有同等身份的人"的审判，就成为被告人的一项权利。被告人与"具有同等身份的人"之间有着大体类似的生活背景，分享着大体相同的社会经验和价值判断，因而更容易达成共识与沟通，也更能够理解被告人在特定情境下的行为选择。由他们对被告人的行为性质作出判断，也更加合理、公正。在"同侪审判"的精神下，

---

〔1〕 陈长文、罗智强：《法律人，你为什么不争气——法律伦理与理想的重建》，法律出版社 2007 年版，第 211 页。

〔2〕 See James Q. Whitman, *The Origins of Reasonable Doubt: Theological Root of the Criminal Trial*, Yale University Press, New Haven 2007, p. 35.

〔3〕 Stephen, *A History of the Criminal Law of England*（Volume I）, Nabu Press, 2010, p. 573.

被告人有时候还可以通过行使无因回避权在一定程度上选择审判他的人。如果被告人得到了一个不利判决，而作出这个判决的人是被告人自己选定的，那么在一定程度上更有利于被告人接受判决结果。

（四）教育功能

日本在颁布《日本裁判员法》之前，改革的主导者"司法制度改革审议会"向内阁提交《司法制度改革审议会意见书》，提议设置国民直接参与刑事审判的制度，希望"如果国民与法曹一起广泛地运行司法，司法与市民的接触点将越来越厚重而广泛，可以促进国民对司法的理解，国民更容易了解司法和裁判的过程。这种改革的结果将使司法的国民基础更加坚实"。[1] 在刑事审判中，公民个人实质性地参与到案件的审理活动中，可以增进对相关实体法和程序法的了解和理解，提高公民对司法的信任，这对于提高司法公信力，无疑具有积极的作用。

二、我国人民陪审员制度的功能

根据调研了解的情况，在本轮人民陪审员制度改革试点之前，实践中不少地方由于法院人手不足，人民群众参与陪审的热情不高，少数热心审判工作的人民陪审员常驻法院，成为"编外法官"。还有部分地区出现人民陪审员名利化的现象，将人民陪审员的头衔作为政治待遇，"授予"县委委员、政府官员、人大代表。上述现象的出现，固然有制度原因。例如，根据2004年《关于完善人民陪审员制度的决定》第4条、第6条、第8条和第16条，以及《法官法》第9条、第10条和第11条的规定，人民陪审员的资格条件、任免程序和任期与法官大同小异，甚至可以对表现突出的人民陪审员进行表彰和奖励。这种做法，无疑混淆了人民陪审员与法官之间的区别，导致实践中人民陪审员演变成"编外法官"。总体来说，上述现象的出现，仍是对人民陪审员制度的功能没有清晰的认识所致。因此，改革和完善人民陪审员制度的第一步，必须对其功能作出准确的定位。以此为基础，人民陪审员制度的各项机制改革才能找到正确的方向。

---

〔1〕 ［日］田口守一：《刑事诉讼法》，张凌、于秀峰译，中国政法大学出版社2010年版，第215页。

2018 年通过的《人民陪审员法》第 1 条规定："为了保障公民依法参加审判活动，促进司法公正，提升司法公信，制定本法。"在 2017 年 12 月 22 日召开的第十二届全国人大常委会第三十一次会议上，最高人民法院院长周强就《中华人民共和国人民陪审员法（草案）》作说明，"制定一部专门的人民陪审员法，有利于扩大司法领域的人民民主，切实保障人民群众对审判工作的知情权、参与权、监督权……实现司法专业化判断与群众对公正认知的有机统一，让人民群众在每一个司法案件中感受到公平正义"；"人民陪审员制度是社会主义民主政治的重要内容，是中国特色社会主义司法制度的重要组成部分，也是社会主义民主制度在司法领域的重要体现……长期以来，人民陪审员制度在推进司法民主、促进司法公正、提高司法公信等方面一直发挥着重要作用"。因此，推进司法民主、促进司法公正、提升司法公信，既是对人民陪审员制度改革目标的表述，也是对人民陪审员制度功能的期待。

然而，人民陪审员制度是否应当承载某些其他的功能，例如人力补充功能，目前理论界和实务界仍有争议。此问题产生的背景是近年来案多人少的问题日渐突出。仅以刑事案件为例。1995 年，公安机关刑事案件立案数是 1 690 407 件，2013 年达到 6 598 247 件，不到 20 年的时间里翻了将近两番。[1]水涨船高，法院刑事一审案件收案数也持续上扬。图 3-1 显示的是 1995—2015 年法院一审案件收案数。1995 年，法院刑事一审案件收案数为 495 741 件，2014 年人民法院刑事一审案件收案数已突破百万大关，达 104 万件，2015 年则达到 1 126 748 件，增幅约为 127.29%。再看法院人数变化。1995 年，全国法院总人数为 280 512 人，法官人数为 168 571 人。[2]2013 年，全国法院总人数为 33 万人，法官人数约为 19.6 万人。[3]

---

〔1〕 数据来源于 1996 年至 2014 年的《中国法律年鉴》。

〔2〕 20 世纪 90 年代以后，最高人民法院基本上没有正式地、系统地公布过审判人员的人数，因此本书列举的法院干警人数和法官人数只能根据公开报道或者发表的相关数据进行推算。关于 1995 年全国法官人数，根据最高人民法院政治部《〈法官法〉实施十年之回顾与进展》（载《法官职业化建设指导与研究》2006 年第 1 辑），该文指出 "1995 年法官法实施前，全国法官中研究生 354 人，仅占法官总数的 0.21%"。据此推算，全国法官总人数为 168 571 人。

〔3〕 "我国法官人数已达到 19.6 万人，约占全国法院总人数的 58%"，载新华网，http://news.xinhuanet.com/legal/2013-07/25/c_116690358.htm，最后访问时间：2016 年 1 月 25 日。

2014 年，全国法院总人数为 36 万，法官人数为 19.88 万人。[1]近 20 年的时间里法官人数增幅仅为约 18.6%，远远跟不上一审案件收案数的增幅。自 2014 年开始，法官员额制改革先后分三批在全国法院展开试点，至 2017 年 6 月最高人民法院入额遴选工作收官，全国法院共遴选产生 12 万余名员额法官。

　　当然，人案矛盾的产生，案件量增加固然是主要原因，现行的司法体制和工作机制，以及相关的程序制度也在无形中作了推手。员额制改革前，全国各级法院工作人员中约 58% 是法官，其中又有相当一部分任职于综合业务部门和行政部门。同时，法院内部司法辅助人员配备普遍不足，大量事务性或程序性工作只能由法官承担。审判业务之外，法官还要面对来自各方面的业绩考核压力，相当一部分精力消耗在劝访息诉等业务外事务。[2]现有的程序制度也不利于缓解人案矛盾。从垂直的审级制度看，除第一审外，第二审程序和死刑案件中的死刑复核程序都实行"全面审查"原则，均为"事实审"，各级法院无论审级高低，都在事实问题上牵扯大量的时间和精力。水平方向上，十八届四中全会《决定》提出"推进以审判为中心的诉讼制度改革"。依据学界共识，除理顺侦查、审查起诉和审判三者关系外，"以审判为中心"改革将会落脚于庭审实质化，强化庭审的质证、辩论，最终的着力点是推动证人、鉴定人出庭作证。"以审判为中心"改革的提出，以防范冤假错案为出发点，切中目前刑事诉讼纵向结构的时弊。然而，这一改革如果落到实处，意味着单位案件的审理必将耗费更多的人力、物力和时间成本，这对于缓解人案矛盾，并非利好消息。

　　针对上述情况，在人民陪审员制度实践中，逐渐出现以人民陪审员作为法官人力补充的倾向。例如，本轮人民陪审员制度改革之前，全国范围内的陪审实践推进慢，有的法院热衷于使用陪审员以解决"案多人少"压力。[3]

---

　　〔1〕　数据来源于时任最高人民法院司法改革领导小组办公室规划处处长何帆在 2015 年珞珈法学论坛上的发言。"何帆：法院'案多人少'的八大原因｜2015 年珞珈法学论坛实录"，2015 年 12 月 3 日刊发于"武大大海一舟"微信公众号。

　　〔2〕　参见林娜："案多人少：法官的时间去哪儿了"，载《人民法院报》2014 年 3 月 16 日，第 2 版。

　　〔3〕　参见谭畅："人民陪审的南京试验"，载《南方周末》2017 年 10 月 12 日，第 17 版。

然而，1999 年最高人民法院起草的《关于完善人民陪审员制度的决定（草案）》原第 15 条明确规定，"一名人民陪审员每年参与陪审案件不得超过 10 件"，目的是"防止有的人民陪审员长期不参加陪审，有的则长期、固定地参与陪审"，只因部分人大常委会委员认为"一年陪审 10 个案件，数量太多，恐怕难以承担"，该规定最终被删除。[1] 由此可见，人民陪审员作为"后备法官"的人力补充功能在立法者那里并没有得到有意识的认可。

三、死刑案件中人民陪审员参审的特殊功能

死刑在当今世界是一个极富争议的政治法律议题。反对死刑的阵营和支持死刑的阵营分执一端，各有不容反驳的理由。但是，在中国短期无法废除死刑的前提下，我们研究死刑问题的着眼点，不应局限于死刑存废的二元逻辑，更应本着务实的精神在现有的制度框架下寻求实现死刑质量与数量控制的具体路径。然而，冷冰冰的现实是，再完美的司法制度也无法完全避免错案的发生，死刑错案更因其后果的严重性和不可挽回而给一国的政治法律体系带来激烈的冲击。退一步讲，即使不出现错案，在世界上大多数国家已经废除死刑的背景下，中国长期在死刑执行数量上保持高位，也难免成为众矢之的。在这种情势下，探讨如何消减对死刑适用的正当性责难和分化转移死刑错判的风险，也许更为务实。

（一）死刑案件的宏观权力配置

从中国死刑政策发展的历史脉络，可以看到两个清晰的趋势：一是死刑决定权逐渐从地方向中央转移；二是死刑决定权从行政系统剥离，向司法机关转移。

1. 从秦汉到明清：地方政府向中央政府转移

秦汉时期，郡守一级即可杀人，不必奏请皇帝核准。到了隋朝，死刑最终决定权已经转移到中央政府。开皇十二年（公元 592 年），"诏诸州死

---

[1] 参见彭小龙："人民陪审员制度的复苏与实践：1998—2010"，载《法学研究》2011 年第 1 期。

罪不得便决，悉移大理案覆，事尽然后上省奏裁"。[1]即诸州判决的死刑案件，不能立即生效，须由大理寺复审。大理寺审结的死罪案件，还须经尚书省复核，最后再报皇帝核准。开皇十五年（公元595年）制，"死罪者三奏而后决"。[2]即对于死刑已经定判的案件，行刑前又必须奏请皇帝再次核准，这是中国古代独特的死刑复奏制度。及至明清，演变出更加完备的朝审和秋审制度。对于不必立即处死的案件，则分别情况，作出不同处理：情实、缓决、可矜、留养承祀，最后奏请皇帝审批。[3]

2. 从晚清到民国：行政机关向司法机关转移

鸦片战争以后，西方列强通过不平等条约，攫取了在华领事裁判权，严重损害了中国的司法主权。1902年，清政府得到列强附条件放弃领事裁判权的承诺，成为开启晚清司法改革的契机。1906年，清廷宣布预备立宪，司法改革随之纳入预备立宪的轨道。在中国传统政治体制下，行政司法不分，在中央，刑部、大理寺、都察院虽号称"三法司"，但它们在主理司法事务的同时，也具有诸多行政职能，其他行政机关也具有一定的司法权。根据当时的中央官制改革方案，"刑部著改为法部，专任司法，大理寺著改为大理院，专掌审判"。[4]原先由中央三法司分享的司法权，转而由法部、大理院分担。官制改革方案并未彻底厘清法部和大理院的权力边界，导致部、院在一系列重要问题上发生激烈冲突，史称"部院之争"。

部院之争的焦点之一，是死刑案件的权力分配问题。在传统的司法体制中，刑部在死刑复核程序中处于中枢地位，是死刑判决的拟定者。官制改革之后，重案复核权转由法部行使，法部实际上成为凌驾于大理院之上的最高审级，这与司法独立的精神无疑是相违背的。在部院之争中，大理院打出"裁判独立"的大旗，对法部行使死刑案件复核权提出质疑。1910

---

〔1〕《隋书》卷二五，《刑法志》。

〔2〕《隋书》卷二五，《刑法志》。

〔3〕情实即罪情确实，刑罚恰当，应予处决；缓决即有需要考虑的问题，暂缓处决，等下次秋审再定；可矜即老幼废笃疾及有其他值得同情的情节，可免死；留养承祀即家中无人奉养父母和继承祭祀，可免死。参见陈光中、沈国峰：《中国古代司法制度》，群众出版社1984年版，第158—162页。

〔4〕"裁定奕劻等核拟中央各衙门官制谕"，载故宫博物院明清档案部编：《清末筹备立宪档案史料》，中华书局1979年版，第464页。

年2月7日，《法院编制法》奏准颁行，从组织法的角度对审判权与司法行政权作出了原则性的界定。随后出台的《死罪施行详细办法》则从诉讼程序上明确了审判机关与司法行政机关的职权及其界限，有关死刑复核权问题的争论才最终在制度上有了一个交代。《死罪施行详细办法》在死罪案件的奏报与执行程序上借鉴了西方刑事诉讼制度，死罪案件宣告后，检察官要将诉讼记录向司法大臣汇报，未得到司法大臣命令前不得执行死刑。审判权与行政权在死罪案件上的界限是：审判各官的职权，止于按律定罪，定罪后一切上奏、施行、审察事务，则纯属行政范围。[1]

《死罪施行详细办法》奠定了死刑案件权力配置的基本格局，历经北洋政府、民国时期。直到今天，我国台湾地区的死刑案件中基本上保持着这种权力分配格局。

3. 根据地时期到中华人民共和国成立初期：两个方向上的转移

从1928—1931年，中国共产党在广大农村地区相继成立苏维埃政权。中华苏维埃共和国临时中央政府成立后，在中央设最高法院，在省、市、县、区设裁判部。1932年井冈山根据地《中华苏维埃共和国裁判部暂行组织及裁判条例》规定："凡判决死刑的案件，虽被告人不上诉，审理该案件的裁判部也应把判决书及该案件的全部案卷送给上级裁判部批准。"[2]因此在这一时期，死刑案件的决定权很大程度上还保留在地方裁判部。

抗战时期，陕甘宁边区的司法制度遵从《中华民国法院组织法》，边区高等法院（延安）形式上居于国民政府最高法院之下；在延安设地方法院，在各县政府中设司法处，受理辖区内第一审民事、刑事案件。[3]形式上是三级三审，但由于边区政府实际上的独立地位，边区司法体系仅有两级，实行两级两审制。但是，边区政府也领导并具体参与司法，成为变通的三级三审。边区政府享有对死刑案件的最终审核权，并有权在审核中改变量刑。但中央和军委在一些影响重大的案件中也会参与核准，如著名的黄克

---

〔1〕 参见张从容：《部院之争：晚清司法改革的交叉路口》，北京大学出版社2007年版，第173—174页。

〔2〕 参见罗智勇："死刑复核应当以诉讼的方式进行"，载《法学杂志》2006年第4期。

〔3〕 1949年以后，各县司法处先后改称为人民法院。参见艾绍润编著：《陕甘宁边区审判史》，陕西人民出版社2007年版，第31页。

功案中，边区高等法院对黄克功处以死刑的决定，就是经过中央和军委的核准。[1]

新中国成立后，1950 年召开的全国政法会议规定："一般死刑案件由省级以上人民法院核准执行，重大案件送请上级人民法院核准执行。"同年政务院通过的《人民法庭组织通则》以及政务院和最高人民法院联合发布的《关于镇压反革命活动的指示》均规定，县（市）人民法庭（分庭），由省人民政府或省人民政府特令指定的行政公署，大行政区直辖市人民法庭（分庭）判处死刑的，由大行政区人民政府（军政委员会）批准，中央直辖市判处死刑的，由最高人民法院院长批准。死刑复核权开始由人民政府执掌，向法院执掌过渡。

1954 年第一届全国人民代表大会第一次会议通过《宪法》和《人民法院组织法》，死刑复核权才完全转移到法院（最高人民法院和高级人民法院）。1956 年中共八大通过的《关于政治报告的决议》规定："需要处死刑的案件，应当一律归最高人民法院判决或者核准。"1957 年修改后的《人民法院组织法》规定："判处死刑立即执行的案件统一由最高人民法院复核和核准，判处死刑缓期二年执行的案件由高级人民法院复核和核准。"至此，由最高人民法院统一核准死刑立即执行案件的原则正式在法律中确立。

4. 改革开放后：死刑核准权的放与收

1979 年，第五届全国人民代表大会第二次会议通过《刑法》《刑事诉讼法》和《人民法院组织法》，均秉承中共八大精神，规定死刑案件由最高人民法院核准。

改革开放初期，社会治安形势恶化，中央高层决定出台"严打"措施予以应对。1983 年 9 月 2 日，第六届全国人大常委会第二次会议通过了修订《人民法院组织法》的决定。以修订后的《人民法院组织法》第 13 条为依据，最高人民法院先后八次授权高级人民法院核准死刑。当时全国有 31 个高级人民法院，加上解放军军事法院，这意味着除最高人民法院外，全国还有 32 家法院可以行使死刑核准权。如此众多的主体分散行使死刑核准权，中国刑法关于死刑的规定又比较原则，各个高级人民法院辖区内的

---

[1]　参见汪世荣等：《新中国司法制度的基石》，商务印书馆 2011 年版，第 139 页。

社会、经济发展水平，社会治安情况各不相同，不可避免地造成各省适用死刑的标准不统一。

在学界和社会各界的推动和呼吁下，2004 年年底，中央司法改革领导小组提出了关于司法体制和工作机制改革的初步意见，要求改革授权高级人民法院行使部分死刑案件核准权的做法，将死刑案件核准权收归最高人民法院行使。《人民法院第二个五年改革纲要（2004—2008）》明确提出，改革和完善死刑复核程序，由最高人民法院统一行使死刑核准权。2006 年 10 月 31 日第十届人大常委会第二十四次会议通过《全国人民代表大会常务委员会关于修改〈中华人民共和国人民法院组织法〉的决定》，将死刑核准权收归最高人民法院统一行使。

实际上，"统一"适用死刑标准是中央集权的单一制国家的必然要求。中国死刑决定权经过历史的演变和反复最终集中于最高司法机关，即最高人民法院，在某种程度上实属必然。

（二）死刑案件的微观权威结构

即使不能令出一家，政策统一的需要也往往要求组织结构上的"集中"。在中国侦查力量和起诉力量的组织上，"集中"是一个基本的结构原则。这种"集中"表现在两个方面：一是刑事诉讼中侦查主体和起诉主体的最小单元是"公安机关"和"人民检察院"，几乎所有对外具有诉讼意义的行为或决定都由机关整体统一作出，并不凸显作为个体的侦查人员和检察官。二是全国的公安机关和检察机关按照规整的等级结构形成了统一的公安系统和检察系统。居于金字塔顶端的公安部和最高人民检察院不仅可以对地方各级公安机关和检察机关发布具有约束力的一般性规范，而且可以在个案的处理上作出指示。

审判独立的要求会产生一定的"离心"效应，但也并未阻止中国的审判权威走向集中化。与西方法官个体即可作出有法律效力裁定的传统不同，[1]中国刑事诉讼中审判力量的最小单位是审判庭，包括独任庭和合议庭。但是，在 2013 年法院系统进行审判权力运行机制改革，以参审人员签署制取

---

[1] 例如，英美的治安法官、法国的预审法官、德国的侦查法官和意大利负责审前阶段的法官均可在审前作出一系列具有法律效力的行为，例如签发逮捕令、搜查令，决定是否保释等。

代裁判文书签发制以前，即便是审判庭作出的裁判，也需要主管庭长和主管院长行政式的审批才能对外发布。重点案件还要上报审判委员会，对于审判委员会的决定，合议庭只能"执行"。[1]此外，如同任何具有中央集权传统和重视政策统一的国家一样，为了对抗审判独立可能产生的离心效应，中国也设有完整的上诉制度。[2]上诉制度不仅被理解为对当事人的救济，同时也被设计为上级法院对下级法院的判决进行监督审查的机制。因此，中国的立法对当事人的上诉持鼓励态度，上诉被设计成为一种低成本、低风险的诉讼行为——上诉不需要说明理由，而且上诉审实行"上诉不加刑"原则以消除当事人的后顾之忧。在死刑案件中，在普通的两个审级之外，还设置一个自动启动的强制性的死刑复核程序，由最高人民法院统一对死刑的适用进行审核。

在审理范围上，第二审实行"全面审查"原则，可以对一审判决认定的事实、适用的法律、量定的刑罚进行全面、综合地审查，不受上诉范围的限制。第二审不仅是对案件的重新审判，同时也是第一审的继续，可以接受新的证据，审理新的事实。死刑复核程序的审查范围，刑事诉讼法没有明确规定，但《最高人民法院关于适用〈中华人民共和国刑事诉讼法〉的解释》第427条第1款规定："复核死刑、死刑缓期执行案件，应当全面审查以下内容：（一）被告人的年龄，被告人有无刑事责任能力、是否系怀孕的妇女；（二）原判认定的事实是否清楚，证据是否确实、充分；（三）犯罪情节、后果及危害程度；（四）原判适用法律是否正确，是否必须判处死刑，是否必须立即执行；（五）有无法定、酌定从重、从轻或者减轻处罚情节；（六）诉讼程序是否合法；（七）应当审查的其他情况。"由此可见，死刑复核程序实际上奉行的也是"全面审查"原则，其审查范围涵盖案件事实、证据、情节、法律适用、诉讼程序等可能影响死刑适用的方方面面。

由于判决中认定的事实会受到来自上级法院甚至最高人民法院的全面审查，为了最大限度地减少判决被撤销、被改判的风险，作为应对，初审

---

〔1〕 参见《刑事诉讼法》第185条。
〔2〕 达玛斯卡教授指出，上诉制度起源于中世纪后期现代国家逐渐出现之际欧洲统治者控制以前独立的地方势力的需要，上诉制度的确立与中央集权基本上是齐头并进的。See Mirjan Damaška, "Structures of Authority and Comparative Criminal Procedure", 84 *The Yale Law Journal 480*, 1975, p. 489.

法院一般会采取两种举措。一是尽量提高事实认定在书面上的可检验性。因为外部检验标准的缺乏可能导致上级法院质疑甚至否定一审的事实认定结论，一审法官不得不将心证外化为有据可查的线索，强调证据间的客观印证，形成一种独特的"印证证明模式"。[1]因此，即使中国的刑事审判中存在自由心证，也是一种具有浓厚形式化色彩的自由心证。二是主动接受最高人民法院在事实认定方面的规范指引，偏爱细化的事实认定规则。2010年6月13日最高人民法院、最高人民检察院、公安部、国家安全部、司法部联合印发的《关于办理死刑案件审查判断证据若干问题的规定》就涉及大量的证明力判断规则。例如，《关于办理死刑案件审查判断证据若干问题的规定》第22条第2款至第3款规定："被告人庭前供述一致，庭审中翻供，但被告人不能合理说明翻供理由或者其辩解与全案证据相矛盾，而庭前供述与其他证据能够相互印证的，可以采信被告人庭前供述。被告人庭前供述和辩解出现反复，但庭审中供认的，且庭审中的供述与其他证据能够印证的，可以采信庭审中的供述；被告人庭前供述和辩解出现反复，庭审中不供认，且无其他证据与庭前供述印证的，不能采信庭前供述。"类似的规定还有第15条、第37条等。这些证明力规则的存在，实际效果是导致初审法院将部分事实认定权让渡给了上级法院。

逐级的上行审查不仅使死刑案件的权威走向"集中"，而且还形成了一种等级化的权威结构。死刑案件第一审、第二审和死刑复核程序分别构成了不同的权威层级。同时，由于第二审和死刑复核程序均在法律上或者实践中贯彻"全面审查"原则，其审查范围不限于法律问题，这意味着第二审法院或者死刑复核法院可以在事实认定、法律适用或者刑罚量定中的任何一个方面否定前一个审级的判决。因此，中国的死刑程序体系中存在一种上行的权威，审级越高，权威越大，整个程序控制体系的重心也经由第二审程序、死刑复核程序上行至最高人民法院，在死刑案件中形成了一种高度"集中"的权威结构。

（三）"集中式"权威结构之弊

以死刑适用的统一性为目标的"集中式"权威结构，理论上具有一定

---

[1] 参见龙宗智："印证与自由心证——我国刑事诉讼证明模式"，载《法学研究》2004年第2期。

的优势。由最高司法机关统一掌握死刑的核准权，有利于统一死刑适用标准，控制死刑数量。而且从死刑核准权收回最高人民法院的实际效果来看，死刑的数量确实得到了有效的控制。最高人民法院副院长姜兴长曾表示，2007年死刑数量已降至此前10年来的最低点。[1]最高人民法院一位法官也表示，2007年收回死刑核准权以来，判处死刑缓期二年执行的罪犯人数首次超过判处死刑立即执行的人数。然而，这种倚重高层统一把关的"集中式"权威结构也会带来一系列的问题。

在当今世界，全球197个国家中，立法上或者实际上废除死刑的国家有139个，其中彻底废除死刑的国家有95个，对普通犯罪废除死刑的国家有9个，事实上废除死刑的国家有35个。保留死刑的国家只有58个。[2]在全球70%的国家都已经废除死刑的国际大环境下，中国即使不出现错案，长期保持全球死刑执行数量最多的纪录，也不是一件轻松的事情。更何况，再完美的司法制度也不可能完全避免错案。美国哲学家罗尔斯认为刑事审判属于"不完善的程序正义"，也就是说，刑事审判中，即使存在一个判断结果是否正确的独立标准，也找不到一种可以保证总是实现它的程序。因此，即便法律被认真地遵守，程序被公正地实施，还是有可能得到错误的结果。[3]日本法学家团藤重光曾针对日本的司法状况指出，"目前……一、二审比从前慎重多了，所以误判比以前大为减少是可以预见的。但是，谁又能断言今后就绝无误判？固然在事实认定上，法官是受有训练，且积有经验，但只要是人就不可能断言他绝不会犯错"。[4]

古语有云，"人命至重，一死不可再生"。[5]在当代世界，死刑本身就是一个极富争议的政治法律议题，死刑的错判更会给一个国家的社会政治体系带来巨大的冲击。而中国目前死刑案件中的权威结构，不仅是把死刑

---

〔1〕 宗边："死刑核准权收归最高人民法院统一行使后死刑数量明显下降"，载《人民法院报》2007年9月6日，第1版。

〔2〕 参见死刑信息中心网，http://www.deathpenaltyinfo.org/part-ii-history-death-penalty#dp-today，最后访问时间：2014年4月3日。

〔3〕 参见〔美〕约翰·罗尔斯：《正义论》，何怀宏等译，中国社会科学出版社1988年版，第79—82页。

〔4〕 〔日〕团藤重光：《死刑废止论》，林辰彦译，商鼎文化出版社1997年版，第7页。

〔5〕 《旧唐书》卷五，《刑法志》。

案件中的权威汇集于最高人民法院，更是把错判无辜者的风险以及针对死刑本身的各种责难汇集于最高人民法院。未来经最高人民法院之手核准的案件一旦被发现为错案，首当其冲受到冲击的，必然是最高人民法院。这与刑事诉讼中设计审级制度的初衷完全背道而驰。各国司法制度合理设计审级制度的出发点之一是将社会矛盾分散化处理，增加社会不满的吸纳点和吸纳能力，尽量避免将大量社会矛盾引向中央政府。而目前中国的"集中式"权威结构正是一种将死刑案件与生俱来的各种责难和错判风险引向中央司法机关的结构，是一种名副其实的高风险结构。

（四）人民陪审员制度作为死刑权威分化的载体

在目前保留死刑的西方法治发达国家，如美国和日本，死刑案件的权威结构均以"分化"为特征。以美国为例，这种权威分化表现在：（1）刑事审判中存在事实问题和法律问题的区分，分别对应着两个不同的权威主体：陪审团和法官，在事实问题上，陪审团享有绝对的权威，在法律问题上，则属于法官的责任范围。（2）在死刑案件中区别"法理"与"人情"，分别交给不同的主体作出权威判断。在司法程序之外设置赦免制度，交给司法系统之外的行政首脑行使权威，以弥补法律缺憾，在法律之外施以仁慈。[1]（3）死刑案件的判决权和执行权分离，分别交给司法系统和行政主体行使。在美国，死刑执行命令由州长或者总统签发，监狱负责具体执行，拥有专门的死刑执行人员。（4）联邦制政治体制的存在，使美国在死刑问题上又分化形成了州和联邦两种权威。根据美国的宪政体制，对何种行为规定为犯罪、判处什么样的刑罚以及适用什么样的诉讼程序首先是州政府管理的事务，但是，如果这种管理触犯了联邦宪法及其修正案对州政府权力施加的限制，联邦法院可能会借个案加以干预。在州法院系统寻求直接上诉和人身保护令遭受失败的被告人，在穷尽了州司法系统提供的救济手段之后，还可以向联邦最高法院申请调卷令，或者向联邦法院申请人身保护令。

如果我们再把研究的触角延伸进历史的深处，就会发现，欧洲早在中

---

〔1〕 美国一位法官曾指出，"法律的范围小于正义，仁慈的范围既大于法律也大于正义，正义可以不施仁慈"。See Janice Rogers Brown, "The Quality of Mercy", *40 UCLA L. Rev.* 327（1992）.

世纪就发展出精巧的机制，以"转移"法官判决死刑的道德责任。基督教一直存在对"血"的禁忌。然而，死刑和肢体刑在 18 世纪以前一直是通行于西方世界的常规刑罚，这意味着法官如同战场上杀敌的士兵一样，都是"流他人血"的人——"凡流人血的，他的血也必被人所流"，[1]"凡动刀的，必死在刀下"。[2]因此，法官常因血罪之灾而心生恐惧。然而，犯罪必须受到惩罚。为了消除法官的道德不安，保证刑罚的落实，欧洲大陆和英格兰采取了不同的路径。欧洲大陆教会法认为，只要法官谨守法律程序，不动用自己对案件的私人知识，那么就无须恐惧"末日审判的惩罚"。这对法官来讲是救赎，对证人则是地狱。证人被迫出庭作证，陈述其亲眼看到的整个犯罪过程。在这种情况下，即使法官对无辜者作出有罪判决，也没有罪，因为杀死无辜者的不是法官，而是那些宣称其有罪的人，法官只是公正地依据法律行事。法官安然无恙，证人则受到诅咒。英格兰则是"法官的救赎，陪审团的地狱"。普通法将证人组织成 12 人的陪审团，然后强迫他们对被告人是否有罪的问题作出一个笼统的判断，从而将血罪之灾强加到陪审员头上。[3]

　　在过去几个世纪的时间里，宗教方面的疑虑已经持续减弱，人们不再担心法官会遭受天谴。然而，欧洲大陆和英格兰为转移法官的道德风险而精心设计的"避祸"机制却得以保留。在某种意义上，两种机制的核心都是一样的：强迫证人开口。只不过英格兰的陪审团在后世的发展中逐渐消除了其"证人"属性，演变成纯粹的裁判组织。然而，审判中形成的法官和陪审团的二元审判结构，使得双方能够相互转移判决的道德责任，最后达到减轻双方责任的效果。

　　综观当代保留死刑的西方法治发达国家在死刑案件权威结构中的分化设计，以及中世纪欧洲在死刑和肢体刑等"血腥审判"中转移法官"血罪之灾"的机制，可以发现其中贯穿着一条共同的思路，即将判处死刑的道德焦虑（不安）以及错判无辜者的风险通过一定的机制进行"分化"或者

---

〔1〕《旧约·创世纪》，9：6。

〔2〕《新约·马太福音》，26：52。

〔3〕See James Q. Whitman, *The Origins of Reasonable Doubt*, Yale University Press, 2007, pp. 113, 128.

"转移"，从而在死刑案件中形成一种独特的"分散式"权威结构，其效果是减轻了对法官判处死刑的道德责难，转移了错判无辜者的风险和责任。

鉴于"集中式"权威结构所带来的各种问题，并借鉴西方当代和中世纪的制度经验，改造中国死刑案件权威结构的关键词应该是死刑案件中权威的"分化"。

而人民陪审员制度可以成为死刑权威分化的一个有效载体。19世纪的刑法史学家斯蒂芬认为陪审是一种责任转移机制，通过迫使其他主体（陪审员）承担全部或者部分最终判决的责任来解脱法官："毋庸讳言，维持陪审团审判对法官比对其他社会成员更具有重要性。它把法官从仅仅根据自己的意见来决定被告人有罪或者无罪的责任中挽救出来——这对许多人而言是一种沉重和痛苦得不堪忍受的负担"。[1]尤其是在死刑案件中，"血罪和葬送（无辜）的责任被推过来、推过去，从陪审团推到法官又从法官推到陪审团；但是实际上紧紧地绑在了这两者身上，最终尤其落到了陪审员头上"。[2]

在当代，与普通刑事案件中的衰落形成对照，陪审制反而在目前保留死刑的代表性国家从无到有地确立，或者得到强化。在素无陪审传统的日本，[3]2009年开始施行"裁判员"（陪审员）制度，对于死刑案件，要求必须由3名法官和6名裁判员组成合议庭进行审理。在美国，联邦系统和保留死刑的州在1976年以后纷纷通过新的死刑成文法，将陪审团引入死刑量刑程序，打破了"陪审团负责定罪，法官负责量刑"的传统格局，即在死刑案件中，在陪审团对被告人作出有罪裁决后，再由同一陪审团决定是否对被告人判处死刑，扩展了陪审团的适用范围。[4]这些新的发展趋势，不能纯粹归结为历史的巧合。

在中国，陪审在死刑案件中并没有得到应有的重视。自1983年《人民

---

〔1〕 Stephen, *A History of the Criminal Law of England*, （Volume Ⅰ）, Nabu Press, 2010, p. 573.

〔2〕 转引自［美］詹姆士·Q. 惠特曼：《合理怀疑的起源——刑事审判的神学根基》，佀化强、李伟译，中国政法大学出版社2012年版，第24页。

〔3〕 日本历史上曾短暂地实行过陪审制。1924年，日本以英美法系的陪审制度为榜样，制定陪审法，由12名陪审员作出有无犯罪事实的判断。但在陪审法施行过程中，不少被告人拒绝陪审，愿意接受法官的审理。而且民众普遍存在严刑酷罚的观念，往往凭感情和先入为主进行判决，出现了一些错案。1942年，日本停止适用陪审法，引进美国陪审制的努力以失败而告终。

〔4〕 参见 Gregg v. Georgia. 428 U. S. 153, 188（1976）。

法院组织法》第 10 条、1996 年《刑事诉讼法》第 147 条修改之后，陪审不再是第一审法庭的必要构成形式，包括死刑案件。20 世纪末以来，社会关系变化，社会矛盾交织，人民群众对少数司法人员腐败现象和裁判不公反映强烈。在这一背景下，人民陪审员制度又开始重新受到重视。2004 年 8 月 28 日，第十届全国人大常委会第十一次会议通过《关于完善人民陪审员制度的决定》，对人民陪审员的任职条件、产生程序、参加审理案件的范围、权利义务和经费保障作出具体规定。但是，即使有陪审员参与死刑案件的审理，但由于目前司法实践中人民陪审员"陪而不审""审而不议""议而不决"的现象相当普遍，人民陪审员参与审判的实质性上存在严重的问题。这种现状，实难期待人民陪审员在死刑案件中承担起应有的社会责任。

　　强化死刑案件中的陪审功能，应当明确将死刑案件列为"法定陪审"案件。为了节约成本，可以考虑将适用陪审的案件分为两种类型：应当组成陪审法庭进行审理的"法定陪审"案件和"非法定陪审"案件。"法定陪审"包括被告人可能被判处死刑的案件，以及因故意犯罪造成被害人死亡结果的案件。此类案件，案件后果或判决后果比较严重，甚至可能判处死刑，引入陪审员参加庭审，可以有效地缓解和分担法官的判决负担，强化判决的正当性基础。《人民陪审员法》基本吸收了这一思路，将人民陪审员参与审判的案件分为法定陪审和非法定陪审。法定陪审的情形由《人民陪审员法》第 15 条和第 16 条规定。第 15 条规定法定陪审的情形包括："（一）涉及群体利益、公共利益的；（二）人民群众广泛关注或者其他社会影响较大的；（三）案情复杂或者有其他情形，需要由人民陪审员参加审判的。"凡是具备上述情形之一的刑事案件、民事案件、行政案件，由人民陪审员和法官组成合议庭审判。不仅如此，第 16 条进一步要求，如果具备下列情形之一，则由人民陪审员和法官组成七人合议庭进行审判："（一）可能判处十年以上有期徒刑、无期徒刑、死刑，社会影响重大的刑事案件；（二）根据民事诉讼法、行政诉讼法提起的公益诉讼案件；（三）涉及征地拆迁、生态环境保护、食品药品安全，社会影响重大的案件；（四）其他社会影响重大的案件。"由此可见，对于可能判处死刑的案件，必须由《人民陪审员法》创造的七人大陪审法庭进行审判。需要注意的是，《人民陪审员法》第 22 条规定："人民陪审员参加七人合议庭审判案件，对事实认定，独立发表意见，并与法官共同表决；对法律适用，可以发表意见，但不参加表决。"这是立法上首次并在合议庭内部对人民陪审员和法官的职能进行相对界分，是朝着死刑案件权威分化迈出的重要一步。

《人民陪审员法》实施一年后，便出现因违反《人民陪审员法》而撤销原判的案例。据《南方周末》报道，2020 年 11 月 7 日吉林省通化市中级人民法院开庭重审"张永福涉黑案"，一年前，通化中级人民法院对此案作出一审判决，主犯张永福被判无期徒刑，但是，该判决被吉林省高级人民法院以"违反人民陪审员法"为由撤销，发回重审。原因在于，根据《人民陪审员法》，对可能判处 10 年以上有期徒刑、无期徒刑、死刑，社会影响重大的刑事案件，法院应该组成 7 人合议庭，包括法官 3 人，人民陪审员 4 人。"但审理张永福案的合议庭只有 2 名人民陪审员，明显程序违法。"[1]

〔1〕 杜茂林、周缦卿："违反人民陪审员法，一'重点涉黑案件'被发回重审"，载南方周末网，www.infzm.com/contents/195330，最后访问时间：2021 年 2 月 12 日。

第八章

人民陪审员的民主功能及其限制

近代以来，陪审制开始被理解为民主思想引入司法领域的表现。这种思想认为，在刑事法院代表全部国民行使国家的权力，最好是经由一般的国民来实现，同时也能提供对抗来自官方的压力的最佳保证。[1]因此，参与具体案件审理的陪审员能否实质性地发挥作用，决定了作为其制度根基的民主原则能否真正得以实现。然而，当作为法律门外汉的陪审员面对一个经验丰富、学识渊博的法官，能否保持自己独立的判断、坚持自己的立场、在判决中体现自己所代表的民众意志，是一个需要相关法律特别加以关照的问题。

然而，民主在司法领域的贯彻不是没有限制的。民主从来都不是最佳的制度安排，充其量是"最不坏"的制度选择。这源于民主的两大缺陷：第一，民主的铁则是"多数决定"，重"量"不重"质"，因而在"求真"的科学领域和固守规则的法治领域不可能成为最高价值；第二，通过民主达成的公共意志如同汹汹洪水，如果缺少规则的拘束，可能会造成灾难性的后果，也会产生托克维尔笔下"多数人的暴政"。挟民主之势而来的陪审制度如果没有必要的风险防范机制，也必然会将严肃的司法审判演变成低俗的民众狂欢。

因此，人民陪审员制度的改革，一方面要保证陪审员对审判有实质性的参与，另一方面也要有一定的风险防范设计。《关于完善人民陪审员制度的决定》实施十多年来，上述两个方面的问题在人民陪审员制度运行过程中都不同程度地存在。比如，最高人民法院提出提高陪审率的要求后，陪审率被列入绩效考核指标，因此陪审率整体上有明显提高，但是，陪而不

---

〔1〕 ［德］克劳思·罗科信：《刑事诉讼法》，吴丽琪译，法律出版社 2004 年版，第 43 页。

审、审而不议、议而不决的现象仍然比较普遍，陪审质量不高。又如，调研过程中个别法官反映，实践中也有当事人"搞定"陪审员，两个陪审员一"勾兑"，法官被架空。

实际上，陪审员能否发挥实质性的作用，司法民主能贯彻到何种程度，很大程度上取决于具体的制度设计。保证陪审员的实质发挥作用的机制包括审判组织中陪审员的人数保障和表决机制的设计。

一、贯彻司法民主：人民陪审员的人数和表决规则

英美的审判陪审团传统上由 12 名陪审员构成，对此，美国联邦最高法院解释道："陪审团的基本特征显然在于被告人与控告者之间介入一群外行人的常识判断，在于社会参与并分担由这群人确定是否有罪所产生的责任。这一功能并非要由特定数量的陪审员来履行。可以肯定的是，这个数字应该足够大，以促进群体评议，免受外界的恐吓，并通过广泛的社会代表性来提供公平的可能性。"[1]但是，在 1970 年的一个判例中，美国最高法院又认定一个由 6 人组成的陪审团并不违宪，因为"立宪者没有"限定陪审团规模的意图。"我们没有理由认为，当陪审团人数为 6 人，而不是 12 人时——特别是如果一致裁决的要求被保留，这些目标就不可能实现的。而且，陪审团作为事实认定者的可靠性当然不可能是由其规模决定的。"[2]但 8 年后，美国最高法院又一致认定，5 人陪审团的审判剥夺了被告人的陪审团审判权。[3]

英美的陪审团在表决时，传统的要求是必须一致裁决，即所有的陪审团都一致同意认定有罪或者无罪，否则就形成僵局陪审团（deadlocked jury）。但是，在这一问题上，美国联邦最高法院的态度已经发生变化："陪审团的本质特征显然在于被告人与他的指控者之间介入一群外行人的常识判断……然而，一致性要求不会对进行这种常识判断作出实质的贡献……陪审团由一群有广泛社会代表性的外行人组成，他们有义务和机会对被告人的罪与非罪问题进行审查，不受外界的恐吓。就这个职能而言，我们认

---

〔1〕　Modern Criminal Procedure, 14th edition, p. 1265.

〔2〕　Williams v. Florida, 399 U. S. 78（1970）.

〔3〕　See Ballew v. Georgia, 435 U. S. 223（1978）.

为一致裁决的陪审团和允许以 10∶2 或 11∶1 的票数裁决的陪审团没有什么不同。在某些情况下，一致性要求会明显地产生无法裁决的陪审团，而不要求一致性的陪审团则会作出有罪或无罪的判决。但无论在哪种情况下，被告人由其同侪介入他与起诉他的州执法人员之间的审判的利益同样得到了很好的保证。"[1]同在 1972 年，美国最高法院又维持陪审团以 9∶3 的票数认定的抢劫罪定罪的有效性，驳回了上诉人认为要达到"排除合理怀疑"，12 个陪审员必须达成一致的观点。[2]但是，在允许 6 人陪审团审判的州，美国只有两个州允许以 6∶5 的票数作出不一致的裁决。

美国学者在 1966 年的研究表明，在要求一致性裁决的州，当时有5.6%的案件会形成僵局陪审团。在这些僵局陪审团中，有 56%的案件中包含一个、两个或三个持不同意见的陪审员。在这 56%的僵局案件中，多数票支持控方的案件占 44%，而多数票支持被告人的案件只有 12%。因此，通过消除僵局，路易斯安那州的起诉会失败 12 次但胜利 44 次，得到了比一致裁决规则下更高的定罪比例（3.67∶1），而在一致裁决规则下，每一次无罪判决会有略少于两次的有罪裁决。俄勒冈州甚至更突出，通过消除一两个有异议的陪审案件，每一次无罪裁决都会获得 4.25 次的定罪。[3]到2003 年，美国大多数州允许使用 6 名或更少的陪审员组成陪审团审判治安法庭的微罪和轻罪案件，6 个州在非死刑重罪案件中采用了少于 12 名成员的陪审团，但只有两个州选择了在重罪案件中允许不一致裁决。僵局陪审团的比率几乎与几十年前相当，约为 2%—6%。[4]

在法国，可能判处 10 年以上监禁的案件属于重罪，由重罪法庭审理。重罪法庭的构成传统上是 3 名职业法官加 9 名陪审员，根据法国刑事诉讼法的规定，法庭评议时，凡是对被告人不利的决定，如认定被告人有罪或适用法定最高刑，最少需要 8 票的多数。这个 8 票的判决规则相当值得推敲：如果 3 名职业法官想要按照他们自己的意见作出判决，那么他们必须争取到至少 5 名陪审员的支持，而 5 名陪审员已经构成了 9 名陪审员的多

---

〔1〕　See Apodaca v. Oregon, 406 U. S. 404（1972）.

〔2〕　Johnson v. Louisiana, 406 U. S. 356（1972）.

〔3〕　Kalven & Zeisel, *The American Jury*, Boston：Little, Brown and Company, 1966, p.490.

〔4〕　See Paula L. Hannaford-Agor & Valerie P. Hans, "Nullification at Work? A Glimpse from the National Center for State Courts Study of Hung Juries", *78 Chi. Kent L. Rev.* 1249（2003）.

数派。换言之，最终的判决结果只能由陪审员中的多数派决定，而不是由 3
名职业法官所决定，以此确保司法民主真正得以贯彻。2011 年 8 月 10 日第
2011-939 号法律减少了陪审员人数，规定自 2012 年 1 月 1 日起，一审陪审
员减少为 6 人，上诉审减少为 9 人。[1]职业法官的人数不变，一审、二审
均为 3 人。第一审重罪法庭要对受审人定罪需要得到 9 名法庭成员中的 6
票，第二审重罪法庭要作出对被告人不利的判决，需要 12 位法庭成员中的
8 票。即便 3 位职业法官事先达成一致，都认定有罪，仍然需要陪审员中至
少半数成员（第一审 3 票，第二审 5 票）的支持，才能定罪。法国重罪法
庭中陪审员与职业法官的人数配比，结合硬性的表决数量规则，使得陪审
员的参与具有实质性，保证了司法民主真正得以贯彻。

二、陪审员参与审判的风险防范机制

在陪审员参与审判的风险防范方面，其他国家的法律规定也提供了有
益的探索。例如，英美传统上的一致裁决原则，不实行多数决，因此，要
对被告人作出有罪或者无罪的判决，必须说服每一位陪审员，每一位陪审
员的意见都不能受到忽视。因此，一致裁决原则在某种程度上可以看作是
司法领域防范"多数暴政"的有效机制，同时也为事实认定的准确性提供
了最大限度的保证。正如美国联邦最高法院大法官道格拉斯所言，"判决可
靠性的降低来自这一事实：不要求一致裁决的陪审团不需要像一致裁决的
陪审团那样进行充分辩论和仔细考虑。一旦达到必要的多数，就不需要进
一步的评议，即使持少数意见的陪审员可能会说服大多数人。实际上这种
说服偶尔会出现在适用一致性要求的各州：大概在十分之一的情况下，少
数派最终成功地扭转了最初的多数人的想法，这些可能是具有特殊重要性
的案例"。[2]即便是一致裁决原则有所松动的今天，根据美国联邦最高法
院的判例，12 人陪审团的审判最多能接受以 9∶3 定罪的判决。[3]

在德国，可能判处 4 年以上监禁的案件由地区法院作为初审法院，由 3
名职业法官和 2 名陪审员构成所谓的"大刑事法庭"。根据德国的判决规

---

〔1〕 参见刘林呐："法国重罪陪审制度的启示与借鉴"，载《政法论丛》2012 年第 2 期。

〔2〕 Apodaca v. Oregon, 406 U. S. 404 (1972).

〔3〕 Supra note.

则，要作出对被告人不利的判决，必须要有 2/3 以上的多数票。这样，仅有 3 位职业法官同意认定被告人有罪是不够的（此种情况下仅构成 3/5 的多数票），必须还要争取到至少 1 位陪审员的支持。反过来，两位陪审员也必须得到至少两位职业法官的支持，才能够按照自己的意愿作出判决。

在日本，需要由裁判员参加审理的案件一般包括以下三类：（1）相当于判处死刑、无期徒刑之罪的案件；（2）《日本法院法》第 26 条第 2 款第 2 项规定的因故意犯罪行为致被害人死亡的法定合议案件；（3）需要与上述案件合并审理的案件。正式的合议庭由 3 名法官和 6 名裁判员组成。但是，对公诉事实没有争议的案件，案件的内容及其他情况认为适当的，可以经法官裁量后由 1 名法官和 4 名裁判员组成合议庭进行审理。根据《日本裁判员法》的规定，与案件有关的所有实体裁判，包括案件的事实认定、法律适用及量刑，都应根据合议庭过半数的成员的意见作出，且必须有职业法官 1 人和陪审员 1 人以上发表赞成意见，判决才能成立。有关法律的解释及诉讼程序的判断，应根据合议庭中法官的合议而作出。

回到完善我国人民陪审员制度的主题上，为了扭转陪而不审、审而不议、议而不决等陪审作用虚置化现象，同时也为了防范陪审制度走向另一极，偏离法治精神，我国人民陪审员制度可以考虑从以下几个方面着手进行改革。

第一，合理设定适用陪审的案件范围。在上述法、德、日三个国家中，除德国在县法院受理的轻微案件中实行"1+2"模式（1 名职业法官加 2 名陪审员）的陪审法庭外，法、日均将陪审适用范围限于较为严重的案件。这样可以有效地节约成本，将有限的陪审资源应用于真正能够发挥陪审效能的案件。我国可以考虑将适用陪审的案件分为两种类型，一种为"法定陪审"的案件，包括被告人可能被判处无期徒刑、死刑的案件，以及因故意犯罪造成被害人死亡的案件。此类案件，案件后果或者判决后果都比较严重，甚至可能判处死刑，引入人民陪审员参加庭审，可以有效地缓解和分担法官的判决负担，强化判决的正当性基础。另一种为"酌定陪审"案件，虽然不属于上述案件范围，但是社会影响较大，人民法院可以根据情况决定采用陪审法庭进行审理。

第二，对于属于"法定陪审"范围的案件，赋予当事人申请陪审法庭审判的权利。陪审制度从其产生就贯穿着"由同等地位的人"进行审判的思想,陪审制度的设计不应偏离这一初衷,应当明确赋予被告人由陪审法庭进行审判的权利。当然,被告人可以放弃这一权利。新通过的《人民陪审员法》明显也吸收了"法定陪审"的理念,分两个层次进行设计,两个层次下的"法定陪审"要求的刚性不相同:第一个层次规定了一般应当由人民陪审员与法官组成陪审法庭的情形,但又允许例外:涉及群体利益、公共利益的;人民群众广泛关注或者其他社会影响较大的;案情复杂或者有其他情形,需要由人民陪审员参加审判的。例外是如果其他法律规定由法官独任审理或者由法官组成合议庭审理的,从其规定。[1]第二个层次规定,应当由人民陪审员和法官组成七人合议庭审判的案件:可能判处十年以上有期徒刑、无期徒刑、死刑,社会影响重大的刑事案件;根据民事诉讼法、行政诉讼法提起的公益诉讼案件;涉及征地拆迁、生态环境保护、食品药品安全,社会影响重大的案件。[2]可以看出,第一个层次的"法定陪审"包含着更多的裁量和权衡,而第二个层次的"法定陪审"直接列举具体的情况,裁量余地更小。

第三,在法庭构成上,适当加大陪审员的权重,使陪审员的人数比职业法官多一倍,此举有利于陪审员在定罪量刑中发挥实质性作用。在"法定陪审"的案件中,可以考虑采用"3+6"模式,即3名职业法官加6名陪审员。在"酌定陪审"的案件中,可以使用与现行法律要求比较接近的"1+2"模式,即1名职业法官加2名陪审员。目前《人民陪审员法》引入了两种陪审法庭,一种是小陪审法庭,仍采用1名职业法官加2名人民陪审员的传统模式,职业法官和人民陪审员组成不区分职责的混合法庭,共同确定案件中的事实问题和法律问题、定罪和量刑问题。另一种是大陪审法庭,由3名职业法官和4名人民陪审员组成,人民陪审员仅对事实认定独立发表意见,并与法官共同表决;对法律适用,可以发表意见,但不参加表决。这种大陪审法庭的设计,明显加大了人民陪审员在事实问题上的权重,凸显了司法民主的宗旨。

第四,科学设计陪审法庭的表决机制。目前我国法庭表决采用的是过

---

〔1〕 参见《人民陪审员法》第15条。
〔2〕 参见《人民陪审员法》第16条。

半数即通过的"简单多数决"原则,加上法庭构成人数必须是单数的要求,十分简便易行,不会出现法庭投票时僵持不下的局面。但问题也很明显,对于可能剥夺被告人自由、财产乃至生命的判决仅以简单多数通过,显得不够慎重;在法官人数占上风的情况下,陪审员的声音就变得可有可无,沦为装饰品;在陪审员人数占上风的情况下,又难以避免判决完全偏离法治轨道。对此,可以有两种解决方案,一是如法、德在认定被告人有罪、存在加重情节、适用死刑等对被告人不利的问题上,必须经过合议庭成员2/3以上多数通过才可以作出判决;二是如日本仍采"简单多数决",但同时要求多数派至少同时包括 1 名职业法官和 1 名陪审员,以此相互制约。

第九章

人民陪审员的遴选机制

  陪审制如果要实现既定的功能，一个基本前提是遴选出的陪审员能够真正代表社会上的普通民众。围绕此项要求，美国形成了比较具有代表性的标准，即"公正的代表性"要求（fair cross-section requirement）。美国早期提供陪审服务的资格限于"房产所有者"，陪审团基本上只有白人。[1]在1942年的 Glasser v. United States 案中，[2]美国联邦最高法院根据美国宪法第六修正案的公正陪审团权，宣布禁止不属于某妇女团体的妇女提供陪审团服务的程序违反了第六修正案，并指出陪审团应当代表"社会各界"。[3]1975年，美国联邦最高法院在 Taylor v. Louisiana 案中[4]开始采用更为严格的标准，并通过美国宪法第十四修正案正当程序条款推广适用于各州。美国最高法院指出，"小陪审团得以遴选的陪审员候选人名单的社会广泛代表性对于实现第六修正案公正陪审团的保障是十分必要的"。[5]为了支持这一结论，美国联邦最高法院重申了关于陪审团功能的论述，即一方面是为了防范过于热情的检察官，另一方面也是为防止带有偏见的法官专横行使权力，又指出："社会对刑事司法的参与……对于公众对刑事司法制度公正性的信任……是十分关键的。"而对社会组成部分的系统地排除，损害了陪审团这两个方面的功能。但是，这只是对陪审员候选人贮备库的要求，但并不"要求小陪审团，像陪审员候选人名单一样，要反映社会总体的构

---

  [1] See, e. g., Kim Taylor-Thompson, Empty Votes in Jury Deliberations, *113 Harv. L. Rev. 1261*, 1279, 1296 (2000).

  [2] 315 U. S. 60 (1942).

  [3] Id. at 86.

  [4] 419 U. S. 522 (1975).

  [5] Id. at 526 (emphasis added).

成"。[1]

一、改革前的人民陪审员遴选机制

人民陪审员的遴选机制既包括担任人民陪审员的实体条件，也包括遴选人民陪审员的程序机制。

（一）改革前担任人民陪审员的实体条件

2004年全国人大常委会《关于完善人民陪审员制度的决定》第4条第2款规定，担任人民陪审员，一般应当具有大学专科以上文化程度。不少法院还将大专以上文化程度的人民陪审员的占比作为实施人民陪审员制度的成绩写进工作报告。这是一个严重的误区。我国高等教育尚未普及，接受高等教育不是人人都能享有的机会，尤其是在广大的农村地区，已经接受过高等教育而依旧留在农村的人员寥寥无几。这一条件，相当于把中国大部分农村人口排除在外，这对于一个农业人口占据多数的传统农业大国来说，不能不说是代表性方面的严重缺憾。

（二）改革前人民陪审员的产生方式

2004年全国人大常委会《关于完善人民陪审员制度的决定》第8条规定，人民陪审员的产生方式有两种，可以由其所在单位或者户籍所在地的基层组织向基层人民法院推荐，也可以由本人提出申请。根据实践调研的情况，目前大多数人民陪审员是通过前一种方式推荐产生，本人申请而成为人民陪审员的只占一小部分。实践中人大代表、政协委员、党的代表、当地名流在各地人民陪审员名录中占据相当大的比例，更有将人民陪审员作为荣誉授予县委委员、政府官员、人大代表的现象。这些做法，加上由当地人大常委会任命的程序，使得人民陪审员或多或少都带有一点"官方"色彩，与陪审制引入普通民众判断的本意产生了距离。

《关于完善人民陪审员制度的决定》规定对人民陪审员实行任期制。在具体案件中，根据《关于完善人民陪审员制度的决定》第14条第1款的规定，基层人民法院审判案件依法应当由人民陪审员参加合议庭审判的，应

---

〔1〕　Lockhart & McCree, 476 U. S. 162, 173（1986）.

当在人民陪审员名单中随机抽取确定。但是，实践中由于法院案多人少，而并非所有经过正式任命的人民陪审员都有时间和热情参加审判，于是少数"有闲"和"有热情"的人民陪审员就成为常驻法院的"编外法官"。这些人民陪审员经常参与审判活动，虽然可以经常接受历练，提高审判能力，但这些经常参与审判工作的陪审员与法官打成一片，容易淡化陪审员作为一般民众代表的自我定位，混淆陪审员与职业法官所代表的两种不同价值。由于选择哪些陪审员参与案件审理完全取决于法院，少数"热衷"于陪审工作的人民陪审员为了能经常性地参与案件审理，不惜迎合法官的意见，丧失独立性。同时，少数人民陪审员常态性地参与审判工作，久而久之，也难以避免腐败的产生。这种状况，完全背离了陪审制度提高司法公信力、遏制司法腐败的初衷。

二、国外陪审员遴选方面的有益经验

鉴于上述问题的存在，为了保证人民陪审员制度功能的全面实现，防止制度走样和功能异化，《人民陪审员法》对人民陪审员的资格设定和遴选方式进行了改革。在改革过程中，也吸收了国外尤其是法治发达国家在陪审员遴选方面的有益经验。

（一）担任陪审员的资格

在法国，所有法国公民，不论男女，凡年满 23 岁，能用法语读写，享有政治权利、民事权利与亲权，没有受到《法国刑事诉讼法典》第 256 条所指的无能力处分，正在履行的职责与陪审员职责不相抵触的，均可担任陪审员。[1]在德国，只要求陪审员是德国公民。但是，25 岁以下或 70 岁以上的人，以及在社区居住不到 1 年的人、内阁成员、法官、检察官、辩护人、警察、书记官都不能担任陪审员。[2]在日本，具有众议院议员选举权的人可以担任裁判员。另外，日本法律还作出一些除外性规定，例如，年满 70 岁以上、重病、照看同居的亲属、从事的业务中有重要事务、出席

---

〔1〕 ［法］贝尔纳·布洛克：《法国刑事诉讼法》，罗结珍译，中国政法大学出版社 2009 年版，第 273—274 页。

〔2〕 ［德］托马斯·魏根特：《德国刑事诉讼程序》，岳礼玲、温小洁译，中国政法大学出版社 2004 年版，第 28 页。

父母的葬礼等情况，裁判员可以辞去职务。[1]

（二）陪审员的遴选程序

在法国，只有重罪法院审理案件时有陪审员参与。重罪法院非常设法院，每年有固定的开庭期（审季）。陪审员的遴选过程大概分为两步。第一步，每一个省每年都要在重罪法院开庭地制定一份重罪陪审团总名册，从这一省名册中抽签选出重罪法院本审季（开庭期）的正式陪审员 40 人和替补陪审员 12 人。审季陪审员名单确定后，由法院书记员将所有进入本庭期陪审员名单的陪审员召集到重罪法院，进行点名。陪审员没有正当理由不回应向其发出的通知的，将被科处 3750 欧元的罚金。第二步，在每一具体的案件开庭审判之前，在被告人参与的情况下，公开开庭从本审季陪审员名单中通过抽签确定本案的陪审员。在法庭进行抽签的同时，检察院、被告人及其律师可当场行使否决特定陪审员的权利，并且无须说明否决的理由。第一审时控辩双方的否决名额为 3:4，上诉审时是 4:5，辩方始终比控方多一个否决票。替补陪审员也是抽签决定。替补陪审员列席法庭审判，但只有在 1 名或数名陪审员不能参加部分庭审的情况下，替补陪审员才能参加法庭评议。[2]

在德国，地方议会每隔 4 年确定一次预备陪审员的名单，然后产生一个由 1 名法官、1 名公务员和 10 名当地议会选出的人员组成的委员会，由该委员会选定正式的陪审员名单，并确定每个县法院和地区法院需要的陪审员数量。参与具体案件审判的陪审员则通过抽签决定。[3]

日本的裁判员遴选大致分为以下五个步骤。第一步，法院将裁判员候选人名额分配给各市町村，各市町村经抽签选出裁判员候选人，并制作裁判员候选预定人员名册。第二步，法院收到名册后制定裁判员候选人名册，并通知该裁判员候选人。第三步，法院确定具体案件的开庭日期后，从裁判员候选人名册中抽签确定应当担任职务的裁判员候选人，法院为了判断

---

〔1〕〔日〕田口守一：《刑事诉讼法》，张凌、于秀峰译，中国政法大学出版社 2010 年版，第180 页。

〔2〕参见《法国刑事诉讼法典》第 258 条、第 259 条、第 288 条、第 296 条、第 297 条、第 298 条。

〔3〕参见《德国法院组织法》第 40 条和第 45 条第 2 款。

裁判员资格可以进行必要的询问，并在事前发去询问票。然后开始裁判员的选任程序。第四步，选任程序。选任程序由审判长指挥，不公开进行，陪席法官、检察官和辩护人出席程序，必要的时候也可以让被告人出席。审判长就裁判员的资格进行询问，陪席法官、检察官、被告人或辩护人需要询问时，可以向审判长提出请求。检察官和被告人分别可以不说明任何理由地请求对最多 4 名裁判员候选人不予选任。这是模仿英美陪审制度中的专断回避制度。第五步，法院从通过以上程序筛选后剩下的裁判员候选人中，以抽签方法决定最终参加案件审判的裁判员。裁判员每案一选任，判决宣告后，裁判员的任务即告终了。

三、中国的陪审员遴选机制

我国在人民陪审员制度改革过程中或多或少借鉴了西方国家的陪审员遴选机制：第一，陪审员资格的普遍性，即对陪审员资格不设过多积极限制，有利于保证陪审员制度建立在最广泛的民众基础之上。在试点期间，国家总体方案提出了改革人民陪审员选任条件和完善选任程序的要求，拥护中华人民共和国宪法、品行良好、公道正派、身体健康、具有选举权和被选举权的年满 28 周岁的公民，原则上都具备担任人民陪审员的资格，但又规定一般应当具有高中以上文化程度，除非是农村地区和贫困偏远地区公道正派、德高望重者。《人民陪审员法》对此予以吸收，在人民陪审员的担任资格上，发生了一"升"一"降"两个变化。一"升"即担任人民陪审员的年龄要求从之前的 23 岁提高到 28 岁，更加强调人民陪审员的社会阅历、社会经验和陪审工作的郑重性。一"降"即降低担任人民陪审员的学历要求，从原来的"一般应当具有大学专科以上文化程度"降低到"一般应当具有高中以上文化程度"。当然，这样的资格要求，距离人民陪审员的普遍代表性仍有一定的差距。

第二，遴选程序发生变化。一是人民陪审员的遴选、管理主体发生变化。在过去，人民陪审员长期不能发挥实质作用，原因之一是"法院一直把控着陪审制的运用，陪审员做什么法院说了算，服务于法院的需要"。而本轮试点由最高人民法院和司法部共同推行，"把司法部拉进来了。而且把陪审员的遴选、培训、参与逐步交由司法部管，这是一个好的变化"。人民陪审员参审的改革可以放在法院，但人民陪审员的选任和管理应该逐渐交给司法行政部门，"陪审员是一个独立的群体，不应该依附于法院存在"。陪审员制度改革试点进行得成功与否，标志不是法院将陪审员"管理"得更好了，而是法官开始反过来"怕"陪审员了。[1]

二是人民陪审员的遴选方式发生变化。从陪审员候选人的确定到具体案件中人民陪审员的产生，采用了三次"随机抽选"。其一，司法行政机关会同基层人民法院、公安机关，从辖区内的常住居民名单中随机抽选拟任命人民陪审员人数五倍以上的人员作为人民陪审员候选人，对人民陪审员候选人进行资格审查，征求候选人意见。其二，司法行政机关会同基层人民法院，从通过资格审查的人民陪审员候选人名单中随机抽选确定人民陪审员人选，由基层人民法院院长提请同级人民代表大会常务委员会任命。其三，在具体的案件中，如果是基层人民法院审判案件需要由人民陪审员参加合议庭审判的，在人民陪审员名单中随机抽取确定。中级人民法院、高级人民法院审判案件需要由人民陪审员参加合议庭审判的，在其辖区内基层人民法院的人民陪审员名单中随机抽取确定。

随机抽选机制能够保证选出的人民陪审员具有广泛的代表性，但实施起来非常麻烦。为了保证改革的平稳过渡，《人民陪审员法》仍为个人申请和单位推荐保留了一定的空间，同时施加了严格的比例限制。《人民陪审员法》第11条规定，因审判活动需要，可以通过个人申请和所在单位、户籍所在地或者经常居住地的基层群众性自治组织、人民团体推荐的方式产生人民陪审员候选人，经司法行政机关会同基层人民法院、公安机关进行资格审查，确定人民陪审员人选，由基层人民法院院长提请同级人民代表大会常务委员会任命。但是通过个人申请和推荐方式产生的人民陪审员，数量上不得超过人民陪审员名额数的五分之一。同时，为了防止人民陪审员成为"编外法官"，《人民陪审员法》要求人民法院结合本辖区实际情况，合理确定每名人民陪审员年度参加审判案件的数量上限，并向社会公告。

在西方国家，在具体的案件中，陪审员基本上都是每案一选，作出判决后，陪审员的任务即告完成。由于选定陪审员与开庭之间的时间间隔很

---

〔1〕　谭畅："人民陪审的南京试验"，载《南方周末》2017年10月13日，第17版。

短，所以可以有效地杜绝腐败的滋生。而我国《人民陪审员法》在这一问题上并未予以明确。

此外，除德国外，目前英、美、法、日等国都允许控辩双方行使一定次数的无因（专断）回避权，排除特定候选人担任本案陪审员。美国学者芭芭拉·艾伦·巴库克这样解释无因回避的意义："一般的人类经验、常识、心理学研究和民意调查告诉我们，某些类别的人在统计意义上具有不适合成为特定类型案件陪审员的特质。但要让这种知识按照有因回避的要求，以评价性语言来表达，就会削弱我们对一个所有人都被认为是个体且每个人都通情达理并乐于妥协的社会的渴望。经验表明，把黑人男性作为一个群体可能会对那些不努力成为中产阶级的年轻的边缘化的黑人形成偏见，但有因回避要求以具体的表达方式来阐明这一点，会引起社会分裂。相反，我们在无因回避中演变出一个允许秘密表达我们不敢说但知道往往真的制度。"[1]无因回避权，看似无理，但在一定程度上保证了控辩双方当事人选择裁判自己案件的人的权利，由自己选定的人对自己的案件进行审判，在某种程度上更有利于败诉的当事人接受不利的判决结果，实际上是一种精心设计的促使当事人服判的机制。我国《人民陪审员法》第18条对此只是简单地规定："人民陪审员的回避，适用审判人员回避的法律规定。"众所周知，我国审判人员的回避均是有因回避，即提出法官回避的申请必须说明理由，而且只有在理由属于法律明确规定的回避事由范围内的，才可能得到批准，并不承认西方国家的无因回避制度。

---

〔1〕 Barbara Allen Babcock,"Voir Dire：Preserving'Its Wonderful Power'", *27 Stan, L. Rev. 545*, 553-554（1975）.

第十章
事实问题与法律问题的区分

一、区分事实问题与法律问题的意义

十八届四中全会《决定》对人民陪审员的职能进行了全新的界定，即"人民陪审员不再审理法律适用问题，只参与审理事实认定问题"。同时，十八届四中全会《决定》还提出，"完善审级制度，一审重在解决事实认定和法律适用，二审重在解决事实法律争议……"认定事实、适用法律是刑事审判的两大核心任务，相应地，刑事审判所要解决的事项也大体被分为事实问题、法律问题。刑事诉讼法也经常将"事实"和"法律"作为对比概念同时提及，[1]然而在现行《刑事诉讼法》中，二者的区分往往是笼统的、直觉意义上的，并不特别计较其中的精确边界。主要原因在于，长期以来，中国刑事诉讼法并不以"事实问题"与"法律问题"的区分作为刑事诉讼权力（能）配置的依据，二者的精确区分并无重大的实践意义。十八届四中全会《决定》的提法显然打破了这种格局，"事实认定"与"法律适用"这对概念被赋予分权或职能划分的意义。经过两年试点，2018年4月27日，全国人大常委会第二次会议通过《人民陪审员法》，规定了三人合议庭和由法官三人与人民陪审员四人组成七人合议庭两种合议庭组

---

[1] 例如《刑事诉讼法》第2条规定："中华人民共和国刑事诉讼法的任务，是保证准确、及时地查明犯罪事实，正确应用法律……"第6条规定，人民法院、人民检察院和公安机关进行刑事诉讼，必须以事实为根据，以法律为准绳。第37条规定："辩护人的责任是根据事实和法律，提出犯罪嫌疑人、被告人无罪、罪轻或者减轻、免除其刑事责任的材料和意见……"第233条规定，第二审人民法院应当就第一审判决认定的事实和适用法律进行全面审查。第236条第1款第2项规定："原判决认定事实没有错误，但适用法律有错误……"第254条第1款规定："各级人民法院院长对本院已经发生法律效力的判决和裁定，如果发现在认定事实上或者在适用法律上确有错误，必须提交审判委员会处理。"

成方式。《人民陪审员法》第22条规定："人民陪审员参加七人合议庭审判案件，对事实认定，独立发表意见，并与法官共同表决；对法律适用，可以发表意见，但不参加表决。"为与《人民陪审员法》相衔接，全国人大常委会于2018年5月9日公布的《中华人民共和国刑事诉讼法（修正草案）》（第一稿）对有关陪审的内容进行了修改，吸收了《人民陪审员法》确立的两种陪审形式。这意味着，区分事实认定和法律适用不再是纯粹的学术讨论，探究"事实"问题与"法律"问题的边界，在当下的中国，已经成为迫切的现实需要。

实际上，超越中国的刑事立法和司法改革框架，事实问题和法律问题的区分仍是一个具有普遍意义的课题。在西方发达国家的法律制度中，二者界分的意义包括但不限于如下领域。

第一，划分审判中陪审团与职业法官的权限。英国法谚"法官不负责事实部分，陪审团不负责法律部分""陪审团是事实的裁判者"等，[1]从中世纪以来一直流传至今，这也是中国学者看到"事实问题与法律问题"这一主题所产生的最直观联想。

第二，划分初审法院与上诉法院、行政机关与司法机关的权限。在英美，事实问题在初审法院审理后，上诉原则上只能针对法律错误而提起。在欧洲大陆传统影响下的法国、德国、意大利、日本等国家及地区，对初审法院作出的判决，事实争议至多在第一次上诉时提起，[2]第二次上诉则只能针对法律问题。因此，事实问题在初审或者第一次上诉之后即不再讨论。在行政诉讼中，法院适用法的活动具有"二次适用"的性质。作为行政诉讼审查对象的具体行政行为，由行政机关作出，而行政机关作出具体行政行为的活动本身是将一般法律规范适用于特定行政相对人或事的活动，因此法院对具体行政行为合法性的审查，也就是对行政机关适用法的过程的审查，它所审查的事实是行政机关作出具体行政行为时已经认定的事实，它所审查的法律是行政机关作出具体行政行为时所依据的立法。这种具有"二次适用性质"的司法审查活动，在英美被视同为上诉审，通常不对行政

---

〔1〕 孙笑侠编译：《西方法谚精选　法、权利和司法》，法律出版社2005年版，第106~107页。

〔2〕 并非所有的案件都可以对事实问题提起上诉。例如在德国，对于州法院判决的可能判处4年以上监禁的重罪案件，只能向州高等法院提起法律审上诉。

机关已经确定的事实问题进行重新考虑，仅对法律问题享有审查权，所以区分事实问题与法律问题在行政诉讼中相当重要。[1]

第三，决定不同的权威主体。在西方法治发达国家，虽然区分事实问题和法律问题的标准不尽相同，但基本遵循一条相同的规则，即在事实问题上，权威总体是下行的，在法律问题上存在上行的权威。在英美，初审法院在事实认定方面享有绝对的权威，初审后的上诉原则上只能针对法律错误而提起，对事实问题几乎没有置喙的余地。上诉法院只能审查原审卷宗，不得调查卷宗以外的材料，不考虑新的事实和证据。在欧洲大陆三审终审制度下，虽然针对初审判决的上诉可能引起一次新的事实审，但二审之后则不允许就事实问题提出上诉，第三审只能是法律审。因此，法院的审级越高，在事实问题上的权威就越受到限制。相反，在法律问题上，法院的级别越高，其享有的权威就越大。

第四，解决事实问题和法律问题适用不同的原则。法律问题上，适用"法官知法"（iura novit curia）的罗马法原则，应当由法官负责查明，在法律问题的解决上对法官有一种决断的强制，[2]法官不得以法律规定不明确、不完备或欠缺为借口，不予受理案件，更不得以此为由拒绝作出裁判。[3]而事实问题一般需要控辩双方举证证明，由法官依据自由心证原则进行判断，如果法官未能形成"心证"，也不会施加强制，而是引入另外的证明责任规范解决裁判难题。

第五，存疑时的处理方案不同。无论事实问题还是法律问题，在司法实践中最终都可能会出现"存疑"。前者如法官难以形成达致证明标准的"心证"，从而使事实问题上呈现"真伪不明"的状态；后者如由于立法的局限性而出现法律上的空白、冲突或者模糊之处，从而导致法律适用上的疑问。事实认定上的存疑，一般通过证明责任规范加以解决，在刑事审判中即是"疑罪从无"。法律问题上存有疑问，则是通过法律解释来解决，在解释的方向上，法院应当按照最有利于"受到追诉的人"的意义来解释这

---

〔1〕 参见王锴："行政诉讼中的事实审查与法律审查——以司法审查强度为中心"，载《行政法学研究》2007 年第 1 期。

〔2〕 参见 [德] 汉斯·普维庭：《现代证明责任问题》，吴越译，法律出版社 2000 年版，第 182 页。

〔3〕 参见杨仁寿：《法学方法论》，中国政法大学出版社 1999 年版，第 9 页。

些法律，也就是说，应当按照更能保护受追诉人权利的意义来解释这些法律，[1]因为司法权不可自行扩张国家对人民干预的权力范围。[2]虽然事实认定和法律适用上存疑的处理最终都导向有利于被告人的结果，但二者的处理方案是完全不同的，前者是证明责任规范作用的结果，后者是法律解释的结果。

遗憾的是，虽然意义重大，但无论英美，还是欧洲大陆，对于事实问题和法律问题的区分，不但没有形成清晰可用的标准，反而聚讼纷纭，莫衷一是。

二、刑事审判中的"事实"及其分类

(一)"事实"的定义

无论是学术研究还是现实生活中，"事实"都是一个出现频率很高的词。然而，这样一个看似平常的词汇，其背后却隐藏着巨大的分歧和争论，充满不确定性，甚至同一个人在同一个文献中，也往往在不同的意义上使用这一概念。"事实"的内涵复杂多变的原因，是人们经常不加界定、不加分析地使用这个词，才造成不少混乱和无谓的争论。所以，清晰的概念是深入思考的前提，为了准确把握刑事审判中"事实"一词的含义，有必要对"事实"一词的定义作以概念性的探讨。

在哲学领域，对于"事实"这一概念，至少存在三种迥然不同的定义角度。其一，本体论意义上的"事实"。这种观点认为，事实是外在于人的事物、事件及其过程。如罗素认为："事实的意义就是某件存在的事物，不管有没有人认为它存在还是不存在。"[3]但也有人认为应当区分事实与事物、事件，如维特根斯坦提出"世界是事实的总和，而不是物的总和"，[4]认为事实与事物、事件是不同的，前者是哲学的对象，后者是科学的对象，是科学力图把握的。这种对事实的定义显然符合唯物主义客观性，但由于

---

〔1〕 参见［法］贝尔纳·布洛克：《法国刑事诉讼法》，罗结珍译，中国政法大学出版社2010年版，第9页。

〔2〕 ［德］卡尔·拉伦茨：《法学方法论》，陈爱娥译，商务印书馆2003年版，第37页。

〔3〕 ［英］罗素：《人类的知识》，张金言译，商务印书馆1983年版，第177页。

〔4〕 ［奥］维特根斯坦：《逻辑哲学论》，郭英译，商务印书馆1985年版，第22页。

未对客观性与主客体的关系作进一步的分析，因而将"事实"与纯粹的"自在之物"混为一谈了。[1]

其二，认识论的定义视角。这种观点认为，事实是主体关于客观事物、事件及其过程的反映与把握，尤其是正确的反映和把握，即真理。这一定义视角表明，"事实"不仅与主体（人）相关，而且是主体的实践与认识活动的结果。这种定义下的"事实"使用得最为广泛。然而，由于"事实"本身是不会开口说话的，所以人们在交流、辩论中所说的"事实"，实际上都是经过主体意识加工、以语言形式表达出来的事实判断。例如，"事实是这样的：……""事实是不容否认的"，等等。这种定义的问题在于，它混淆了事实与对事实的认知。事实具有客观性，不以人的意志为转移。而在现实中，人的认知受主体、客体、认识手段等多方面的限制，完全有可能偏离事实真相。例如，在刑事审判中，被告人、检察官、法官、陪审员以及一般公众，在同一案件中认定的"事实"有可能出现极大的反差，这使得刑事审判中"事实"的认定成为最困难的事，虽然真正的客观"事实"只有一个。

其三，事实是不依赖于主体主观意识的客观存在状态。这是从主客体关系出发定义的"事实"。事实的根本特性是客观实在性，这是区别于事实与非事实的根本特征。然而，并不是任何客观存在的东西都可以称作"事实"。根据实践唯物主义的观点，如果是纯粹的客观实在，不进入人的活动、不与人的实践—认识活动发生对象性关系，就不是人类活动的对象，也不能称为"事实"，只有那些进入人的实践或认识活动的客观存在，才可能成为"事实"。根据人在实践和认识活动中的主客体关系状况，可以将事实进一步区分为客体性事实，即一切对象的客观存在及其现实状况；也包括人本身的主体性事实，即"通过主体本身的存在和变化而表现出来的事实"，"是因主体不同而不同的客观事实"。[2]这一定义视角，将实践唯物主义的立场贯彻得比较彻底，不但坚持了事实的客观存在属性，与唯心主义划清了界限，而且也肯定人、社会、主体本身的存在与客观状况，主体

---

〔1〕 孙伟平：《事实与价值》，中国社会科学出版社 2000 年版，第 75 页。

〔2〕 李德顺：《价值论》，中国人民大学出版社 1987 年版，第 269 页。

和客体之间的关系的存在也是事实，从而与旧唯物主义划清了界限。[1]更重要的是，这一定义视角将"事实"置于主客体关系中去把握其内涵，尤其契合本书给定的刑事审判情境，因此，本书采此说。所谓"事实"，不仅是"客观存在着的事物、事件及其过程的现实状况"，而且是"人的实践活动和认识活动对象自身的存在状态"。[2]

按照上述定义，刑事审判中的"事实"指的是在刑事审判过程中需要查明（认识）的客观事件及其过程。法学视野下的"事实"与哲学争论中的"事实"有所不同。比如，从认识的对象来看，法学仅探讨具有法律意义的事实；从认识的手段来看，刑事审判中对案件事实的认识以证据为工具，对证据的筛选受到法律程序的限制，对人格尊严等优位价值的考虑有时会超越发现事实真相的现实需要；从认识的主体来看，在法学领域，对"事实"的界定和分类直接影响到各主体之间的权力（利）配置，如陪审员与法官之间，初审法院与上诉法院之间，当事人与法庭之间，甚至专家证人与陪审员（如精神病鉴定中刑事责任能力的认定）、普通证人之间的权力（利）如何分配的问题。因此，对于刑事审判中的"事实"，不得不加以细分。

（二）构成性事实与证据性事实

不同的"事实"在刑事审判中发挥不同的作用。根据功能的不同，刑事审判中的"事实"可以进一步分为构成性事实（constitutive facts）和证据性事实（evidential facts）。[3]构成性事实是指在审判中需要用证据证明其成立、法律对之赋予某种意义的事实。一般情况下，与每个犯罪构成要件对应的事实，都是构成性事实。一般而言，哪些事实属于构成性事实往往取决于实体法的规定。例如，在我国刑法中，一个精神正常的成年人以非法占有为目的，当场使用暴力、威胁方式强取另一个人的财物，在没有正当理由的情况下就构成了抢劫罪。那么，被告人是一个正常成年人的事实，以非法占有为目的的事实，当场使用暴力或者威胁方法的事实，强取

---

[1] 孙伟平：《事实与价值》，中国社会科学出版社 2000 年版，第 77 页。

[2] 孙伟平：《事实与价值》，中国社会科学出版社 2000 年版，第 83 页。

[3] 构成性事实和证据性事实的区分由美国法学家 Wesley Newcomb Hohfeld 于 20 世纪 20 年代提出。See Wesley Newcomb Hohfeld, *Fundamental Legal Conceptions as Applied in Judicial Reasoning*, New Haven: Yale University Press, 1923, p. 34。

财物的行为缺乏合法化事由的事实，均是抢劫罪的构成性事实。但是，构成性事实并不必然都是构成要件事实，凡是直接具有某种法律意义的事实，都属于构成性事实。再以我国刑法中的抢劫罪为例，"入户抢劫"是对抢劫罪加重处罚的量刑情节之一，是具有法律后果的事实，因而应当归类为构成性事实。法庭的任务也是对法律上有意义的事实——被告人是否入户抢劫——作出判断。

证据性事实是为了证明构成性事实而向法庭出示的，可以据以推出构成性事实的事实。"证据性事实是那种查明后，可以为推断其他事实提供逻辑基础，但并非结论性的事实。这里的其他事实，可以是构成性事实，也可以是作为中介的证据性事实。"[1]例如，在抢劫案的审判中，被害人作证说，罪犯进入自家的院子强取财物的过程中与自己发生了肢体冲突，警察在被害人身上提取了罪犯留下的 DNA 样本，鉴定人证明该 DNA 样本与被告人的 DNA 样本高度吻合。在这里，DNA 样本和在被害人身上发现了 DNA 样本的事实，以及鉴定人的鉴定意见都是证据性事实。法庭可以据此得出其他证据性事实：案发当时与被害人发生搏斗的就是被告人。最后，法庭对构成性事实得出结论：被告人实施了抢劫。

上述过程其实包含两个步骤，涉及两种不同的推理类型。第一步，从被害人陈述、DNA 样本、鉴定意见等证据，推导出在抢劫案发当时与被害人发生搏斗的那个人就是被告人。这是从证据性事实推导出构成性事实的过程，这一过程运用的是归纳推理，受逻辑法则和经验法则的支配。证据性事实与其所要证明的事实的关系被称为相关性，如果一个事实的存在能够增加另一个事实存在或不存在的可能性，前者就与后者相关。第二步，从"被告人进入被害人的院子"到"入户"。在这里，"被告人进入被害人的院子"是现实中发生的事实，而"入户"则是加重处罚情节。在二者的关系上，不是现实中发生的事实证明了构成性事实，"被告人进入被害人的院子"本身就是"入户"的构成性事实。[2]这是与第一步完全不同的推理

---

〔1〕　Wesley Newcomb Hohfeld, *Fundamental Legal Conceptions as Applied in Judicial Reasoning*, New Haven: Yale University Press, 1923, p. 34.

〔2〕　《最高人民法院关于审理抢劫案件具体应用法律若干问题的解释》（法释〔2000〕35 号）第 1 条规定："……'入户抢劫'，是指为实施抢劫行为而进入他人生活的与外界相对隔离的住所，包括封闭的院落……"根据该解释，"被告人进入被害人家的院子"本身即是"入户"。

类型，是把纷繁多样的事实情节涵摄进"入户"这一加重处罚情节的过程。但这两个步骤在法律实践中均被归类为事实问题。

（三）一般事实与专业事实

对于证据性事实，本书进一步将其划分为一般事实和专业事实。这种分类的意义在于，对于一般事实，可以由法庭根据普通的证人证言加以确定；对于专业事实，则需要专家（鉴定人）提供专业的意见。对应这种分类，在证据法上形成了意见证据规则，[1]即普通证人的任务只限于重述所发生的事实，其发表的分析判断意见应当予以排除，不得采纳为证据。意见规则背后的理由在于，对证人陈述的事实作出推断和分析是法庭（在英美法司法传统下是陪审团）的责任，如果允许证人作出分析判断，则蚕食了法庭（陪审团）的职权。对于专业事实，需要由专家（鉴定人）出具专业的意见，不受意见证据规则的限制。因此在一般事实和专业事实上存在不同的"陈述—意见—裁判"主体权限结构。在一般事实中，普通证人仅作出陈述，法庭（陪审团）负责根据证人的陈述作出分析判断，再作出裁判；在专业事实中，专家（鉴定人）提供分析判断意见，法庭（陪审团）作出裁判。

意见证据规则发挥作用的前提是对"陈述"和"意见"作出明确划分，不幸的是，"意见"是一个相当模糊的概念。大多数的证人对事实的陈述都或多或少地夹杂着自己的分析判断意见。比如，我从后面看到一个驼背的人横穿马路，认出那是我的朋友 X。当我作证说我看到 X 穿过马路时，我不仅在陈述我所看到的一切，而且还有我根据自己看到的情况形成的意见。正如塞耶所言，"在某种意义上所有对于事实问题的证言都是意见；即形成于现象和头脑印象的结论"。[2]因此，与其关注"陈述—意见"的划分，不如关注专业事实的范围，换言之，法庭（陪审团）需要在什么样的

---

〔1〕 意见证据规则最早产生于英美证据法，但 2010 年最高人民法院、最高人民检察院、公安部、国家安全部、司法部联合印发的《关于办理死刑案件审查判断证据若干问题的规定》第 12 条规定，"证人的猜测性、评论性、推断性的证言，不能作为证据使用……"在我国首次引入意见证据规则。

〔2〕 See Thayer, "A Preliminary Treatise on Evidence at Common Law" (1898), p. 524. Weinstein 也指出，"任何证人的证言，都描述了他自己与事件的结合"。See Weinstein, "Some difficulties in devising rules for determining truth in judicial trials", *66 Col L Rev* 223, 231.

事实上接受专家证据（意见），在什么情况下由自己来作出分析判断？

一般认为，专业事实限于那些法庭难以自行作出判断的问题。"如果根据已证事实，法官或陪审团不需要（专家的）帮助，就能够形成自己的结论，那么就不必求助专家意见……专家证人拥有令人仰慕的头衔的事实并不意味着他对于人性的洞察和正常行为的理解比陪审员自己的判断更准确。"[1]例如，一件物品是否属于淫秽物品，必须考虑公众的道德判断和社会公共意识，法庭（陪审团）显然有能力履行这一职能，也更适宜履行此项职能，因此，没有必要在这一问题上听取专家意见。

即便在需要听取专家意见的事项上，也应注意专业事实的边界。一般事实与专业事实是对证据性事实的分类，不涉及构成性事实。这限定了专业事实的边界。除意见规则外，这一领域还存在一个无论理论意义还是现实意义都更为重要的原则：构成性事实只能由法庭（陪审团）认定，而不能由证人（包括专家）认定。[2]在精神病证据上，这一原则尤其重要，特别是，关于被告人是否具有刑事责任能力的事实，属于构成性事实，只能由法庭来作出判断，而不能由专家认定。"专家的职责是向法官或陪审团提供衡量他们的结论的准确性所必要的科学标准，使法官或陪审团能够运用这些标准，形成他们自己的独立判断。"[3]区分一般事实与专业事实还具有一定的程序功能。例如，如果专家对自己专业领域内进行的实验结果存在意见分歧，可以通过公开辩论的方式，使可能的缺陷得以暴露。这种证明专业事实的程序与证明一般事实的程序是有区别的。

以上是从哲学到法学再到刑事审判情境下，对"事实"的内涵所作的探讨。从本质上看，事实问题解决的是一个认识问题，即作为认识客体的事物、事件是怎样一种存在状态？在一个社会系统中，对事实的认知必须依赖于具体的语言或符号系统来表达，如维特根斯坦所言，"我的语言的界限意味着我的世界的界限"。[4]在刑事审判中，对于事实问题的判断也需要以语句的形式表达出来，形成陈述性语句。陈述性语句是对某个事实提

---

[1]　Turner［1975］1 All ER 70, 74.

[2]　Paul Roberts & Adrian Zuckerman, *Criminal Evidence*, New York：Oxford University Press, 2004, p. 148.

[3]　Davie v. Edinburgh Magistrates［1953］SC 34, 40.

[4]　［奥］维特根斯坦：《逻辑哲学论》，郭英译，商务印书馆1985年版，第79页。

出的主张或者作出的断定，它连接了客体和客体具有的性质或行为方式。例如，"这辆车是红色的"，或者"这辆车正在以时速 60 迈的速度行驶"。陈述语句的特点在于，它所描述的事件或者关系，存在或者发生着（过）。对于这种主张或者断定，可以用真假的标准来衡量，换言之，可以对它进行"真/假"的评价。

三、法律与事实的分殊与互动

（一）法律与事实的分殊

法律是一种普遍适用于一切接受对象的应然规范或规范体系。作为应然规范，法律规则与自然法则不同。自然法则是描述物与事件现实存在的一般关系的实然规范，如果发生了与自然法则相矛盾的事件，那么该法则就被驳倒。应然规范却完全不同。例如，如果某人违反了"禁止杀人"的禁令，没有人会认为该禁令无效或者被驳倒。对于应然规范，不能用观察或实验的方法来证明是"真"还是"假"，不能用经验性事实来证伪。

法律规范通过适用条件和法律效果的连接，表达了立法者特定的价值立场。[1]这一点，形成了法律与事实的最本质区别。事实问题解决的是"发生了什么"，法律问题解决的是"所发生的事件，在法律上有什么样的意义"。区分事实问题与法律问题，就是在"过去发生了什么事"与"该事件所具有的法律意义"两个问题之间划一条界线。[2]如前所述，事实需要通过语句来表达，从而形成陈述性语句。法律本身由语句构成，而且只能存在于语句之中，但是与主张、确认事实关系的陈述性语句不同，法律主要表现为规范性语句。陈述性语句的联系词是"是"或"不是"等，规范性语句的联系词是"应该"或"不应该"等。前者属于事实判断，后者属于价值判断。描述事实关系的经验性语句，可以为真，可以为假，可以证伪。例如"A 用刀刺伤 B 的颈部"这样一个经验性命题，一旦有证据证明案发时 A 不在犯罪现场，或者刺伤 B 颈部的是 C，不是 A，那么该经验

---

〔1〕 参见［德］伯恩·魏德士：《法理学》，丁小春、吴越译，法律出版社 2003 年版，第 62 页。

〔2〕 Paul Roberts & Adrian Zuckerman, *Criminal Evidence*, New York：Oxford University Press, 2004, p. 132.

性命题即被证伪。作为规范性语句，法律则不能用"真"或"假"来评判，只能从法律所追求的目的，以及追求目的的手段的合目的性、适当性来判断其正当性。

事实与法律，一个描述事物、事件的客观存在状态和相互关系，一个表达立法者特定的价值立场，二者分别居于"事实—价值"关系的两端，似乎泾渭分明。对于这一点，英国哲学家休谟阐释得比较透彻：

> "以公认为罪恶的故意杀人为例。你可以在一切观点下考虑它，看看你能否发现你所谓恶的任何事实或实际存在。不论你在哪个观点下观察它，你只能发现一些情感、动机、意志和思想。这里再没有其他事实。你如果只是继续考究对象，你就完全看不到恶。除非等你反省自己内心，感到自己心中对那种行为发生一种谴责的情绪，你永远也不能发现恶。这是一个事实，不过这个事实是感情的对象，不是理性的对象。它就在你心中，而不在对象之内。因此，当你断言任何行为或品格是恶的时候，你的意思只是说，由于你的天性的结构，你在思考那种行为或品格的时候就发生一种责备的感觉或情绪。因此，恶和德可以比作声音、颜色、冷和热，依照近代哲学来说，这些都不是对象的性质，而是心中的知觉。"[1]

休谟认为，以理性为特征、以客观事实为对象的科学，在面对善恶等价值（道德）问题时是无能为力的。因为根据逻辑规则，价值关系既然不在科学所研究的诸种关系之内，它就不可能从那些关系中被推导出来。理性、科学只能回答"是什么"的问题，而不能告诉我们"应该怎样"的问题。[2]因此，在休谟看来，事实与价值之间是"井水不犯河水"的关系。那么，表达立法者价值立场的法律规范，与事实之间真的互不通约吗？

（二）法律与事实的互动

法律规范是立法者价值立场的表达，但这种价值立场经常不是通过直接宣示的方式，而是通过连接适用条件和法律后果，间接地予以表达。这意味着一个完整的法律规范在结构上由两个不同的部分组成：法定的事实

---

〔1〕　[英] 休谟：《人性论》，关文运译，商务印书馆 1983 年版，第 508—509 页。
〔2〕　孙伟平：《事实与价值》，中国社会科学出版社 2000 年版，第 3 页。

构成（要件）和赋予该事实构成的某个法律后果。通过事实构成与法律后果之间的连接，每个法律规范都将表明，在事实构成所描述的事实情境中什么样的行为才是适当的、正义的。[1]对每个法律规范的每一次适用，也意味着法定的价值立场在具体的案件中又一次得到确认。

法律的适用通常被认为是逻辑三段论的应用，即以法律的一般规定为大前提，将实际发生的案件事实通过涵摄（subsumtion）归于法定的构成要件之下，形成小前提，然后通过三段论法推导出案件事实应当具有的法律效果。在法律适用的三段论法中，裁判结论的正确性取决于能否正确地形成大前提和小前提。

作为大前提的法律规定由法条组成。一个完全的法条在结构上包括两个部分——对适用条件（法定的事实构成）的描述性规定（T），以及赋予该事实构成要件的法律效果（R）。上述过程可以用公式表达为：$T \rightarrow R$。通过事实构成与法律效果之间这种逻辑上的连接，法律规定清楚地表达了立法者的价值立场，以及组织、安排和引导社会行为的一种设想，即在事实构成所描述的事实情境下，什么样的行为才是适当的、值得鼓励的。遗憾的是，现实生活中很少有法条是完全的，而只有完全的法条才能够充当法学三段论的大前提，所以，大多数法条必须与其他法条相组合才能形成完全的法条。[2]同时，生活事实所拟归向的法律规定本身的含义也需要澄清，其内容精确化之后才能适用于个案。因此，大前提仍有一个形成的过程，需要法官借助法律共同体的专业知识，寻找合适的法条或法条集合，摒弃不应适用的法条，澄清法条的内容与含义。这本质上属于法律解释过程。

小前提的形成包括两个核心环节。其一，法官首先要查明实际发生的案件事实，即拉伦茨所说的作为小前提形成起点的"未经加工的案件事实"。[3]这一过程属于对历史事件的认识活动，法官需要通过控辩双方的证明活动，借助证人、鉴定人等诉讼参与人的知识，运用经验法则和逻辑法则而完成。法官能否完成形成小前提的第一步任务，不仅受认识能力的

---

〔1〕 参见［德］伯恩·魏德士：《法理学》，丁小春、吴越译，法律出版社 2003 年版，第 64 页。

〔2〕 不完全法条主要指不具备法律效果的规定，因为不具备法律效果，当然只能用来说明、限制、引用另一个法条。因此这样的法条如果不与其他法条相组合，就不具有规范性功能。参见黄茂荣：《法学方法与现代民法》，中国政法大学出版社 2001 年版，第 181—182 页。

〔3〕 ［德］卡尔·拉伦茨：《法学方法论》，陈爱娥译，商务印书馆 2005 年版，第 161 页。

制约，诉讼制度也会施加一定的限制。比如，法院查明真相的活动在民事诉讼中要受到当事人进行主义的限制，在刑事诉讼中则要受到作证特权、证据排除规则等施加的限制。对法院查明真相的活动施加限制，恰恰体现了它与纯粹认识活动的区别：查明真相虽然是诉讼的基本目标，但并非唯一目标，在一定范围内，它必须向其他更重要的价值让步。其二，将实际发生的案件事实"涵摄"进法条结构中的"法定的事实构成"。为了能够发生大前提中给定的法律效果，已经查明的案件事实需要经由一定的加工"嵌入"大前提中的法定事实构成。这一过程在逻辑上表述为，如果某具体案件事实 S 在逻辑上是法定的事实构成 T 的一个"事例"，那么就应当被赋予特定的法效果 R。[1]将具体案件事实 S 视为事实构成 T 的一个"事例"，从而将之归属于法定的事实构成之下的过程，即为"涵摄"。[2]显然，实际发生的案件事实与法定的事实构成有着本质的不同：前者属于本书主题所指的事实问题，刑事审判中要解决的事实问题总是具体的、一次性的；后者属于法律规定（大前提）的一个构成部分，是抽象的、可以反复适用的事实模型。

在法律适用的三段论法中，大前提、小前提依序形成，从法律规范的选择，到案件事实的认定，表面上有条不紊。然而，在现实的司法活动中，未必遵循这种大前提、小前提的形成时序，而且，在大前提、小前提形成的实际进程中，"法律"与"事实"发生着密切的互动。

一方面，在形成小前提的"涵摄"环节，为了与法定的事实构成作比较，对于生活中实际发生的事件（未经加工的案件事实），法律适用主体必须配合法律规定的用语将其表达出来（作为陈述的案件事实）。涵摄的作用也正是弥合过于抽象的法定构成要件与过于具体琐碎的案件事实之间的鸿沟。"时间上，不是形成（作为陈述的）案件事实以后，才开始评断案件

---

〔1〕　这一过程表示为：T→R（对 T 的每个事例都赋予法效果 R）；S＝T（S 为 T 的一个事例）；S→R（对于 S 应赋予法效果 R）。参见［德］卡尔·拉伦茨：《法学方法论》，陈爱娥译，商务印书馆 2005 年版，第 150 页。

〔2〕　"涵摄"原本是一个逻辑学概念，即"将外延较窄的概念划归外延较宽的概念之下"。然而，作为法律适用基础的涵摄推论，并不是将外延较窄的概念涵摄于较宽的概念之下，而是将事实（更确切地说是"关于案件事实的陈述"）涵摄于法律描述的构成要件之下。参见［德］卡尔·拉伦茨：《法学方法论》，陈爱娥译，商务印书馆 2005 年版，第 152 页。

事实是否符合法定构成要件要素,两者毋宁是同时进行的,因为在形成案件事实之时,就必须考量个别事实的可能意义。只有在考虑(可能是判断依据的)法条之下,作为陈述的案件事实才能获得最终的形式。"〔1〕另一方面,在大前提形成过程中,法官寻找法条的过程,并非毫无方向地胡乱摸索,他必须以"未经加工的案件事实"为出发点,划定可能适用的规范所属的领域,将可能选用的法条一一检视,然后排除那些他认为不可能适用的法条,再添加经此过程认为可能适用的其他条文。在这个过程中,法官必须不时地作出判断。为此,他必须了解所有出现在案件中、对形成判断而言重要的情节。于是,"作为陈述的案件事实"的最终形成,取决于可能适用于该事件的法律规范,而法规范的选择本身不仅取决于法官对(案件事实所拟归向的)法规范的认识,而且也取决于他所掌握的案件事实情况。因此,法条的选择乃至必要的具体化,又不能抛开被判断的案件事实。

在案件事实与法条之间的"眼光之往返流转"中,那个"未经加工的"案件事实逐渐转化为最终的"作为陈述的"案件事实,而"未经加工"的规范文本也转化为足够具体、适宜判断案件事实的规范形式。〔2〕然而,也正是在这个过程中,原本泾渭分明的"事实—法律"界分开始模糊起来。一旦案件事实以法律的语言被陈述,它便不再是纯粹的认识意义上的事实,而是经过法定的构成要件整理过的事实,成为"法律事实"。在这种情况下,法律与事实之间不再是"井水不犯河水",而是"水乳交融"了。此外,犯罪定义中经常包含一些类似"过于自信""疏忽大意""威胁""明知""严重不负责任"等看似直白的构成要件。然而,这些词语的含义并不总是一目了然。即便将陪审员的职能限制于认定事实,当他们确定被告人是否"明知",或者是否"意图陷害他人"的时候,陪审员不仅是在确定"事实上发生了什么",同时也是在评估所发生的事件是否应当作为刑法上的不法行为受到谴责和惩罚。这样一来,就很难说陪审团决定的事项仅限于纯粹的事实问题,这里已经有明显的价值判断意味了。

---

〔1〕 〔德〕卡尔·拉伦茨:《法学方法论》,陈爱娥译,商务印书馆 2005 年版,第 160 页。

〔2〕 〔德〕卡尔·拉伦茨:《法学方法论》,陈爱娥译,商务印书馆 2005 年版,第 162 页以下。

四、"事实—法律"界分与司法职权配置

区分事实与法律不仅具有理论意义，它还影响着司法职权配置。这种影响是立体的，不仅涉及水平方向上的"陪审团—法官"的职能分工，而且影响垂直方向上"初审法院—上诉法院"的权限划分。只不过在不同的法律传统中，学术讨论的重心并不一样。在实行陪审团制度的英美等国，由于在法庭内部存在职能分工，因而水平方向上"陪审团—法官"分工下的"事实—法律"问题的法理研讨主要见于英美。在不实行陪审团制度的欧洲国家，陪审员与职业法官共同组成混合法庭，共同审理事实问题和法律问题，水平方向上的"事实—法律"界分缺乏如英美国家那样重大的现实意义，因而这一主题的讨论主要集中于垂直方向上"初审法院—上诉法院"的职能分工。

（一）"陪审团—法官"分工体制下的事实问题与法律问题

"陪审团确定事实问题，法官确定法律问题"的普通法原则奠定了法官与陪审团职能划分的大框架。然而，由于各种制度因素的影响，陪审团与法官在实际行使职能时并未严格遵守"事实—法律"的边界。人们熟知的两个特别的例证，一个是英美陪审团在审判中行使"废止权"[1]或"衡平权"[2]的情形，相当于在个案中直接废止了特定的实体法罪名；另一个是死刑陪审团在美国的出现——自 20 世纪 60 年代起，美国联邦和各州都开

---

〔1〕　陪审团废止权（nullification）是指陪审团享有的违背事实与证据作出被告人无罪裁决的权力，这样的裁决，导致刑事实体法无法在现实生活中发挥作用，实际上"废止"了该实体法。在陪审团审判中，有两个因素成就了陪审团的"废止权"：陪审团只需对被告人的罪责问题作一个概括性的裁决，不需要说明理由；美国联邦宪法第五修正案保证的"禁止双重危险"条款阻止了对被判无罪的被告人的再次追诉。See Joshua Dressler & Alan C. Michaels, *Understanding Criminal Procedure*（4th ed., vol. 2），Matthew Bender & Company, Inc., 2006, p. 297.

〔2〕　陪审团衡平权是指陪审团在个案中不顾事实与证据而裁决被告人无罪的权力，美国习惯上称为"废止权"（nullification），英国一般称为"衡平权"（jury equity）。近年来英国陪审团行使衡平权最著名的例子是 Clive Ponting 的无罪裁决。Clive Ponting 是政府的高级公务员，被控将涉及马岛战争期间一艘阿根廷战舰沉没的密级文件泄露给了一名议员。被告人的行为明显违反了 1911 年《英国职务秘密保护法》第 2（1）条，但陪审团依然裁决他无罪，原因似乎是他揭发了隐瞒行为，其做法符合议会民主传统。See R. v. Ponting [1985] Crim LR 318, Central Criminal Court. See also Paul Roberts & Adrian Zuckerman, *Criminal Evidence*, New York：Oxford University Press, 2004, p. 62.

始在死刑量刑程序中使用陪审团，在陪审团认定被告人有罪之后，再由同一陪审团在死刑和终身监禁之间作出选择。[1]

即便不在极端的情形下，在英美日常的司法运作中，陪审团仍保留了不少超越纯粹的事实认定、解释法律的职能。促成这一局面的第一个因素是陪审团裁决的概括性，陪审团只被要求从总体上对指控成立与否作出回答，而不就指控犯罪的每一个要素详细陈述理由和结论。作出概括性裁决并非强制性要求，但就个别争点作出特别性裁决的做法不被鼓励。"法庭对整个犯罪，而非这个或那个争点，作出判决。"[2]这一立场直到今天也没有大的变化。英国的曼菲尔德大法官曾指出，"通过作出概括性裁决，（陪审员们）被赋予一种混合法律和事实，并且按照他们的情感和激情作出判决的权力"。[3]因此，要搞清楚陪审团的裁决是根据事实还是道德作出的判断，即便不是不可能，也非常困难。加剧这种效果的第二个因素是陪审团作出的无罪裁决的终局性。在英国、美国和大多数英联邦司法区，对陪审团作出的无罪裁决，控方没有上诉权。[4]因此，对于陪审团作出的无罪裁决，是基于事实判断还是道德判断，根本无从审查。

第三个因素涉及陪审团对特定术语的解释。在英美刑法中存在大量交织着事实和法律因素的构成要件，比如特定的行为是否"意图"产生一个法律上禁止的效果，是否构成"重大过失""欺诈""非法侵入""挪用""疏忽大意""侮辱""猥亵"，等等。这些术语，到底其确切含义是什么，并不总是一目了然。对于这种术语内涵的确定，英美司法实践中发展出来的应对方案之一即是将这个问题交给陪审团，由陪审团作出解释，虽然陪审团回答的明显是法律问题。

例如，根据1968年和1978年《英国盗窃法》，陪审团必须根据合理、

---

[1] 参见［美］柯恩、唐哲、高进仁：《当代美国死刑法律之困境与探索——问题与案例》，刘超、刘旷怡译，北京大学出版社2013年版，第9页。

[2] P. Devlin, *The Judge*, Oxford：Oxford University Press, 1981, p. 143.

[3] P. Devlin, *The Judge*, Oxford：Oxford University Press, 1981, p. 117.

[4] 在加拿大，检察官可以对无罪裁判上诉，但只能根据纯法律问题。1996年《英国刑事诉讼与侦查法》第54—57条创设了特定情形下高等法院撤销无罪裁决的权力：如果原来的被告人或者任何人通过犯罪手段干预或威胁证人或陪审员妨害司法。然而，这种程序不是上诉，而是一种以无效为根据的审查程序。类似的规定还可参见2003年《英国刑事司法法》第10章（授权上诉法院在发现"新的有力证据"的情况下撤销所列举的严重犯罪的无罪裁判）。

诚实的人的一般标准来确定被告人的行为是否具有欺诈性，然后再根据这样的标准推断被告人是否应该认识到他实施了欺诈行为。[1]又如，"意图"这个词，英国上议院认为这是一个"普通的英语词汇"，陪审团通常不需要进一步的司法引导。[2]然而，在英美法中，"意图"是区分谋杀和过失杀人的一个重要的法律分界线；过失杀人罪中的"重大过失"是那种超出仅产生民事赔偿责任（矫正正义）的疏忽大意，已构成针对国家的犯罪并需要处以刑罚的行为（报应正义）。

有人批评说"意图"和"重大过失"的法律标准无非是循环论证和同义反复。实际上，这些标准的目的恰恰是让陪审团来确定刑事责任的范围，小心地划定其边界。当陪审团在裁决被告人是否"欺诈"，被告人是否"意图"产生一个法律禁止的结果，被告人的粗心大意是否已经糟糕到构成"严重过失"，等等，他们不仅仅是在裁决"发生了什么"，也是在评估"将所发生的事件认定为需要国家予以谴责和施以刑罚的犯罪行为是否适当"。在上述例子中，陪审团面对的都是非常模糊的责任标准，只被要求根据自己的道德意识作出判断，这不仅给予陪审团对被告人进行道德审判的机会，而且经典法学理论中立法和司法的分立也消弭于无形。可见，在英美的司法制度中，事实认定与法律解释是如此紧密地交织在一起，有时候很难分得清事实认定何时结束，法律解释和道德判断何时开始。事实认定过程本身就伴随着价值判断，甚至有时候事实认定也是在制定规则。与其说事实是被发现的，不如说事实是在法律程序中建构出来。

然而，陪审团的解释权力并不总是如此广泛，有些术语的解释，比如"蓄意犯罪"，就留给了法官。可见，在两种解释权限之间并没有一个预先的定义。为了确定特定的争议是归陪审团决定还是归法官决定，唯一能求助的，只能是传统和判例。

然而，英美法官的职能也不仅限于解释和适用法律，他们可以通过一系列方式影响事实认定结果，其中较为重要的方式有以下几种。其一，对

---

〔1〕 R. v. Ghosh [1982] QB 1053, CA. See Andrew Ashworth, *Principles of Criminal Law*, Oxford University Press, 4th edn., (2003), 383-7.

〔2〕 R. v. Woollin [1999] AC 92, HL; See Andrew Ashworth, *Principles of Criminal Law*, Oxford University Press, 4th edn., (2003), 173-80.

证据的可采性问题作出裁定，控制证据的入口。保证陪审团的裁决依法作出，这个责任主要落在法官的肩上。而在这方面，初审法官最重要的职能是，通过适用证据规则和法官享有的排除不可采证据的裁量权，过滤呈交给陪审团的信息。控辩双方要向陪审团提交证据，必须先过法官这一关。

其二，判定为滥用程序而终（中）止诉讼。在普通法司法区，法庭负有保证审判公正的责任，为此，所有刑事法庭均享有出于司法利益控制诉讼进程的权力。在滥用程序的情形下由法官终（中）止诉讼属于司法救济的一种，其行使不考虑案件在实体上的是非曲直，只要法官认定，由于诉讼过程中已发生的某事件，或者如果举行审判的话某种情形很可能会发生，从而使公正审判已无可能，那么他有权终止或者中止程序。[1]前者例如已经发生的检察官、警察刑讯、圈套等行为彻底损害了诉讼的正当性；后者例如被告人在审前受到了不当公开，所造成的不利影响可以预料会使被告人享有的由无偏见的陪审团进行公正审判的权利受到严重的损害。

其三，通过裁决"无辩可答"（no case to answer）动议指令陪审团宣告无罪。一旦开启审判程序，法官的职能就不再局限于确定单个证据的可采性。在控方开场陈述和法官最后总结之间有两个环节，法官都可以决定控方证据的总分量是否足以支持将案件提交给陪审团：一个是控方举证结束后、辩方举证之前，被告人可以提交无辩可答的动议，主张即使控方的每一项证据都可信，控方的举证仍不足以构成排除合理怀疑的证明。如果动议成功，法官必须指令陪审团作出无罪裁决。陪审团此时别无选择，只能遵守法官的指令。理论上这是陪审团宣告无罪，实际上这个决定是由法官作出的。另一个是控辩双方举证结束后、法官向陪审团作总结之前，对全部证据也采取与前一个环节同样的标准。如果在这个环节上"无辩可答"的动议成功，接下来同样是一个指令下的裁决。辩方可以根据情况决定何时提出动议，然而，法官不必干等着辩方提出申请，如果法官断定控方的证据即使全部信其为真，也不足以支持定罪，那么法庭有义务将案件从陪

---

〔1〕 对滥用程序的规制存在已久，但适用于刑事诉讼在英国始于1964年上议院判决的Connelly v. DPP〔1964〕AC 1254, HL。在另一个判例Mills v. Cooper（〔1967〕2 QB 459, DC）中，帕克大法官（Lord Parker CJ）指出："如果诉讼具有压制性（oppressive）且滥用法庭程序，所有法庭无疑都享有拒绝审理的裁量权。"

审团那里撤销，这一义务贯穿审判全程。

除上述法官对陪审团的事实认定施加直接、绝对控制的方式以外，还有一些方式，比如，在询问证人，或者在审判结束总结证据、指示陪审团时，法官都可以通过评论证据对陪审团的事实认定施加间接的、隐晦的影响。法官的总结要详细陈述指控犯罪的各个构成要件、认定有罪需要证明的事实，同时解释检察官的证明责任和证明标准，其目的是协助陪审团作出一个有充分根据的公正、合理的裁决。法官在总结的过程中一定要向每一位陪审员强调，事实认定完全是陪审员的责任，法官在事实问题上的意见没有法定的效力，然而，陪审员不可避免地会受到来自法官的各种暗示、威胁的影响，有些法官还会因对证据状况发表过于强烈的意见而招致争议。[1]

（二）"初审法院—上诉法院"分工体制下的考量

对初审法院和上诉法院的职能进行区分，在西方法治国家是通行的做法。但是，欧洲大陆和英美在不同的政治权力结构影响下，形成了迥然不同的上诉制度，具体设计上略有差异。近代以来，欧洲大陆国家为了强化中央集权，加强对以前独立地区的控制，形成了科层型权力传统，以政策的确定性和统一性为核心价值追求。在司法领域，欧洲统治者们发展出多层级的司法官僚制，很早就形成了全面、广泛使用的上诉制度。[2]第一次上诉被设计为对初审判决进行全面审查的制度，可以对初审判决中认定的事实、适用的法律、量定的刑罚进行全面的审查。但是第二次上诉只能针对法律问题而提起，其主要目的是保证法律适用上的统一。受欧洲大陆法影响的日本和我国台湾地区也是如此，事实争议至多在第一次上诉时提起，[3]在初审或者第一次上诉之后即不再讨论。

英国很早就实现了中央集权，是第一个形成统一司法制度并实现法制

---

〔1〕　Paul Roberts & Adrian Zuckerman, *Criminal Evidence*, New York: Oxford University Press, 2004, p. 78.

〔2〕　达玛斯卡教授指出，上诉制度起源于中世纪后期现代国家逐渐出现之际欧洲统治者控制以前独立的地方势力的需要，上诉制度的确立与中央集权基本上是齐头并进的。See Mirjan Damaška, "Structures of Authority and Comparative Criminal Procedure", *84 The Yale Law Journal 480* (1975), p. 489.

〔3〕　并非所有的案件都可以对事实问题提起上诉。例如在德国，对于州法院判决的可能判处四年以上监禁的重罪案件，只能向州高等法院提起法律审上诉。

统一的西方国家。而且，最初的英格兰地域狭小，政令畅通，因此科层意识不突出。英国国王设计的是一种单一层级的、平面化的初审法院管辖体系，而不是一种科层式结构，既不需要司法系统内部的科层式划分，也不需要通过上诉制度来实现政策统一。[1]他们对个案妥当性的偏爱超出了对政策统一性的追求，个人常常作为独立的机关被授权作出重大的决定。大部分刑事案件的处理被委托给了当地的绅士——治安法官，他与陪审团一起审理案件。一审判决具有终局性，一旦作出，立即发生法律效力，因此，英美并不存在欧洲大陆法意义上完整的上诉制度，[2]拥有上诉权对于被告人而言也并非理所当然之事，[3]上诉理由受到严格的限制，原则上只能针对法律问题而提起，初审判决的事实认定和量刑几乎不能质疑。即便上诉被受理，上诉法院也不会重新审理案件，只能审查原审卷宗，不得调查卷宗以外的材料，不考虑新的事实和证据，因而也缺乏审查原判决事实问题的手段和正当性。

欧洲大陆和英美分别在"科层式"和"同位式"的权力结构模式影响下，[4]形成了风格各异的上诉制度。然而，比较两大法系的上诉制度，却可以发现一个共同的规律：在法律适用问题上是上行的权威，即审级越高，权威越大；在事实认定问题上，则存在相反的趋势，权威总体是趋于下沉的，初审法院基本上一锤定音，在欧洲大陆国家，事实方面的争议最多延伸至第一次上诉审，并止步于此，第二次上诉均为法律审。

然而，事实问题与法律问题的界限究竟应当划在哪里，对于这一问题，却极具争议。在德国，有观点认为，要对事实问题和法律问题在逻辑上作出界定，并对第三审上诉制定类似的限制，是可以做到的：只要是属于法

---

〔1〕 See Mirjan Damaška, "Structures of Authority and Comparative Criminal Procedure", 84 *The Yale Law Journal 480* (1975)，p. 489.

〔2〕 因此，英美所谓的上诉制度，实际上更接近于中国对错误生效裁判纠错的审判监督程序。

〔3〕 在英国，被告人对刑事法院的有罪判决提出上诉，需要经过上诉法院的许可，或者由原审法院签发该案适于上诉的证据。参见 1968 年《英国刑事上诉法》第 1 条。在美国，虽然所有的司法区都允许被告人对严重的定罪提出上诉，但上诉并非宪法权利。参见［美］约书亚·德雷斯勒、艾伦·C.迈克尔斯：《美国刑事诉讼法精解》（第二卷·刑事审判），魏晓娜译，北京大学出版社 2009 年版，第 355 页。

〔4〕 See Mirjan Damaška, "Structures of Authority and Comparative Criminal Procedure", 84 *The Yale Law Journal 480* (1975)，p. 489.

律概念（可以用法律用语表达的），即成立法律评价；只要是包含在一般生活概念之下的（可以用日常习惯用语表达的），即为事实的认定。当一个规则的存在或其内容为讨论的主题时，即成立法律问题；相反，如果只涉及法官个别认定的正确性，则为事实问题。[1]

德国通说认为，对事实认定与法律适用从逻辑上作出界定基本上行不通，尤其是对某些法律概念，如《德国刑法典》第 224 条规定的"严重毁容"的判断，判例的立场经常在事实问题和法律问题之间切换。因此，通说主张放弃逻辑语义上的定义，转而从区分的目的着眼。在德国，第三审上诉法院不得重新对案件事实进行审查，所以，所有将促使第三审法院对事实重新进行调查的错误，均不得提起第三审上诉。相反，对所有无须第三审法院进行证据调查即可审判的错误，对之均可以提起第三审上诉。回到前例，如果第三审上诉之法官必须亲自见到被害人才能判断其是否"严重毁容"，那么该第三审上诉将被判定为无目的性，从而不会被受理；相反，如果从判决理由即可得知，事实审法官将轻微的擦伤视为《德国刑法典》第 224 条意义上的毁容时，则该第三审上诉可以受理。[2]由此形成在同一问题上判例立场不统一的局面。总体而言，第三审上诉法院的监督基本上限于对事实审判决法律层面的考量。

但是，第三审法院对原审法院的事实认定仍然存在不同程度的干预。例如，如果上诉理由为违反实体法，那么第三审法院就要审核原审法院认定的事实，以确定是否正确地适用了实体法。德国联邦法院近年来的一个发展趋势是，扩大基于法律错误的上诉对原审法院事实认定的审查范围，具体方法是当事人主张原审法院违反了《德国刑事诉讼法典》第 244 条第 2 款所规定的收集所有相关证据的义务，因而判决的事实基础不充分。这是一种程序违法主张，但审查内容会涉及事实认定。根据法律错误的上诉对原审法院事实认定进行审查的另一种方式是对判决的内在一致性进行审查，尤其是事实认定是否符合逻辑法则、一般生活经验准则、科学定律、周知的事实，以及法官在评判证据时是否考虑了全部的可能性。如果判决没有考虑其他"明显的"可能性，因而不能给判决一个一致而全面的解释，

---

〔1〕　参见［德］克劳思·罗科信：《刑事诉讼法》，吴丽琪译，法律出版社 2003 年版，第 519 页。

〔2〕　参见［德］克劳思·罗科信：《刑事诉讼法》，吴丽琪译，法律出版社 2003 年版，第 517 页。

那么就应当撤销原判。[1]

在日本，当事人提出上告（第三审）的理由仅限于违反宪法和违反判例，但是，上告审一旦发动，在"量刑显著不当"和"给判决带来影响的重大事实认定有错误"等情况下，上告审法院可以依职权撤销原判决。实践中，当事人提出上诉多是为了促使法院发动这种职权，从而实现事实审查的效果。[2]

在美国，法律审也未能阻止上诉法院对事实认定问题的审查。被告人在上诉中经常提出的一种主张是，支持被告人有罪判决的证据不充分。联邦最高法院对此确立的标准是，"从最有利于控方的角度审查全部证据后，任何理性的事实裁判者是否都会排除合理怀疑地认定犯罪要素的存在"。[3]然而，在这一问题上，英国的上诉法院不享有美国法院享有的审查定罪证据充分性的一般权力。[4]

五、"事实—法律"界分的中国进路

如前文所述，由于法律适用过程中事实与法律的交互作用，从语义上、逻辑上对事实与法律作出的界定并不能反映各国刑事司法实践的真实样貌。然而，正如在法律解释技术上首推"文义解释"一样，[5]对事实与法律问题的界定也应首先尊重其基本语义上的定义。否则，若完全抛开基本语义，事实与法律的界定就失去了准绳，成为完全不可捉摸的概念。与哲学、语言学等领域关于事实问题的讨论相比，法学领域的讨论，其最大的不同在于，对"事实"范围的界定直接影响到诉讼主体的权力（利）配置。由此可以得出两点判断：其一，事实与法律的界定，不能飘忽不定，完全脱离

---

〔1〕 参见［德］托马斯·魏根特：《德国刑事诉讼程序》，岳礼玲、温小洁译，中国政法大学出版社 2004 年版，第 226—227 页；［德］克劳思·罗科信：《刑事诉讼法》，吴丽琪译，法律出版社 2003 年版，第 518 页。

〔2〕 参见［日］松尾浩也：《日本刑事诉讼法》，张凌译，中国人民大学出版社 2005 年版，第 269 页。

〔3〕 Jackson v. Virginia, 443 U. S. 307 (1979).

〔4〕 See Paul Roberts & Adrian Zuckerman, *Criminal Evidence*, New York: Oxford University Press, 2004, p. 84.

〔5〕 典型的法律解释方法，是先依文义解释，继以论理解释。参见杨仁寿：《法学方法论》，中国政法大学出版社 1999 年版，第 101 页。

基本语义。其二，纯粹的逻辑语义角度的界定远远不够，必须反过来考虑权力（利）配置背后的原理或政策。实际上，在后一点上，两大法系的共识是，事实与法律的区分不是一个纯粹的逻辑问题。尤其是在英美，关于"事实—法律"及其区别的知识并非逻辑、理性思维的产物，而是长期司法实践逐渐积累的历史成果。[1] 所以，事实与法律的界分不能不从功能主义出发反向考虑刑事审判中的权力（利）配置问题。因此，在中国语境下讨论事实与法律的界分，以基本语义为基础，再从功能主义出发引入特别的政策考量作出适当的修正，不失为一条务实的路径。

(一) 事实与法律的界分：陪审视角

从基本语义上，刑事审判中的"事实"指的是在刑事审判中需要查明（认识）的客观事件及其过程；"法律"是一种通过适用条件和法律效果的连接，表达立法者特定价值立场、普遍适用于一切接受对象的应然规范或规范体系。从逻辑上看，事实认定是对法庭审判中出示的证据，运用归纳法，作出经验性判断的过程；法律适用则是从司法三段论的大前提出发，运用演绎法，作出规范性判断的过程。

从功能主义的角度看，在中国，对事实与法律进行准确界分的必要性目前主要来源于《人民陪审员法》第 22 条的规定："人民陪审员参加七人合议庭审判案件，对事实认定，独立发表意见，并与法官共同表决；对法律适用，可以发表意见，但不参加表决。"本条将人民陪审员的表决事项限定于"事实认定"。根据前文所述的功能主义进路，陪审制度是我们审视和界定"事实"范围的一个重要视角。

人民陪审员参与庭审，功能之一是在刑事审判中引入普通人的生活经验和一般社会常识，以提高事实认定的准确性，增进社会公众对于判决的信任。可见，人民陪审员的优势在于作出经验性判断，而非规范性判断。因此，在规范性判断色彩较为浓厚的议题上，例如，证据的合法性问题，就不宜由人民陪审员作出决定，即使这一问题解决过程中也会涉及事实问题，比如是否存在刑讯逼供行为等。因此，关于证据的合法性问题，应当作为法律问题由法官作出决定。

---

〔1〕　参见陈杭平："论'事实问题'与'法律问题'的区分"，载《中外法学》2011 年第 2 期。

量刑作为刑事审判的任务之一，一般被认为是法律适用问题，属于法官的职权范围。在英美，量刑甚至被界定为不属于审判程序的独立程序，因而在量刑问题上不容陪审员置喙，完全由法官掌控。然而，在死刑案件中，这种局面已经发生了根本的改变。在美国，联邦系统和保留死刑的州在1976年以后纷纷通过新的成文法，将陪审团引入死刑量刑程序，打破了"陪审团负责定罪，法官负责量刑"的传统格局。在死刑案件中，陪审团对被告人作出有罪裁决后，再由同一陪审团决定是否对被告人判处死刑，扩展了陪审团的适用范围。[1]在向无陪审传统的日本，2009年开始施行"裁判员"（陪审员）制度，对于死刑案件，要求必须由3名法官和6名裁判员组成合议庭进行审理。与普通刑事案件中的衰落适成对照，陪审制反而在死刑案件中得到扩展与强化。

这些新的发展趋势，不能纯粹归结为历史的巧合。陪审制度的功能不仅仅在于事实认定，甚至在英美，不少学者对陪审员是否拥有发现真相的特别优势表示怀疑。[2]但是，陪审制度的另一个重要价值是，在事实认定中引入社会自身的正义和道德标准，并以此保证刑事审判制度不会脱离公众的是非感，不会失去对其有效运作至关重要的公众支持。[3]19世纪的刑法史学家斯蒂芬认为陪审是一种责任转移机制，通过迫使其他主体（陪审员）承担全部或者部分最终判决的责任来解脱法官："毋庸讳言，维持陪审团审判对法官比对其他社会成员更具有重要性。它把法官从仅仅根据自己的意见来决定被告人有罪或者无罪的责任中挽救出来——这对许多人而言是一种沉重和痛苦得不堪忍受的负担。"[4]尤其是在死刑案件中，"血罪和葬送（无辜）的责任被推过来、推过去，从陪审团推到法官又从法官推到陪审团；但是实际上紧紧地绑在了这两者身上，最终尤其落到了陪审员头上"。[5]

---

〔1〕 参见 Gregg v. Georgia. 428 U. S. 153, 188（1976）。

〔2〕 See Doran, "Trial by Jury", in Mike McConville and Geoffrey Wilson（eds.）, The Handbook of the Criminal Justice Process, Oxford University Press, 2002.

〔3〕 Paul Roberts & Adrian Zuckerman, *Criminal Evidence*, New York: Oxford University Press 2004, p. 64.

〔4〕 Stephen, *A History of the Criminal Law of England*,（Volume Ⅰ）, Nabu Press, 2010, p. 573.

〔5〕 17世纪檄文作家豪勒斯（Hawles）语，转引自〔美〕詹姆士·Q. 惠特曼：《合理怀疑的起源——刑事审判的神学根基》，佀化强、李伟译，中国政法大学出版社2012年版，第24页。

因此，陪审在死刑案件中，尤其是死刑量刑过程中具有特别的意义。对一个人是否判处死刑，绝非单纯的法律问题，这个过程需要考量一个社会主流的价值观，还需要考虑社会、文化、宗教、伦理、民意等多方面因素，而这恰恰是陪审员的作用能够发挥得较好的领域。在目前国际国内形势下，我国探讨如何削减对死刑适用的正当性责难和分化、转移死刑错判的风险，也许是一种更为务实的态度。引入陪审员参加死刑量刑，不仅可以使死刑判决更能反映主流民意，而且可以有效地缓解和分担法官的判决负担和道德压力，强化判决的正当性基础。因此，死刑量刑目前可以归入由人民陪审员参与表决的"事实问题"。

（二）事实与法律的界分：审级视角

审级视角下的"事实—法律"界分，目前尚缺少足够的法律根据。但是，这一讨论仍然是有意义的。目前中国法院在审级制度上实行两审终审，各级审判中均贯彻"全面审查"原则，各审级之间不存在功能上的分化，不区分事实问题与法律问题，"胡子眉毛一把抓"，引发至少两方面的问题。

第一，两审终审加剧刑事司法的地方化和法律适用上的不统一。

我国目前普通刑事案件实行两审终审制，仅在死刑案件中实行事实上的三审制。普通刑事案件中两审终审，使得绝大多数刑事案件止步于各地中级人民法院，即使出现重大的法律问题，也无法实现高级别法院的监督。司法实践中存在有关方面为了规避高级人民法院的监督，把案件控制在当地，违反刑事诉讼法关于级别管辖的规定，"降格处理"严重刑事案件的典型实例。近年来中央大力推进的司法体制改革以"去地方化"为目标之一，而两审终审的结果是，一般刑事案件很难通过正常的上诉渠道进入高级别法院的视野，加剧了刑事司法的地方化，与中央司法改革的目标南辕北辙。

刑事司法的地方化又必然加剧法律适用上的不统一。在单一法律体系内部，法律适用应当尽量趋于一致、统一。目前我国法院统一法律适用的实现途径主要有以下几个：一是在法律通过或者修改后由最高人民法院统一作出司法解释；二是最高人民法院以批复的形式对下级法院提出的法律适用问题进行解释；三是近年来最高人民法院、最高人民检察院为促进"同案同判"而发布指导性案例。这几种方式在统一法律适用方面确实发挥了重要的作用，但由于无法带动刑事案件进入高级别法院的管辖范围，无法对个案进行法律监督，实践中常用的"案件评查"等方式又带来上下级法院关系行政化的隐忧。近年来，以"去行政化"为目标的各项司法改革措施也产生了新的问题，比较典型的是，在废除了法院内部裁判文书签发方面的三级审批制度，限制审判委员会讨论案件的范围之后，在对"入额"法官放权之后，实践中"同案不同判"现象似乎变得突出。[1]在不回到"三级审批"老路上的前提下，如何保证法律适用的统一性显得愈加迫切。

第二，"全面审查"引发正当性和效率的双重质疑。

刑事第二审程序和死刑复核程序均实行"全面审查"原则，[2]这意味着第二审法院和死刑复核法院可以对一审判决进行全方位的审查。但是，我国刑事案件第二审开庭比例不高，[3]死刑复核程序完全不开庭。这种制度安排引发了一系列的质疑。

其一，第二审法院以及死刑复核法院是否有能力对一审判决认定的事实、证据进行审查？依据常识，在发现事实真相的能力方面，二审法院并不优于一审法院。与一审法院相比，二审法院在时间和空间上距离犯罪更远，案发时遗留下来的痕迹和物品损毁或者灭失的可能性更大，残存在证人记忆中的印象也将进一步淡化。[4]死刑复核程序在发现真相方面的缺陷较之二审程序有过之而无不及，在事实判断方面居于更加不利的地位。

其二，第二审法院和死刑复核法院以不开庭方式在书面案卷基础上进行的事实认定，何以优于第一审法院以公开、开庭方式作出的事实认定？

---

〔1〕 2018 年 5 月 5 日，原中央司法改革办公室副主任黄太云在中国政法大学国家法律援助研究院举行的"司法改革大讲堂"作《司法改革与律师职业》的主题演讲中指出这一问题。

〔2〕 死刑复核程序的审查范围《刑事诉讼法》没有明确规定，根据《最高人民法院关于适用〈中华人民共和国刑事诉讼法〉的解释》第 427 条的解释，死刑复核程序实际上也实行"全面审查"原则。

〔3〕 这一点可以从立法的变化看出来。1996 年《刑事诉讼法》第 187 条第 1 款规定："第二审人民法院对上诉案件，应当组成合议庭，开庭审理。合议庭经过阅卷，讯问被告人、听取其他当事人、辩护人、诉讼代理人的意见，对事实清楚的，可以不开庭审理……"立法态度是以开庭为原则、以不开庭为例外。2012 年修正的《刑事诉讼法》立法者态度发生重大变化，第 223 条第 1 款规定："第二审人民法院对于下列案件，应当组成合议庭，开庭审理：（一）被告人、自诉人及其法定代理人对第一审认定的事实、证据提出异议，可能影响定罪量刑的上诉案件；（二）被告人被判处死刑的上诉案件；（三）人民检察院抗诉的案件；（四）其他应当开庭审理的案件。"这种立法方式使得开庭成为例外。即便是法定应当开庭审理的案件，实践中贯彻得也不到位。

〔4〕 ［德］托马斯·魏根特：《德国刑事诉讼程序》，岳礼玲、温小洁译，中国政法大学出版社 2004 年版，第 222 页。

第二审法院以及死刑复核法院对一审判决认定的事实、证据进行审查，合理性何在？

其三，第二审法院和死刑复核法院不堪重负。"全面审查"意味着第二审法院必须依职权对原判决控辩双方已无争执的部分进行重复审理，重新调查证据、认定事实。这种做法，浪费司法资源，没有实际利益，反而会拖累有实质争执需要开庭审理的案件，致使其无法开庭，影响第二审案件的整体审判质量。死刑复核程序中这一问题更为严重。最高人民法院刑事法官的人员规模堪称"世界之最"。但即便如此，由于死刑案件的数量庞大，仅是阅卷工作一项，法官们就已经不堪重负。对于学界一直呼吁的死刑复核程序诉讼化改革，也只能是心有余而力不足。

其四，第二审程序和死刑复核程序实行全面审查原则，上级法院集事实审查与法律审查于一身，审级越高，权威越大，在刑事司法系统形成一种上行的权威。这种上行的权威结构，不仅造成第一审失去重心地位，而且把死刑案件与生俱来的各种责难和风险引向中央司法机关，是一种高风险结构。

其五，在普通刑事案件中实行两审终审制，使得绝大多数刑事案件止步于各地中级人民法院，即使出现重大的问题，也无法实现高级别法院的监督，只能诉诸申诉、信访。这种局面加剧了刑事司法的地方化和法律适用上的不统一。

鉴于此，同时为了贯彻落实十八届四中全会《决定》提出的"完善审级制度，一审重在解决事实认定和法律适用，二审重在解决事实法律争议……"笔者主张对我国刑事审级制度进行全面改革。总体来说，将三审制从现有的死刑案件推广适用于全部刑事案件，并改造为法律审，同时，对各个审级的功能和审理方式进行调整。具体来说有以下几个方面。

首先，第一审是认定事实的最关键阶段，理应成为整个刑事司法的重心。为此，应坚定不移地继续推进"以审判为中心"的各项刑事诉讼制度改革，保证关键证人出庭作证，加强被告人的对质权和辩护律师的取证权，推进刑事案件法律援助全覆盖。

其次，突出第二审程序的事实救济和法律救济功能，第二审法院仅对原审判决提出上诉或者抗诉的部分进行审理。同时，确保第二审刑事案件全部开庭审理。这样处理有三个好处：其一，从当事人的角度来看，允许对判决的一部分提起上诉既合乎上诉的目的，又有利于当事人的攻击防御。其二，从法院角度来看，第二审法院对原判决控辩双方已无争执的部分重复审理，浪费司法资源，不仅没有实际意义，还会加重第二审法院的负担。第二审法院的审理范围限于提出上诉或者抗诉的部分，可以减轻第二审法院的负担，节省司法资源，有助于提高二审开庭的比例和审判质量。其三，以当事人上诉或者检察机关的抗诉限制第二审法院的审理范围，可以避免程序重心移往上级审，保证第一审的重心地位。

最后，增设第三审，仅受理对法律问题提出的上诉，以强化高级别法院对下级法律的法律监督，促进各级人民法院在适用法律方面的统一。在审理方式上，采取开庭审理和言词辩论，被告人可以不出庭。同时，为了防止大量案件涌入高级人民法院甚至最高人民法院，控制上诉案件数量，赋予第三审法院受理上诉的裁量权，以审查上诉理由是否属于法律问题，是否具有足够的法律价值。[1]目前我国法院统一法律适用的途径主要有两个，一是在法律通过或者修改后由最高人民法院统一作出司法解释；二是最高人民法院以批复的形式对下级人民法院提出的法律适用问题进行解释。虽然这两种方式在统一法律适用方面确实发挥了重要的作用，但在对下级人民法院进行法律监督方面却无能为力。增设第三审，借力于当事人的上诉带动高级别法院对下级人民法院适用法律方面的监督，相当于以逸待劳，比起实践中经常使用的"案件评查"的方式，优势十分显著。

死刑复核程序是否也改造成法律审？这可能是审级制度改革中最引人关注的问题。很多人担心，如果将死刑复核程序也改造成法律审，是否会削弱其对事实错误的救济功能，进而降低死刑审判质量？对此，本书要阐明两点：其一，在法院系统大力贯彻证据裁判原则、严防冤假错案的努力下，死刑案件办案质量有了显著的提高。有学者实证研究发现，近年来死刑案件的不核准率很低，基本控制在6%左右。最重要的是，该研究发现，死刑判决不核准的原因主要是法律适用错误。[2]在这种新形势下，弱化死刑复核的事实救济功能，并不意味着降低死刑判决质量。

〔1〕 参见李荣耕："初探最高法院之案件受理规范及言词辩论——以美国联邦最高法院相关法制为比较对象"，载《月旦法学杂志》2012年第208期。
〔2〕 参见高通："最高人民法院死刑复核全面审查原则再检视"，载《法学家》2017年第3期。

其二，如前文所述，所谓的法律审并不绝对排除对事实问题的审查，只是这种审查与一审法院事实认定的侧重点有所不同。死刑案件第一审程序重点是死刑适用在个案中的妥当性，包括认定事实、适用法律、诉讼程序是否合乎法律规定，适用死刑是否合法与妥当。第二审程序的重点应当是在个案中对第一审判决出现的错误提供具体的救济。而统领全局的最高人民法院，应当侧重于把握案与案之间在适用死刑方面是否标准统一，是否合法、公平并合乎比例。在中国现阶段，完全排除死刑复核法院对于事实问题的审查并不现实，但与原审法院相比，中国的最高人民法院同前述德、日等国的第三审法院一样缺少"核实"证据的必要手段，其在事实审查方面并不占优势。因此，死刑复核法院的审查不应当涉及证据"质"的问题，只限于审查证据的"量"和形式性问题（证据的充分性和事实认定的内在逻辑性），以及死刑案件之间标准的一致性与统一性。这样的审查，实际上已经是"法律审"了，然而对于死刑复核程序统一死刑适用的功能定位来说，"法律审"其实已经能够满足需要。

（三）事实：构成性事实与证据性事实

如前所述，刑事审判中的事实可以进一步区分为构成性事实与证据性事实，但这种分类仅涉及实体法事实。对于程序法事实，完全由法官控制，应归入法律问题。

所谓构成性事实，是直接由实体法赋予某种法律意义的事实。在刑事审判中，构成性事实折射出两种权力（利）关系：其一，起诉权与审判权的关系。根据不告不理/控审分离原则，审判范围不得超越起诉书指控的范围，这里的审判范围和起诉范围，除对人之外，主要是对事。该原则不适用于法律问题，因为法律适用属于法官的职权范围。所以，起诉书中援引的法条和提出的量刑建议，不能约束法院，仅具有参考价值。就事实而言，实行或不实行诉因制度，[1]对于起诉的范围有直接的影响。在诉因制度之

---

〔1〕　所谓诉因，"亦即该当刑罚法律所定构成要件之具体事实"。林裕顺："日本诉因制度之比较法研究——我国'起诉不可分'存废之检讨"，载《月旦法学杂志》2009年第175期。《日本刑事诉讼法》第256条规定，"公诉事实，应明示诉因而为记载。诉因之表示，应尽可能借由日时、场所及方法以特定犯罪事实"。"罪名，明示应适用法条而为记载。但法条记载有误，若对被告防御未有实质不利益之虞，不影响公诉效力。"

下，审判对象为经犯罪构成要件整理后的诉因事实，法庭原则上不得变更检察机关指控的罪名，因为改变罪名一般也会引起诉因改变。如果不实行诉因制度，则审判对象为未经犯罪构成要件整理的原始事实，只要适当关照到辩护权，法庭改变起诉罪名没有实质性障碍。[1]其二，法庭与当事人（控辩双方）的权力（利）分配。职权主义是将调查事实的权力委诸法庭，法庭负有查明真相的责任。彻底的当事人主义则分析出当事人主张、当事人进行、当事人处分三项原则，其法律效果在于，不仅将事实调查权交给控辩双方，而且通过当事人的主张和处分限定法庭的审理范围，只有当事人之间存在争议的事实才成为审判对象。中国以职权主义为底色，从20世纪末启动审判方式改革，实际上是吸收了"当事人进行"规则，将事实调查权在法庭与当事人（控辩双方）之间重新进行分配。但由于并未全面转向当事人主义，当事人对构成性事实达成一致并不能排除其成为审理对象，法庭仍负有综合全案证据认定案件事实的职责和权力。

因此，在职权主义背景下的中国刑事审判中，构成性事实与证据性事实分类的意义在于，其一，构成性事实只能由法庭认定，不能由当事人（控辩双方）处分，换言之，双方就构成性事实达成的协议并不能约束法庭。其二，构成性事实也不能由证人（包括鉴定人）认定。[2]这是一个分配法庭和鉴定人权限的基本原则。笔者以"刑事责任能力"为关键词，截至2018年12月20日，在中国裁判文书网检索到45份最高人民法院的死刑复核刑事裁定书，刑事责任能力问题无一例外均由鉴定意见作出认定，表述方式多为"证明×××（被告人姓名）具有完全刑事责任能力的精神病医学鉴定意见"；"证实×××（被告人姓名）在作案时具有完全刑事责任能力的司法精神病鉴定意见"；"经鉴定，×××（被告人姓名）为反社会性人格障碍、精神活性物质（新型毒品）所致精神障碍，案中具有完全刑事责任能力"，等等。这说明，在我国精神病司法实务中，作为构成性事实的刑事责任能力问题由鉴定人作出认定是普遍的司法实践。

---

〔1〕《最高人民法院关于适用〈中华人民共和国刑事诉讼法〉的解释》第 295 条第 1 款第 2 项规定："起诉指控的事实清楚，证据确实、充分，指控的罪名不当的，应当依据法律和审理认定的事实作出有罪判决。"

〔2〕 Paul Roberts & Adrian Zuckerman, *Criminal Evidence*, New York：Oxford University Press, 2004, p. 148.

证据性事实可以进一步分为一般事实与专业事实，前者由普通证人提供证据，后者由鉴定人提供专业的分析判断意见。区分一般事实与专业事实的意义有以下几点。一是划定法庭和鉴定人的权限。凡是不需要借助专业知识，能够利用自己的一般生活经验、常识，以及对人性和世事的洞察就能够作出判断的，均由法庭（包括法官和陪审员）自行进行认定；涉及专业知识的证据性事实才由鉴定人分析判断。二是提供证据的主体和方式不同。对于一般事实，由证人以陈述的方式作出，猜测性、评论性、推断性的证言，不能作为证据使用。鉴定人就专业事实作证时，则没有上述限制。三是调查程序不同。对一般事实的证言的质疑，通过交叉询问的方式进行；对鉴定人提供的专业事实方面的意见，如果有不同意见，则需要传唤有专门知识的人到庭，就鉴定人作出的鉴定意见提出意见，必要时可以公开辩论。

（四）法律：具体解释与抽象解释

刑事审判中以法律为对象的活动大致可以分为两种：法律适用和法律解释。法律规范要适用于实际事件，即客观上发生的案件事实。为此，必须考虑可能适用的法条，将"未经加工的案件事实"转变为"作为陈述的终局案件事实"。同时，也必须考虑终局的案件事实，将应予适用的规范内容尽可能精确化。可见，法律适用过程不可避免地伴随着法律解释。然而，与判例法制度下法官在法律适用过程中还承担法律续造的职能不同，我国法官行使的法律解释权其含义是特定的，即在法律适用过程中，为保证正确的法律适用，将应予适用的规范内涵精确化。英美普通法官所享有的抽象意义上的解释权，或创立规则的解释权，在我国则交给了最高人民法院。[1]我们将法条适用于具体个案过程中的解释权与最高人民法院享有的司法解释权，分别称为"具体解释权"与"抽象解释权"。[2]

我国台湾地区学者韩忠谟认为，中国之所以形成这种独特的司法解释

---

〔1〕 当然，在解释的边界问题上，最高人民法院和全国人大常委会也存在权限划分。根据1981年6月全国人大常委会《关于加强法律解释工作的决议》规定，最高人民法院就审判工作中具体应用法律的问题进行解释。对法律条文本身"进一步明确界限或作补充规定"的，则全国人大常委会有权进行解释。

〔2〕 参见张志铭：《法律解释学》，中国人民大学出版社2015年版，第14页。

格局，有历史的原因。概括其要，中国之所以形成与办理具体案件相脱离的抽象司法解释，与"下级法院人员法学智识浅薄"有关。虽然新中国司法制度与清末、民国司法制度不存在承继关系，但笔者认为这一分析对于中国司法制度初创时期司法解释体制的形成仍然有效，虽然当代中国法官的素质早已不可同日而语。除此之外，中国现行司法体制中的法律审缺失，客观上也强化了目前的司法解释格局。也就是说，在无法通过法律审实现法律统一适用的情况下，只好另辟蹊径，由最高司法机关发布统一的、抽象的司法解释，不失为一种弥补。

与西方法治国家相比，中国目前的司法解释体制确属独特。英美的法官享有较高的权威，在具体案件中不仅可以解释法律，而且可以创制规则，集具体解释和抽象解释于一身。欧洲大陆的情况较为复杂。基于严格的分权理论和对法官的不信任，许多国家曾尝试通过立法来解决法律适用过程中遇到的解释难题。比如法国在大革命期间曾经通过法律，规定"当法院认为有必要解释一项法律或制定一项新法时必须请求立法会议"，并设立附属于立法机关的"上诉法庭"（Tribunal de Cassation），负责监督各类法院，以防司法偏离法律条文，侵犯立法权。但是，这种要求由立法机关解释法律的做法不久就发生变化，作为其产物的"上诉法庭"后来也与立法机关脱离，演变为法国的最高法院（Cour de Cassation）。《法国民法典》总则第4条规定，法官如果以法律无规定或者不明确或不完备为由拒绝依法判决，必须因此承担责任。这就改变了由立法机关负责解释法律的做法，肯定了法官解释法律的权力。[1]可见，无论是英美还是欧洲大陆，具体解释和抽象解释最终都没有分离，一概由审判案件的法院行使，至于统一法律适用的问题，则通过高级别法院的法律审来解决。

中国目前的司法解释体制也会产生独特的问题。"具体解释权"与"抽象解释权"的区分具有界权功能，它划分了审判案件的法院和最高人民法院在解释法律方面的权限。然而，一个比较现实的问题是：什么情况下需要由最高人民法院以司法解释的形式制定规则？什么情况下交给审判法院在个案中作出自己的理解和适用？例如，为了规范非法经营罪的认定，

---

〔1〕 参见张志铭：《法律解释学》，中国人民大学出版社2015年版，第164—165页。

2011 年 4 月 8 日发布的《最高人民法院关于准确理解和适用刑法中"国家规定"的有关问题的通知》第三点规定："各级人民法院审理非法经营犯罪案件，要依法严格把握刑法第二百二十五条第（四）的适用范围。对被告人的行为是否属于刑法第二百二十五条第（四）规定的'其他严重扰乱市场秩序的非法经营行为'，有关司法解释未作明确规定的，应当作为法律适用问题，逐级向最高人民法院请示。"这里就涉及具体解释权与抽象解释权在审理法院与最高人民法院之间的分配问题。

我们认为，对于这一问题，存在两个不同的解决方案。从远期来看，法律解释问题宜通过确立三审制解决，即通过设立专门的法律审解决法律的统一适用问题，使抽象解释逐渐归于具体解释，由审判法院统一行使，原因已见前述。在目前的司法解释体制未发生根本改变的前提下，具体解释和抽象解释的界定标准，应取决于对于相关法条一致适用的偏好程度。从理论上讲，在单一法律体系内部，法律适用、法律解释均应当具有一致性。然而，对于刑法条文各要素，人们对于一致性的偏好程度是有差别的。比如，对于盗窃罪、诈骗罪等侵财类犯罪，作为立案起点的"数额较大"应当如何把握？各省之间根据经济条件的不同，允许存在一定的差异。但是，在死刑适用问题上，各省之间的差异似乎更令人难以接受。[1] 这意味着，即便对于纯粹的法律问题，也不是一律要求整齐划一，在不同的法律事项上，人们对于法律适用的一致性有着不同的期待。中国目前仍处于社会转型期，审判法院和最高人民法院的具体解释权和抽象解释权的边界，也需要根据情况不断进行调整，对于实践中出现的新的问题，可以抱持观察的态度，先由审判法官自行解释适用，甚至可以界定为事实问题交由初审、二审法官解决，直至产生统一法律适用的需要，再由最高人民法院作出抽象解释。

---

〔1〕 2006 年修正的《人民法院组织法》收回死刑核准权，其中一个重要的理由就是死刑适用上的一致性。

第十一章

审级视角下的人民陪审员制度改革

陪审制度作为司法民主的集中体现，陪审员是民意的代表，陪审员作出的裁判理应是终审裁判，不再接受上级法院或者其他任何机构的审查。如果允许法官推翻陪审员作出或者参与作出的裁判，实质上就等于否决了陪审制度的司法民主性。那么，如何处理陪审员独立作出或者参与作出的一审判决？西方代表性国家形成了不同的处理方案。大多数国家为了维护陪审裁判的终局性，确保陪审实质化，对于撤销或者变更陪审员作出或者参与作出的裁判均有严格的限制。在英美，一个古老的规则——陪审团裁决不受挑战规则（No-impeachment Rules），阻止对陪审团认定的案件事实进行上诉审查。在欧洲大陆的法国和德国，对于陪审员参与作出的一审判决的上诉，二审法院则必须组成由陪审员参与的新合议庭进行审判。但是，在日本和俄罗斯，对于陪审员参与认定的案件事实并未给予特殊待遇，由职业法官组成的法庭可以对之进行上诉审查。

一、英美方案：陪审团裁决不受挑战规则

陪审团裁决不受挑战规则起源于 1785 年英国大法官曼斯菲尔德勋爵（Lord Mansfield）裁决的韦恩诉德拉瓦（Vaise v. Delaval）案。[1]当代的人们对产生陪审团裁决不受挑战规则的这个案件所知甚少，因为关于这个案件本身的描述并不多。大致的案情是这样的，在一个民事案件中，关于被告是否负有责任，陪审团陷入了意见分歧。由于相持不下，在评议过程中陪审团成员一致同意通过抛硬币的方式来决定哪一方败诉，结果原告抛出的硬币正面朝上，于是陪审团裁决原告获胜。裁决作出之后，有两名陪审

---

〔1〕 (1785) 99 Eng. Rep. 944 (K. B.).

员感到良心不安，向被告坦承了这种相当草率的裁决方式，并向被告出具了一份描述在评议过程中所发生情况的书面证言。有了新证据的支持，被告回到法院，要求撤销原来的裁决。该案最终到了王座法院的首席大法官曼斯菲尔德勋爵手中。虽然该案确实存在对被告不公正的情况，但曼斯菲尔德勋爵的判决却毫不含糊，认为如果证明陪审团不当行为的唯一来源是陪审员自己的书面证言，法庭不能接受来自陪审团成员自己抨击陪审团品格的证言。曼斯菲尔德勋爵否决了要求搁置陪审团裁决的动议，这开启了陪审团裁决不受挑战规则的先河。[1]由于该规则为曼斯菲尔德勋爵所创立，因此又被称为"曼斯菲尔德规则"。

美国继承并发展了这一规则。大多数州接受了陪审团裁决不受挑战规则，"一揽子"地拒绝陪审员就陪审团评议过程中的主观心理以及客观事件所作的证言。也有为数不多的州拒绝了这种"一揽子"的禁令，比如爱荷华州最高法院在 Wright v. Illinois & Mississippi Telephone Co. 案中，[2]确立了更具弹性的"爱荷华规则"（Iowa Rule），即只禁止陪审员就他们在评议过程中主观信仰、想法或者动机作证，但是，可以使用陪审员的书面证言，以证明评议过程中存在的陪审员的客观不当行为。

1975 年《美国联邦证据规则》第 606 条（b）款明确规定了陪审团裁决不受挑战规则，是该规则发展史上的重要里程碑。该规则第 606 条（b）款第（1）项规定："在调查陪审团裁决或者大陪审团公诉书的有效性的过程中，陪审员不得对下列事项作证：陪审团评议期间作出的任何陈述或者发生的任何事件；任何对该陪审员或者其他陪审员投票产生的影响；任何陪审员就该裁决或者公诉书的主观心理过程。法庭不得接受陪审员在上述事项上的书面证言或者陈述证据。"[3]接下来第（2）项规定了例外。作为

---

〔1〕 See Andrew J. Hull, "Unearthing Mansfield's Rule: Analyzing the Appropriateness of Federal Rule of Evidence 606 (B) in Light of the Common Law Tradition", *38 S. ILL. U. L. J. 403* (2014). pp. 409-410.

〔2〕 20 Iowa 195 (1866).

〔3〕《美国联邦证据规则》第 606 条（b）款原文为：During an Inquiry into the Validity of a Verdict or Indictment. (1) Prohibited Testimony or Other Evidence. During an inquiry into the validity of a verdict or indictment, a juror may not testify about any statement made or incident that occurred during the jury's deliberations; the effect of anything on that juror's or another juror's vote; or any juror's mental processes concerning the verdict or indictment. The court may not receive a juror's affidavit or evidence of a juror's

例外，陪审员可以对以下问题作证："（A）是否有外部的偏见性信息不当地吸引了陪审团的注意；（B）是否有外部力量不当地影响了任何陪审员；（C）在将裁决计入裁决表时发生了错误。"其中，"是否有外部的偏见性信息不当地吸引了陪审团的注意"指电台新闻报道、报纸报道等；"是否有外部力量不当地影响了任何陪审员"指对陪审员家属的威胁等。

但是，需要注意的是，陪审团裁决不受挑战规则没有排除陪审员以外的人就其知道的陪审团不正当行为的有关事实而提供证词。换言之，如果陪审团评议室的门半开着，某个路过的法警听见某一陪审员威胁另一陪审员，那么，该法警将具有作证能力，可以就该威胁行为作证。此外，2006年该规则增加了一个例外，即允许书记员修改裁决形式上的错误。除了法定例外，对于陪审团认定的案件事实，初审法院以及其他任何法院包括上级法院不得根据陪审员提供的证言再次审理。这使得陪审团的事实认定权以及裁决的终局性受到了最大限度的尊重，也能促使陪审员在评议室进行充分的讨论，保证在陪审团解散之后不会再次被召集进行重新评议或者被其他事情所骚扰。目前，美国各州以及哥伦比亚特区都规定了陪审团裁决不受挑战规则，其中42个地方直接采用《美国联邦证据规则》的规定，9个地方则采用了更为宽容的"爱荷华规则"。[1]

《美国联邦证据规则》确立了陪审团裁决不受挑战规则后，联邦最高法院认为，为了维护陪审团裁决的稳定性和终局性，该规则不应当确立更多的例外。在1987年 Tanner v. United States 案中，联邦最高法院的判决意见认为，即使陪审员中有人吸毒也不构成例外。首先，现有的制度足以保障被告人获得公正而且胜任的陪审团审判的权利，如在陪审员资格预先审查程序中陪审员的身份能够得到公正的审查；陪审员的不当行为能够被法院和律师发现；陪审员可以在裁决作出之前将不当行为报告给法院等。其次，试图弹劾和挑战陪审团裁决，不仅会破坏陪审团裁决的程序终局性，也将动

（接上页）statement on these matters. （2）Exceptions. A juror may testify about whether：（A）extraneous prejudicial information was improperly brought to the jury's attention；（B）an outside influence was improperly brought to bear on any juror；or（C）a mistake was made in entering the verdict on the verdict form。

〔1〕 See Peña-Rodriguez v. Colorado（2017）.

摇社会对建立在平民决定基础上的陪审制度的信任。[1]2014 年，联邦最高法院在 Warger v. Shauers 案的判决意见中指出，即使陪审员中有人存在明显支持被告人的偏见同样不构成例外。该法院再次重申，现有的保障制度无须增设更多的例外。但也警告，当陪审员的偏见严重到使当事人获得陪审团公正审判的权利受到损害时，这样的例外是可以接受的。[2]

直到 2017 年 Peña-Rodriguez v. Colorado 案，美国联邦最高法院才确立了该规则的第四个例外——种族歧视。在该案中，科罗拉多州一赛马场的工作人员 Peña-Rodriguez 涉嫌在卫生间对一对未成年姐妹进行性侵。陪审团裁决被告人性骚扰和非法性接触成立。在陪审团解散之后，有两位陪审员秘密地向辩护律师反映，在评议过程中有一位陪审员对被告人及其证人表达了明显的反拉美裔的歧视和偏见。该陪审员在评议过程中称，以他作为前执法官员的经历来看，90%的墨西哥男人都侵犯过女性，因此被告人肯定是有罪的。辩护律师向法院报告后，法院在审查两位陪审员的书面证言后承认该陪审员存在明显的种族歧视，但否决了要求重新审理的动议，因为根据《科罗拉多州证据规则》第 606 条（b）款，陪审员评议过程是免受调查的。该州上诉法院和最高法院均确认了被告人的有罪判决。被告人于是上诉至联邦最高法院，最终确立了陪审团裁决不受挑战规则的种族歧视例外。该例外必须符合以下两个条件：首先，这种公然的种族歧视言论使得对陪审团评议以及裁决的公平和公正产生严重的怀疑；其次，种族歧视是陪审员投票赞成有罪的关键因素。[3]

一般认为，陪审团裁决不受挑战规则的理论基础主要有三个：一是裁决的终局性（finality of verdict）；二是评议的自由（freedom of deliberation）；三是保护陪审员免受不服当事人的骚扰（protection of jurors against harassment of dissatisfied litigants）。在上述三个理由中，维护裁决的终局性是核心。终局性是英美法系法律制度的基本特征之一。因为裁决的终局性才能带来秩序的确定性，它是自由法治与政治社会的基本要素。在陪审团裁决作出后，指责陪审员存在行为不当、能力不足或者不够认真，会严重破坏这一程序

〔1〕 See Tanner v. United States, 483 U. S. 107, 117 (1987).
〔2〕 See Warger v. Shauers, 574 U. S. (2014).
〔3〕 See Peña-Rodriguez v Colorado, 580 U. S. (2017).

的终局性。[1]

二、欧陆方案：上诉法庭的陪审员不少于一审法庭

欧洲大陆在刑事审判中引入英格兰陪审团后，逐渐将其改造为参审制，部分接受陪审裁决不受挑战规则，同时，也发展出解决一审陪审法庭与上诉法庭之间紧张关系的方案，即，由陪审员参与的二审法庭审理针对一审陪审法庭判决提出的上诉。在法国和德国，对陪审裁判进行上诉审查是可能的，但上诉法院审理时必须由陪审法庭进行审判。

（一）德国：部分接受陪审裁决不受挑战规则

德国对于陪审法庭裁决的效力，同时采取两种方案：其一，接受英美的陪审裁决不受挑战规则，赋予陪审法庭的事实认定以终局效力，控辩双方不得争辩陪审法庭认定的案件事实，但允许当事人提起法律审上诉。其二，允许当事人提起事实审上诉，但为了审查一审陪审法庭认定的事实，二审中使用相等数量的陪审员，即一审中有多少名陪审员参与审判，二审中也应由多少名陪审员参与。

德国的普通法院分为四级，由低到高依次是区法院、州法院、州高等法院和联邦最高法院。在四级法院中只有区法院和州法院设有参审法庭，而且参审法庭只审理刑事案件，不审理民事案件。关于区法院参审法庭的组成，《德国法院组织法》第 28 条规定："对于区法院管辖案件之审理及裁判，除由刑事独任法官裁判外，应在区法院设立参审法院。"[2]该法第 29 条规定，（1）参审法庭由作为审判长的区法院的法官和 2 名陪审员组成。试用的法官在其转正后的 1 年内不得被任命为审判长。（2）启动审判程序时，鉴于案件范围的需要，根据检察院的申请，可以由 2 名区法院法官加入参审法庭。如果上级法院在参审法庭前启动审判程序，不需要检察院的申请。[3]据此，德国区法院参审法庭的组成包括两种形式：一是 1 名法官+2 名陪审员；二是 2 名法官+2 名陪审员。关于州法院刑事法庭的组成，《德

---

[1] 曾新华：《论陪审裁判的终局性》，未刊稿。

[2] 《德国刑事诉讼法附德国法院组织法选译》，连孟琦译，元照出版社 2016 年版，第 482 页。

[3] 参见《德国刑事诉讼法典》，岳礼玲、林静译，中国检察出版社 2016 年版，第 202 页。

国法院组织法》第 76 条规定，刑事庭由包括庭长在内的 3 名法官和 2 名陪审员（大刑事法庭）组成，就刑事法官或者参审法庭的判决提起的（普通）上诉由 1 名庭长和 2 名陪审员组成（小刑事法庭）。陪审员不参与庭审之外的决定，针对（由 2 名法官和 2 名陪审员组成的）参审法庭作出的判决（第 29 条第 2 款）的（普通）上诉，法庭的组成应当纳入第二名法官。法庭审理之外，由庭长独立作出裁决。[1]也就是说，对区法院由"1 名法官+2 名陪审员"参审法庭作出的判决提出上诉的，州法院应组成"1 名法官+2 名陪审员"参审法庭进行审理；但对区法院由"2 名法官+2 名陪审员"参审法庭作出的判决提出上诉，州法院也应组成"2 名法官+2 名陪审员"的参审法庭进行审判。因此，德国一审和二审参审法庭中陪审员的人数是相等的。

对于区法院和州法院的陪审法庭作出的裁判，德国采取两种不同的应对方案。首先，对于州法院由 3 名法官和 2 名陪审员组成的大刑事法庭，德国采取了第一种方案，即接受了英美的陪审团裁决不受挑战规则，认可其在事实认定方面的终局效力，对其作出的判决只能就法律问题向州高等法院提起上诉。因该上诉程序只涉及法律问题，故而全部由法官审理。其次，对于区法院由 1 名法官和 2 名陪审员组成的法庭作出的判决，德国采取了第二种方案。《德国法院组织法》第 76 条规定："（1）……就刑事法官或者参审法庭的判决提起的（普通）上诉由 1 名庭长和 2 名陪审员组成（小刑事法庭）。陪审员不参与庭审之外的决定……（5）针对（由 2 名法官和 2 名陪审员组成的）参审法庭作出的判决（第 29 条第 2 款）的（普通）上诉，法庭的组成应当纳入第二名法官。法庭审理之外，由庭长独立作出裁决。"[2]可见，德国第二种方案不再接受英美的陪审团裁决不受挑战规则，而是允许当事人对陪审法庭认定的案件事实提出上诉，条件是，上诉法庭必须有陪审员参加，且陪审员数量不少于一审法庭陪审员的数量。

（二）法国：陪审裁判不受挑战规则的突破

法国在 1791 年移植了英国陪审团制，1941 年将其改造为参审制，但陪

---

〔1〕 参见《德国刑事诉讼法典》，岳礼玲、林静译，中国检察出版社 2016 年版，第 214—215 页。

〔2〕 参见《德国刑事诉讼法典》，岳礼玲、林静译，中国检察出版社 2016 年版，第 214—215 页。

审员参与刑事审判仅限于在非常设的重罪法院，轻罪法院和违警罪法院都不使用陪审员。由于信奉"陪审制系人民主权的载体"，基于人民不会犯错的政治信条，陪审法庭作出的判决应当具有终局性。[1]所以法国起初并不允许当事人对陪审员参与作出的裁判提出上诉，因此，重罪法院作出的判决具有终局的效力。

但是，法国于 2000 年 6 月 15 日通过了强化无罪推定和被害人权利保护的法律，确立了"轮转上诉制度"，即允许重罪案件的当事人对重罪法院陪审员参与作出的判决提起上诉，并由最高法院所指定的另外一个重罪法院负责审理上诉案件。根据该法修订的《法国刑事诉讼法典》第 296 条第 1 款规定："一审的判决陪审团由 9 名陪审员组成，上诉审的判决陪审团由 12 名陪审员组成。"重罪法庭不是常设机构，由上诉法院首席法官任命的 1 名庭长（审判庭庭长或上诉法院法官担任）、2 名助理法官（上诉法院法官或大审法院处理重罪的法官担任），以及从选举人名单中随机抽选的 9 名选民组成的陪审团构成。因此，法国重罪法庭共有 12 名法官，其中 3 名职业法官、9 名陪审员，他们集体出庭并共同合议。"确认被告人有罪的裁判必须得到绝对多数票即至少 8 票（2/3），职业法官的作用发挥仅在程序方面。"[2]值得关注的是，为了扩大公民参与刑事司法以及进一步提高诉讼效率，2011 年 8 月 10 日法国通过了关于刑事司法中的公民参与及审判未成年人的法律，不仅确立了轻罪案件也实行参审制即由 3 名法官和 2 名人民陪审员组成合议庭进行审判，而且还对重罪案件的一审和上诉审中陪审员的人数进行改革，规定自 2012 年 1 月 1 日起，一审陪审员由 9 名减少为 6 名，上诉审由 12 名减少为 9 名。[3]

三、日俄方案：由职业法官审理对陪审法庭判决的上诉

除了 20 世纪 20 年代实行陪审制度而不了了之的一段短暂历史，日本曾经长期是唯一没有建立公民参加司法审判的国家，直到 2004 年在推进司

---

[1] 参见施鹏鹏：《陪审制研究》，中国人民大学出版社 2008 年版，第 76 页。

[2] ［法］皮埃尔·特鲁仕主编：《法国司法制度》，丁伟译，北京大学出版社 2012 年版，第 43 页。

[3] 参见刘林呐："法国重罪陪审制度的启示与借鉴"，载《政法论丛》2014 年第 2 期。

法改革的大背景下制定《日本裁判员法》。该法于 2009 年 5 月正式实施，2013 年 10 月进行了小幅修订。该法正式确立了裁判员制度，即民众通过随机遴选的方式参与重大刑事案件的审理，与职业法官一起决定案件事实、适用法律以及参与量刑。

在日本，对未确定的裁判予以救济的上诉审程序，包括控诉、上告和抗告。控诉是不服第一审法院的判决向第二审法院提出的上诉。对地方法院、家庭法院或者简易法院作出的第一审判决，可以提出控诉。在高等法院，由职业法官组成法庭对控诉案件进行审理。控诉审可以审理事实问题，原则上适用第一审程序的规定。控诉审法院可以作出以下判决和裁定：控诉不受理的判决、撤销原判决的判决、撤销原判决并将案件发回原审法院或移送与原审法院同级的其他法院，以及公诉不受理的裁定。

在制定《日本裁判员法》时，对于是否应协调裁判员制度而修正刑事诉讼法关于上诉的规定，曾有过相当激烈的讨论。其中就引进裁判员制度后之第二审上诉诉讼模式设计就有五个方案，一是沿用现行法的规定；二是第二审仅由职业法官负责审理与裁判，但除诉讼程序之违反法令、适用法令错误等情形第二审得自为判决外，对于量刑不当及事实误认则不得自为判决；三是第二审仅由职业法官负责审理与裁判，量刑不当的第二审虽得自为判决，但事实误认则不得自为判决；四是第二审虽仅由职业法官负责审理与裁判，但加强关于事实认定与量刑不当之撤销理由；五是第二审采复审构造，亦由裁判员参与审理与裁判。这种方案大致可以归纳为两大类：第一类是事后审查制即第一到第四种方案都属于此类；第二类是复审制即第五种方案。最后经过激烈讨论，决定采用第一种方案，即沿用现行刑事诉讼法有关第二审程序的规定，不做任何修改。

但是，由于裁判员制度的采用，特别强化了第一审中心主义，只有职业法官组成的控诉审（日本的事实审上诉）法庭在驳回原判决时，原则上应将案件发回。控诉审将案件发回后，发回的案件也由地方法院处理，当然也是由裁判员参加的合议庭处理。[1]

1993 年，俄罗斯通过立法引入了陪审团制度。俄罗斯的陪审法庭由一

---

〔1〕　参见［日］田口守一：《刑事诉讼法》，张凌、于秀峰译，中国政法大学出版社 2010 年版，第 354 页。

名职业法官和 12 名正式陪审员组成，一般也会额外选出 2 名候补陪审员。对于陪审法庭作出的裁判，即使是无罪判决，控辩双方都可以提出上诉。上诉程序与其他类型法庭判决的上诉程序并无不同，但审理陪审法庭判决的只能是俄罗斯联邦最高法院上诉庭。[1]

四、中国方案：人民陪审员参与二审法庭

我国最早规定陪审制度的法律文件是 1951 年发布的《中华人民共和国人民法院暂行组织条例》。该法第 6 条规定："为便于人民参与审判，人民法院应视案件性质，实行人民陪审制。陪审员对于陪审的案件，有协助调查、参与审理和提出意见之权。"从该条内容来看，当时的人民陪审员制度并没有限定于第一审程序。但是，1954 年《人民法院组织法》第 8 条规定："人民法院审判第一审案件，实行人民陪审员制度，但是简单的民事案件、轻微的刑事案件和法律另有规定的案件除外。"该法将陪审制限定于第一审程序。2004 年全国人大常委会《关于完善人民陪审员制度的决定》第 2 条以及 2018 年《人民陪审员法》第 15 条、第 16 条、第 17 条均沿用法院组织法的规定，规定了相同或者类似的内容。

人民陪审员制度仅适用于第一审程序，这一规定大概是受到了苏联人民陪审制度的影响。新中国成立后废除了"六法全书"，全面学习苏联的法律制度。在苏联，人民参加法庭被认为是司法民主的体现。1936 年《苏联宪法》第 103 条规定："各级法院审理案件，除法律有特别规定者外，都由人民陪审员参加进行。"1938 年《苏联、各加盟共和国及自治共和国法院组织法》对人民陪审制规定了两个例外：一是"机关和企业中的工人和职员旷职和撤离职守的犯罪"由人民审判员单独审理；二是第二审程序，即"当第二审法院审理对下级法院民刑事判决所提出的上诉和抗议的时候，由审判员三人组织审判庭进行，而无人民陪审员参加。在上诉审法院和在审判监督机关中所审议的对象，是第一审法院已经在人民陪审员参与之下审理了的案件"。[2]我国在移植苏联人民陪审制度后，尽管历经了多次变革，但人民陪审员制度只适用于第一审程序的规定始终没有变化。

---

〔1〕 参见施鹏鹏：《陪审制研究》，中国人民大学出版社 2008 年版，第 151 页。
〔2〕 〔苏〕卡列夫：《苏维埃司法制度》，赵涵舆等译，法律出版社 1955 年版，第 43 页。

与此同时，我国的第二审程序并不因第一审裁判是人民陪审法庭作出的而有所不同。陪审制不适用于第二审程序，二审法庭全部由职业法官构成；刑事案件第二审实行全面审查原则，即二审法院要对原审裁判从事实、证据到定罪量刑、诉讼程序等各个方面进行全面审查；根据审查的结果，二审法院可以维持原判，可以直接改判，也可以撤销原判、发回重审。2018年《人民陪审员法》通过以后，特别是七人大合议庭引入之后，陪审制度与上诉制度之间的紧张开始凸显。由4名人民陪审员和3名法官共同认定的案件事实，可以被3名或者5名职业法官改变或者否定。

中国可借鉴法德模式，允许当事人和检察机关就人民陪审员参与认定的事实问题提出上诉或者抗诉，但是二审法院必须另行组成一个由人民陪审员参加的合议庭进行审判，理由有以下两个方面。

其一，法德模式兼顾了陪审裁判的终局性与上诉制度。上诉制度是纠正错误裁判、救济当事人以及保障法律统一实施的重要机制。联合国《公民权利和政治权利国际公约》第14条第5项和《欧洲人权公约》第7号议定书第2条均明确规定，对于有罪判决，必须由一个更高级别的法院进行再次审查。这必然会造成与陪审裁判终局性之间的冲突。而法国和德国的上诉审陪审员裁判模式则缓和了陪审制度与上诉制度之间的紧张关系。该模式承认陪审制是司法民主的集中体现，陪审员代表了人民的意志，人民的决定必须得到充分的尊重。同时认为人民有权改变自己的决定，特别是根据少数服从多数的民主原则，陪审员人数更多的二审陪审法庭当然有权撤销或变更人数更少的一审陪审法庭所作出的判决。"如果在拟议中的宪法草案允许就一陪审团认定的事实进行复查，则宪法中得规定另组陪审团进行之；或向下级法庭发回案件进行复审，或指令某一问题在最高法院以外另组陪审复审。"[1]

其二，法德模式契合我国上诉审构造。二审陪审制只有在复审制模式下才能兼容。在复审制下，二审程序实行直接和言词原则，陪审法庭才可以对案件进行重新开庭审理，对所有证据进行重新调查。如前所述，法国

---

〔1〕［美］汉密尔顿、杰伊、麦迪逊：《联邦党人文集》，程逢如、在汉、舒逊译，商务印书馆1980年版，第410页。

和德国均只在刑事案件中适用陪审制，而两国刑事诉讼上诉审构造均是复审制。如《德国刑事诉讼法典》第 323 条规定："……2. 对于第一审中询问过的证人、鉴定人，只有在对于查明案情认为没有必要再次询问的，才不必对他们传唤。……3. 准许提出新的证据……"第 328 条规定："1.（普通）上诉法院应当在认为上诉有理由的范围内撤销原判决，并自行对案件作出判决。2. 第一审法院的管辖有误的，（普通）上诉法院应当撤销原判决，并将案件移送至有管辖权的法院。"因此，德国刑事第二审上诉可以传唤一审中询问过的证人、鉴定人以及提出新的证据；除一审法院管辖错误外，二审法院应当自行作出判决。

与德法不同的是，我国的人民陪审员制适用于刑事、民事和行政三大类案件，刑事和行政上诉审构造均为复审制。[1]在复审制下，二审陪审法庭可以对案件进行重新审理。但是，民事诉讼上诉审与二审陪审制度难以协调。我国民事诉讼上诉审最初与刑事诉讼、行政诉讼一样都是复审制。1982 年《中华人民共和国民事诉讼法（试行）》第 149 条规定："第二审人民法院必须全面审查第一审人民法院认定的事实和适用的法律，不受上诉范围的限制。"随着民事审判方式改革的推进，复审制被改造为续审制。现行《中华人民共和国民事诉讼法》第 168 条规定："第二审人民法院应当对上诉请求的有关事实和适用法律进行审查。"这种模式有利于节约司法资源和减轻诉讼参与人负担，符合世界民事审判方式的发展趋势。但是，在续审制下，二审法院必须接受一审法院的裁判结果且不得对一审中调查过的证据进行调查，只能结合二审程序中的新证据作出裁判。不论二审程序中是否有陪审员参与，二审的终审裁判有部分甚至绝大部分都是源于一审法院调查的结果。不过，在民事诉讼中适用陪审制度的国家已极为罕见。当前陪审团既审理刑事案件又审理民事案件的国家和地区，只有美国、加拿大、英国等极少数的国家和地区，其中较为普遍的只有美国，而参审制中

---

[1] 我国《刑事诉讼法》第 233 条规定："第二审人民法院应当就第一审判决认定的事实和适用法律进行全面审查，不受上诉或者抗诉范围的限制。共同犯罪的案件只有部分被告人上诉的，应当对全案进行审查，一并处理。"《中华人民共和国行政诉讼法》第 87 条规定："人民法院审理上诉案件，应当对原审人民法院的判决、裁定和被诉行政行为进行全面审查。"

审理民事案件的却只有中国。[1]因此，从长远来看，应当规定民事案件不再适用人民陪审员制。

对于陪审裁判，法国和德国均允许当事人提出上诉，但上诉法院审理时必须由另一个陪审员组成的合议庭进行审判。德国采用"相等数量陪审员"模式，即一审中有多少名陪审员参与审判，则上诉审中也应有多少名陪审员参与；法国则采用"更多数量陪审员"模式，即一审中有 N 名陪审员参与审判，则上诉审中就应有 N+1 名陪审员参与。日本采取了由上诉审职业法官裁判的发回重审模式。

我国《人民陪审员法》规定了两类陪审合议庭，即"三人合议庭"和"七人合议庭"。其中三人合议庭人民陪审员与法官一起共同对事实认定和法律适用发表意见，行使表决权；而七人合议庭中人民陪审员只对事实认定独立发表意见，与法官共同表决，对于法律适用不再参加表决。笔者认为，兼顾案件性质和重大程度以及诉讼效率，对于"三人合议庭"作出的裁判提出上诉或者抗诉的，可以借鉴德国模式，由与一审相等数量的陪审员组成二审合议庭进行裁判；对于"七人合议庭"则应借鉴法国模式，由更多数量的陪审员（如六名）组成二审合议庭进行裁判。

---

[1] 参见方金刚、胡夏冰："国民参与审判制度：点评与展望"，载《人民法院报》2014 年 10 月 31 日，第 7 版。

第十二章

人民陪审员制度改革之反思——代结语

本轮人民陪审员制度改革自中共十八届三中、四中全会提出总体目标，2015 年启动为期三年的试点，以 2018 年正式出台《人民陪审员法》为标志，及至今日，仍处于不断发展完善中。《人民陪审员法》和修改后的《刑事诉讼法》对人民陪审员的选任条件、遴选程序，适用陪审的案件范围、人民陪审员的职权等核心问题作出很多突破性改革，总体上有助于解决人民陪审员制度原有的问题，也有利于人民陪审员制度功能的发挥。然而，考察人民陪审员制度改革之得失，不仅要着眼于制度框架本身，考量其设计是否有助于制度功能与制度目的之实现，也需要跳出人民陪审员制度的框架，在一个更大的背景下审视其与整个诉讼环境是否契合，以及契合之程度。一旦放眼于更为开阔的视角，则会发现目前的人民陪审员制度仍有一些值得进一步思考和完善的地方。

一、关于人民陪审员阅卷

本轮人民陪审员制度改革亟须解决的一个问题就是提高人民陪审员参与庭审的实质性，避免人民陪审员"陪而不审"，成为摆设。为了提高人民陪审员在审判过程中的实质性参与，弥合职业法官审前阅卷、人民陪审员不阅卷造成的信息劣势，推动人民陪审员庭前阅卷成为应对方案之一。最高人民法院、司法部 2015 年 4 月印发的《试点方案》第 4 条提出，"健全人民陪审员提前阅卷机制，人民法院应当在开庭前安排人民陪审员阅卷，为人民陪审员查阅案卷、参加审判活动提供便利"。在随后印发的《实施办法》第 18 条也规定，"人民法院应当在开庭前，将相关权利和义务告知人民陪审员，并为其阅卷提供便利条件"。2016 年 6 月，在最高人民法院向全国人大常委会所作的《关于人民陪审员制度改革试点情况的中期报告》

中，"建立健全人民陪审员提前阅卷机制，在开庭前安排人民陪审员阅卷，为人民陪审员查阅案卷提供便利"，被作为开展试点的成功经验向全国人大常委会汇报。2018 年正式通过的《人民陪审员法》虽没有出现类似内容，但是，2019 年 5 月 1 日起开始施行的《最高人民法院关于适用〈中华人民共和国人民陪审员法〉若干问题的解释》第 8 条明确规定："人民法院应当在开庭前，将相关权利和义务告知人民陪审员，并为其阅卷提供便利条件。"

　　但是，任何改革都不能脱离大的制度环境。这个大的制度环境就是十八届四中全会《决定》部署的"以审判为中心的诉讼制度改革"。以审判为中心，其核心要求是作为裁判根据的案件信息，形成于并仅仅形成于审判程序。从结构角度考虑，为了保证作为裁判基础的案件信息形成于审判程序，须人为割断，至少是限制侦查和起诉信息进入审判程序的通道，其核心，是对承载侦查、起诉信息的案卷的使用施加限制。例如，日本"二战"后为实现庭审实质化采取了一系列举措，阻断审前信息向审判阶段的自由流动。比如实行起诉状一本主义，禁止起诉时移送案卷和证据，也不得在起诉书中添附可能使法官对案件产生预断的文书及其他物品，或者引用该文书等的内容。[1]《法国刑事诉讼法典》第 347 条规定重罪法庭不能将案卷带入评议室。[2] 在德国，虽然采案卷移送制度，但案卷之内容原则上不得作为裁判之根据。[3] 在阅览案卷的主体方面，立法也有严格的限制：由于担心陪审员不自觉地受到影响，因此陪审员原则上不得接触案卷；审判长和制作裁判文书的法官也不得阅览案卷。

　　虽然我国目前立法仍采"案卷移送主义"，但从改革的大方向来看是要逐步对案卷的使用施加限制，而人民陪审员阅卷的制度化，无疑与这一大方向背道而驰。实际上，人民陪审员参审的实质化，与"以审判为中心"的诉讼制度改革并不矛盾，一个实质化的庭审，才可能实现人民陪审员参审的实质化，一个书面案卷发挥巨大作用的庭审，无论人民陪审员如何阅

---

　　〔1〕　参见《日本刑事诉讼法》第 256 条第 6 款。参见《日本刑事诉讼法》，宋英辉译，中国政法大学出版社 2000 年版，第 60 页。

　　〔2〕　参见［法］贝尔纳·布洛克：《法国刑事诉讼法》，罗结珍译，中国政法大学出版社 2009 年版，第 487 页。

　　〔3〕　［德］克劳思·罗科信：《刑事诉讼法》，吴丽琪译，法律出版社 2003 年版，第 430 页。

卷，都不可能实现对庭审实质化的参与。

二、关于人民陪审员与审判委员会的关系

《人民陪审员法》第23条第2款规定："合议庭组成人员意见有重大分歧的，人民陪审员或者法官可以要求合议庭将案件提请院长决定是否提交审判委员会讨论决定。"从表面上看，该款似乎是现行《刑事诉讼法》第185条"合议庭开庭审理并且评议后，应当作出判决。对于疑难、复杂、重大的案件，合议庭认为难以作出决定的，由合议庭提请院长决定提交审判委员会讨论决定。审判委员会的决定，合议庭应当执行"之规定顺理成章的产物。然而，如果结合司法改革的大背景，则会发现这种处理存在一定的问题。

如上所述，《人民陪审员法》第22条将七人合议庭中人民陪审员的职能基本上限定于认定事实。而根据最高人民法院2015年发布的《司法责任制意见》，审判委员会只讨论特定案件中的法律适用问题。[1]因此，在七人合议庭审理案件的情况下，对于事实认定方面的疑难、复杂、重大问题，提交审判委员会讨论决定则与司法改革文件对审判委员会的职能界定明显不符。

三、关于一审陪审法庭与二审法庭的关系

我国的人民陪审员参审制度，限于第一审程序，《人民陪审员法》第15条、第16条重申了这一立场。而我国的第二审程序实行全面审查原则，第二审法院可以对第一审判决认定事实、适用法律、诉讼程序等各个方面进行审查，并有权对各方面可能出现的错误进行纠正。这隐含了一种可能：人民陪审员在第一审程序中参与认定的事实，有可能被第二审法院推翻。

如前所述，西方法治国家的应对大概有两种方案：一是以英美为代表的不接受对陪审法庭认定事实的反驳，即通过"陪审团裁决不受挑战原则"阻止任何人对陪审团裁决的案件事实提出异议，其效果是陪审团一旦就案件事实作出裁决，尤其是无罪裁决，就像"神的声音一样"不容置疑，一

---

[1] 《司法责任制意见》第9条规定，"审判委员会只讨论涉及国家外交、安全和社会稳定的重大复杂案件，以及重大、疑难、复杂案件的法律适用问题"。

审之后的上诉只能针对法律问题而提起。德国州法院审理最严重刑事案件时也属于这种情况。此时，由 3 名职业法官和 2 名陪审员组成的大陪审法庭，一旦作出判决，也不存在对事实认定进行争辩的救济途径，只能就法律问题向联邦法院提起法律审上诉。二是允许对陪审法庭认定的事实提起上诉，但需要由另一个陪审法庭来审理上诉，该上诉陪审法庭的陪审员人数至少要等于原一审法庭的陪审员人数。例如，德国区法院在可能判处四年监禁以下刑罚的不太严重的案件中可以使用 1 名职业法官和 2 名陪审员组成的陪审法庭（俗称"舍芬庭"），对于这种陪审法庭认定的事实，可以向州法院提起上诉，由州地区法院 1 名职业法官和 2 名陪审员组成的小陪审法庭来审理，这样的上诉审属于事实审。又如，法国也允许对陪审法庭参与认定的案件事实提起上诉，但需要由一个陪审员人数更多的法庭来审理上诉案件。《法国刑事诉讼法典》第 296 条第 1 款规定："一审的判决陪审团由 9 名陪审员组成，上诉审的判决陪审团由 12 名陪审员组成。"法国 2011 年 8 月 10 日通过了《关于刑事司法中公民参与及审判未成年人的法律》，对重罪案件的一审和上诉审中陪审员人数进行改革，规定自 2012 年 1 月 1 日起，一审陪审员由 9 名减少为 6 名，上诉审由 12 名减少为 9 名。[1]当然，上述规律并非没有例外。比如，在英美，如果法官认为陪审团认定有罪的结论缺乏证据支持，可以决定将有罪的认定"搁置"一旁，径行宣布被告人无罪。再如，日本在 2009 年正式施行裁判员制度后，并没有同步对上诉审（日本称为"控诉审"）进行改革，而日本的控诉审也是重新审理，因此，陪审法庭认定的事实仍有可能被控诉审推翻。

　　我国的第二审程序一向贯彻全面审查原则，也不实行判决理由制度，因此，第二审法院推翻第一审陪审法庭认定事实的可能性是客观存在的。问题是，人民陪审法庭认定的案件事实，如果被职业法官组成的第二审法庭推翻，人民参与审判的意义何在？司法民主如何体现？这些都是人民陪审员制度在改革完善过程中需要进一步思考的问题。

---

〔1〕 参见刘林呐："法国重罪陪审制度的启示与借鉴"，载《政法论丛》2012 年第 2 期。

附　录

《全国人民代表大会常务委员会关于
完善人民陪审员制度的决定》（已失效）

（2004 年 8 月 28 日第十届全国人民代表大会常务委员会第十一次会议通过）

为了完善人民陪审员制度，保障公民依法参加审判活动，促进司法公正，特作如下决定：

第一条 人民陪审员依照本决定产生，依法参加人民法院的审判活动，除不得担任审判长外，同法官有同等权利。

第二条 人民法院审判下列第一审案件，由人民陪审员和法官组成合议庭进行，适用简易程序审理的案件和法律另有规定的案件除外：

（一）社会影响较大的刑事、民事、行政案件；

（二）刑事案件被告人、民事案件原告或者被告、行政案件原告申请由人民陪审员参加合议庭审判的案件。

第三条 人民陪审员和法官组成合议庭审判案件时，合议庭中人民陪审员所占人数比例应当不少于三分之一。

第四条 公民担任人民陪审员，应当具备下列条件：

（一）拥护中华人民共和国宪法；

（二）年满二十三周岁；

（三）品行良好、公道正派；

（四）身体健康。

担任人民陪审员，一般应当具有大学专科以上文化程度。

第五条 人民代表大会常务委员会的组成人员，人民法院、人民检察院、公安机关、国家安全机关、司法行政机关的工作人员和执业律师等人员，不得担任人民陪审员。

第六条 下列人员不得担任人民陪审员：

（一）因犯罪受过刑事处罚的；

（二）被开除公职的。

第七条　人民陪审员的名额，由基层人民法院根据审判案件的需要，提请同级人民代表大会常务委员会确定。

第八条　符合担任人民陪审员条件的公民，可以由其所在单位或者户籍所在地的基层组织向基层人民法院推荐，或者本人提出申请，由基层人民法院会同同级人民政府司法行政机关进行审查，并由基层人民法院院长提出人民陪审员人选，提请同级人民代表大会常务委员会任命。

第九条　人民陪审员的任期为五年。

第十条　依法参加审判活动是人民陪审员的权利和义务。人民陪审员依法参加审判活动，受法律保护。

人民法院应当依法保障人民陪审员参加审判活动。

人民陪审员所在单位或者户籍所在地的基层组织应当保障人民陪审员依法参加审判活动。

第十一条　人民陪审员参加合议庭审判案件，对事实认定、法律适用独立行使表决权。

合议庭评议案件时，实行少数服从多数的原则。人民陪审员同合议庭其他组成人员意见分歧的，应当将其意见写入笔录，必要时，人民陪审员可以要求合议庭将案件提请院长决定是否提交审判委员会讨论决定。

第十二条　人民陪审员的回避，参照有关法官回避的法律规定执行。

第十三条　人民陪审员参加审判活动，应当遵守法官履行职责的规定，保守审判秘密、注重司法礼仪、维护司法形象。

第十四条　基层人民法院审判案件依法应当由人民陪审员参加合议庭审判的，应当在人民陪审员名单中随机抽取确定。

中级人民法院、高级人民法院审判案件依法应当由人民陪审员参加合议庭审判的，在其所在城市的基层人民法院的人民陪审员名单中随机抽取确定。

第十五条　基层人民法院会同同级人民政府司法行政机关对人民陪审员进行培训，提高人民陪审员的素质。

第十六条　对于在审判工作中有显著成绩或者有其他突出事迹的人民陪审员，给予表彰和奖励。

第十七条　人民陪审员有下列情形之一，经所在基层人民法院会同同级人民政府司法行政机关查证属实的，应当由基层人民法院院长提请同级人民代表大会常务委员会免除其人民陪审员职务：

（一）本人申请辞去人民陪审员职务的；

（二）无正当理由，拒绝参加审判活动，影响审判工作正常进行的；

（三）具有本决定第五条、第六条所列情形之一的；

（四）违反与审判工作有关的法律及相关规定，徇私舞弊，造成错误裁判或者其他严重后果的。

人民陪审员有前款第四项所列行为，构成犯罪的，依法追究刑事责任。

第十八条　人民陪审员因参加审判活动而支出的交通、就餐等费用，由人民法院给予补助。

有工作单位的人民陪审员参加审判活动期间，所在单位不得克扣或者变相克扣其工资、奖金及其他福利待遇。

无固定收入的人民陪审员参加审判活动期间，由人民法院参照当地职工上年度平均货币工资水平，按实际工作日给予补助。

第十九条　人民陪审员因参加审判活动应当享受的补助，人民法院和司法行政机关为实施陪审制度所必需的开支，列入人民法院和司法行政机关业务经费，由同级政府财政予以保障。

第二十条　本决定自 2005 年 5 月 1 日起施行。

附录 2

最高人民法院、司法部关于印发
《人民陪审员制度改革试点方案》的通知

（法〔2015〕100 号）

北京、河北、黑龙江、江苏、福建、山东、河南、广西、重庆、陕西高级人民法院、司法厅（局）：

为贯彻党的十八届三中、四中全会关于人民陪审员制度改革的部署，进一步推进司法民主，完善人民陪审员制度，保障人民群众有序参与司法，提升人民陪审员制度公信度，促进司法公正，最高人民法院、司法部制定了《人民陪审员制度改革试点方案》，已经中央全面深化改革领导小组第11 次会议通过。十二届全国人大常委会第十四次会议作出《关于授权在部分地区开展人民陪审员制度改革试点工作的决定》，确保改革于法有据。现将《人民陪审员制度改革试点方案》印发给你们，请认真组织实施。实施过程中遇到的问题请及时报告最高人民法院和司法部。

最高人民法院 司法部
2015 年 4 月 24 日

为贯彻落实党的十八届三中、四中全会关于完善人民陪审员制度的改革部署，现就人民陪审员制度改革试点提出方案如下：

一、基本原则和改革目标

人民陪审员制度是中国特色社会主义司法制度的重要组成部分。要通过改革人民陪审员制度，推进司法民主，促进司法公正，保障人民群众有序参与司法，提升人民陪审员制度公信度和司法公信力，让人民群众在每一个司法案件中感受到公平正义。

（一）坚持正确政治方向。改革应当始终坚持党的领导、人民当家作主和依法治国的有机统一，坚定不移地走中国特色社会主义法治道路，在人民司法工作中坚持群众路线，提高人民陪审员制度公信度。

（二）坚持依法有序推进。人民陪审员制度改革应当于法有据，改革条件还不成熟、需要先行先试的，要按照法定程序由立法机关作出授权，实践证明行之有效的改革措施要及时上升为法律，确保改革在法律框架下有序推进。

（三）坚持中央顶层设计与地方探索相结合。人民陪审员制度改革既涉及司法制度和诉讼程序的原则性问题，也涉及一些司法实务中的操作性问题，要坚持在中央顶层设计的框架内，鼓励地方积极探索，总结经验。

（四）坚持从本国国情出发与吸收借鉴域外经验相结合。人民陪审员制度改革要立足我国国情，从中国特色社会主义司法制度和经济社会发展的实际出发，也要吸收借鉴其他国家和地区的有益经验。

二、主要内容

（一）改革人民陪审员选任条件。拥护中华人民共和国宪法、品行良好、公道正派、身体健康、具有选举权和被选举权的年满 28 周岁的公民，原则上都具备担任人民陪审员的资格。担任人民陪审员一般应当具有高中以上文化学历，但是农村地区和贫困偏远地区公道正派、德高望重者不受此限。

人民代表大会常务委员会组成人员，人民法院、人民检察院、公安机关、国家安全机关、司法行政机关的工作人员和执业律师不能担任人民陪审员。因犯罪受过刑事处罚的或者被开除公职的，以及不能正确理解和表达意思的人员，不得担任人民陪审员。

人民陪审员的选任应当注意吸收普通群众，兼顾社会各阶层人员的结构比例，注意吸收社会不同行业、不同职业、不同年龄、不同民族、不同性别的人员，实现人民陪审员的广泛性和代表性。

（二）完善人民陪审员选任程序。增加选任的广泛性和随机性，建立和完善人民陪审员随机抽选机制，提高选任工作透明度和公信度。

基层和中级人民法院每五年从符合条件的当地选民（或者当地常住居民）名单中随机抽选当地法院法官员额数 5 倍以上的人员作为人民陪审员候选人，制作人民陪审员候选人名册，建立人民陪审员候选人信息库。

基层和中级人民法院会同同级司法行政机关对人民陪审员候选人进行

资格审查，征求候选人意见，从审核过的名单中随机抽选不低于当地法院法官员额数 3—5 倍的人员作为人民陪审员，建立人民陪审员名册，提请同级人大常委会任命。

对于可以实行陪审制审理的案件，人民法院要及时告知当事人有申请人民陪审员参与庭审的权利。当事人有权申请人民陪审员回避，是否回避由人民法院依法决定。

（三）扩大人民陪审员参审范围。合理界定并适当扩大人民陪审员参审案件范围，充分发扬司法民主，提高司法公信力。

涉及群体利益、社会公共利益的，人民群众广泛关注或者其他社会影响较大的第一审刑事、民事、行政案件，以及可能判处十年以上有期徒刑、无期徒刑的第一审刑事案件，原则上实行人民陪审制审理。

第一审刑事案件被告人、民事案件当事人、行政案件原告申请由人民陪审员参加合议庭审判的，可以实行人民陪审制审理。

（四）完善人民陪审员参审案件机制。改变人民陪审员陪而不审、审而不议等现象，合理确定每个人民陪审员每年参与审理案件的数量比例，防止"驻庭陪审、编外法官"等情形，保障人民陪审员参审权利和效果。

探索重大案件由 3 名以上人民陪审员参加合议庭机制。健全人民陪审员提前阅卷机制，人民法院应当在开庭前安排人民陪审员阅卷，为人民陪审员查阅案卷、参加审判活动提供便利。保障人民陪审员在庭审过程中依法行使权利，经审判长同意，人民陪审员有权参与案件共同调查、在庭审中直接发问、开展调解工作等。

完善人民陪审员参加合议庭评议程序。人民陪审员的意见应当写入合议笔录，规范人民陪审员及合议庭其他成员发表意见顺序和表决程序，保障人民陪审员评议时充分发表意见，严格落实人民陪审员合议庭笔录和裁判文书签名确认制度。

（五）探索人民陪审员参审案件职权改革。开展试点，积累经验，逐步探索实行人民陪审员不再审理法律适用问题，只参与审理事实认定问题，充分发挥人民陪审员富有社会阅历、了解社情民意的优势，提高人民法院裁判的社会认可度。

人民陪审员在案件评议过程中独立就案件事实认定问题发表意见，不再对法律适用问题发表意见。审判长应将案件事实争议焦点告知人民陪审员，引导人民陪审员围绕案件事实认定问题发表意见，并对与事实认定有关的证据资格、证据证明力、诉讼程序等问题及注意事项进行必要的说明，但不得妨碍人民陪审员对案件事实的独立判断。

人民陪审员和法官共同对案件事实认定负责，如果意见分歧，应当按多数人意见对案件事实作出认定，但是少数人意见应当写入笔录。如果法官与人民陪审员多数意见存在重大分歧，且认为人民陪审员多数意见对事实的认定违反了证据规则，可能导致适用法律错误或者造成错案的，可以将案件提交院长决定是否由审判委员会讨论。

（六）完善人民陪审员的退出和惩戒机制。坚持权利义务相统一原则，保障公民陪审权利，明确公民陪审义务。

建立人民陪审员职责豁免机制，因年龄、职业、生活、疾病等因素导致履行人民陪审员职责存在明显困难的可以免除其陪审义务。

公民经选任为人民陪审员的，无正当理由不得拒绝履行陪审职责。建立对人民陪审员无正当理由拒绝履行陪审职责，有损害陪审公信或司法公正等行为的惩戒制度。明确人民陪审员退出情形，完善人民陪审员退出机制。

（七）完善人民陪审员履职保障制度。建立人民陪审员宣誓制度，制定人民陪审员权利义务清单。

加强对人民陪审员个人信息和人身安全的法律保护，对危害人民陪审员制度的行为建立相应的处罚规则，维护人民陪审制度权威性。

人民法院及各相关单位应当为人民陪审员履职提供相应便利和保障。人民法院应当会同司法行政机关加强和改进对人民陪审员的培训和管理，充分调动人民陪审员履职积极性，提高履职实效性。人民陪审员所在单位不得因人民陪审员履行陪审职责而对其实施解雇以及减少工资或薪酬待遇等不利措施。人民陪审员制度实施所需经费列入人民法院、司法行政机关业务费预算予以保障。

三、方案实施

（一）立法机关授权。建议全国人大常委会2015年4月授权最高人民法院，自2015年5月起在部分地区开展人民陪审员制度改革试点工作，试点期限原则上二年，最低不少于一年。

（二）积极开展试点。2015 年 5 月，最高人民法院根据试点方案和全国人大常委会的授权，研究制定试点实施方案，并选择北京、河北、黑龙江、江苏、福建、山东、河南、广西、重庆、陕西 10 省、自治区、直辖市开展人民陪审员制度改革试点。

（三）推动相关法律修改完善。2016 年 5 月，最高人民法院总结经验，全面评估改革方案的实际效果，积极推动相关法律修改完善。

四、组织保障

人民陪审员制度改革由最高人民法院和全国人大内务司法委员会牵头负责，中央政法委、全国人大常委会法工委、最高人民检察院、司法部、财政部等部门积极配合。各部门要高度重视这项改革工作，加强工作协调和督促检查，加大人财物等保障力度，有力推进改革工作顺利开展。最高人民法院要加强对试点情况的跟踪和指导，认真研究改革试点中存在的突出问题，及时进行修改完善相关制度设计。

最高人民法院、司法部关于印发
《人民陪审员制度改革试点工作实施办法》 的通知

北京、河北、黑龙江、江苏、福建、山东、河南、广西、重庆、陕西高级
人民法院、司法厅 （局）：

为贯彻落实党的十八届三中、四中全会关于人民陪审员制度改革的部
署，确保人民陪审员制度改革试点工作稳妥有序推进，根据最高人民法院
与司法部联合印发的《人民陪审员制度改革试点方案》（法〔2015〕100
号），结合工作实际，制定《人民陪审员制度改革试点工作实施办法》。现
将文件印发给你们，请认真组织实施。实施过程中遇到的问题请及时报告
最高人民法院和司法部。

最高人民法院 司法部

2015 年 5 月 20 日

人民陪审员制度改革试点工作实施办法

为推进司法民主，促进司法公正，保障人民群众有序参与司法，提升
人民陪审员制度公信度和司法公信力，根据中央全面深化改革领导小组第
十一次全体会议审议通过的《人民陪审员制度改革试点方案》和第十二届
全国人民代表大会常务委员会第十四次会议审议通过的《关于授权在部分
地区开展人民陪审员制度改革试点工作的决定》，结合审判工作实际，制定
本办法。

第一条 公民担任人民陪审员，应当具备下列条件：

（一）拥护中华人民共和国宪法；

（二）具有选举权和被选举权；

（三）年满二十八周岁；

（四）品行良好、公道正派；

（五）身体健康。

担任人民陪审员，一般应当具有高中以上文化学历，但农村地区和贫困偏远地区德高望重者不受此限。

第二条 人民陪审员依法享有参加审判活动、独立发表意见、获得履职保障等权利。

人民陪审员应当忠实履行陪审义务，保守国家秘密和审判工作秘密，秉公判断，不得徇私枉法。

第三条 下列人员不能担任人民陪审员：

（一）人民代表大会常务委员会组成人员，人民法院、人民检察院、公安机关、国家安全机关、司法行政机关的工作人员；

（二）执业律师、基层法律服务工作者等从事法律服务工作的人员；

（三）因其他原因不适宜担任人民陪审员的人员。

第四条 下列人员不得担任人民陪审员：

（一）因犯罪受过刑事处罚的；

（二）被开除公职的；

（三）被人民法院纳入失信被执行人名单的；

（四）因受惩戒被免除人民陪审员职务的。

第五条 基层人民法院根据本辖区案件数量和陪审工作实际，确定不低于本院法官员额数 3 倍的人民陪审员名额，陪审案件数量较多的法院也可以将人民陪审员名额设定为本院法官员额数的 5 倍以上。中级人民法院根据陪审案件数量等实际情况，合理确定本院人民陪审员名额。

试点期间，尚未开展法官员额制改革的，法官员额数暂按中央政法专项编制的 39% 计算。

试点工作开始前已经选任的人民陪审员，应当计入人民陪审员名额。

第六条 人民法院每五年从符合条件的选民或者常住居民名单中，随机抽选本院法官员额数 5 倍以上的人员作为人民陪审员候选人，建立人民陪审员候选人信息库。

当地选民名单是指人民法院辖区同级人大常委会选举时确认的选民名单。当地常住居民名单是指人民法院辖区同级户口登记机关登记的常住人口名单。直辖市中级人民法院可以参考案件管辖范围确定相对应的当地选民和常住人口范围。

　　第七条　人民法院会同同级司法行政机关对人民陪审员候选人进行资格审查，征求候选人意见。必要时，人民法院可以会同同级司法行政机关以适当方式听取公民所在单位、户籍所在地或者经常居住地的基层组织的意见。

　　第八条　人民法院会同同级司法行政机关，从通过资格审查的候选人名单中以随机抽选的方式确定人民陪审员人选，由院长提请人民代表大会常务委员会任命。人民法院应当将任命决定通知人民陪审员本人，将任命名单抄送同级司法行政机关，并逐级报高级人民法院备案，同时向社会公告。相关司法行政机关应当将任命名单逐级报省级司法行政机关备案。

　　第九条　人民法院应当建立人民陪审员信息库，制作人民陪审员名册，并抄送同级司法行政机关。

　　人民法院可以根据人民陪审员专业背景情况，结合本院审理案件的主要类型，建立专业人民陪审员信息库。

　　第十条　人民陪审员选任工作每五年进行一次。因人民陪审员退出等原因导致人民陪审员人数低于人民法院法官员额数 3 倍的，或者因审判工作实际需要的，可以适当增补人民陪审员。增补程序参照选任程序进行。

　　第十一条　经选任为人民陪审员的应当进行集中公开宣誓。

　　第十二条　人民法院受理的第一审案件，除法律规定由法官独任审理或者由法官组成合议庭审理的以外，均可以适用人民陪审制审理。

　　有下列情形之一的第一审案件，原则上应当由人民陪审员和法官共同组成合议庭审理：

　　（一）涉及群体利益、社会公共利益、人民群众广泛关注或者其他社会影响较大的刑事、行政、民事案件；

　　（二）可能判处十年以上有期徒刑、无期徒刑的刑事案件；

　　（三）涉及征地拆迁、环境保护、食品药品安全的重大案件。

　　前款所列案件中，因涉及个人隐私、商业秘密或者其他原因，当事人申请不适用人民陪审制审理的，人民法院可以决定不适用人民陪审制审理。

　　第十三条　第一审刑事案件被告人、民事案件当事人和行政案件原告有权申请人民陪审员参加合议庭审判。人民法院接到申请后，经审查决定适用人民陪审制审理案件的，应当组成有人民陪审员参加的合议庭进行审判。

第十四条　人民法院应当结合本辖区实际情况，合理确定人民陪审员每人每年参与审理案件的数量上限，并向社会公告。

第十五条　适用人民陪审制审理第一审重大刑事、行政、民事案件的，人民陪审员在合议庭中的人数原则上应当在2人以上。

第十六条　参与合议庭审理案件的人民陪审员，应当在开庭前通过随机抽选的方式确定。

人民法院可以根据案件审理需要，从人民陪审员名册中随机抽选一定数量的候补人民陪审员，并确定递补顺序。

第十七条　当事人有权申请人民陪审员回避。人民陪审员的回避，参照有关法官回避的规定执行。

人民陪审员回避事由经审查成立的，人民法院应当及时从候补人员中确定递补人选。

第十八条　人民法院应当在开庭前，将相关权利和义务告知人民陪审员，并为其阅卷提供便利条件。

第十九条　在庭审过程中，人民陪审员有权依法参加案件调查和案件调解工作。经审判长同意，人民陪审员可以在休庭时组织双方当事人进行调解。

第二十条　适用人民陪审制审理案件的，庭审完毕后，审判长应当及时组织合议庭评议案件。当即评议确有困难的，应当将推迟评议的理由记录在卷。

第二十一条　合议庭评议时，审判长应当提请人民陪审员围绕案件事实认定问题发表意见，并对与事实认定有关的证据资格、证据规则、诉讼程序等问题及注意事项进行必要的说明，但不得妨碍人民陪审员对案件事实的独立判断。

第二十二条　人民陪审员应当全程参与合议庭评议，并就案件事实认定问题独立发表意见并进行表决。人民陪审员可以对案件的法律适用问题发表意见，但不参与表决。

第二十三条　合议庭评议案件前，审判长应当归纳并介绍需要通过评议讨论决定的案件事实问题，必要时可以以书面形式列出案件事实问题清单。

合议庭评议案件时，一般先由人民陪审员发表意见。

人民陪审员和法官共同对案件事实认定负责，如果意见分歧，应当按多数人意见对案件事实作出认定，但是少数人意见应当写入笔录。如果法官与人民陪审员多数意见存在重大分歧，且认为人民陪审员多数意见对事实的认定违反了证据规则，可能导致适用法律错误或者造成错案的，可以将案件提交院长决定是否由审判委员会讨论。提交审判委员会讨论决定的案件，审判委员会的决定理由应当在裁判文书中写明。

第二十四条　人民陪审员应当认真阅读评议笔录，确认无误后签名。人民陪审员应当审核裁判文书文稿中的事实认定结论部分并签名。

第二十五条　人民陪审员参与合议庭审理案件的，应当作为合议庭成员在裁判文书上署名。

第二十六条　人民陪审员有下列情形之一，经所在法院会同同级司法行政机关查证属实的，应当由法院院长提请同级人民代表大会常务委员会免除其人民陪审员职务：

（一）因年龄、疾病、职业、生活等原因难以履行陪审职责，向人民法院申请辞去人民陪审员职务的；

（二）被依法剥夺选举权和被选举权的；

（三）因犯罪受到刑事处罚、被开除公职或者被纳入失信被执行人名单的；

（四）担任本办法第三条所列职务的；

（五）其他不宜担任人民陪审员的情形。

人民陪审员被免除职务的，人民法院应当将免职决定通知被免职者本人，将免职名单抄送同级司法行政机关，并逐级报高级人民法院备案，同时向社会公告。相关司法行政机关应当将免职名单逐级报省级司法行政机关备案。

第二十七条　人民陪审员有下列情形之一，经所在法院会同同级司法行政机关查证属实的，除按程序免除其人民陪审员职务外，可以采取在辖区范围内公开通报、纳入个人诚信系统不良记录等措施进行惩戒；构成犯罪的，依法移送有关部门追究刑事责任：

（一）在人民陪审员资格审查中提供虚假材料的；

（二）一年内拒绝履行陪审职责达三次的；

（三）泄露国家秘密和审判工作秘密的；

（四）利用陪审职务便利索取或者收受贿赂的；

（五）充当诉讼掮客，为当事人介绍律师和评估、鉴定等中介机构的；

（六）滥用职权、徇私舞弊的；

（七）有其他损害陪审公信或司法公正行为的。

第二十八条 人民陪审员的选任、培训、考核和奖惩等日常管理工作，由人民法院会同同级司法行政机关负责。

人民法院和同级司法行政机关应当根据试点期间的履职要求，改进人民陪审员培训形式和重点内容。具体培训制度由相关高级人民法院会同省级司法行政机关另行制定。

人民法院应当会同同级司法行政机关完善配套机制，搭建技术平台，为完善人民陪审员的信息管理、随机抽选、均衡参审和意见反馈系统提供技术支持。

第二十九条 人民陪审员制度实施所需经费列入人民法院、司法行政机关业务费预算予以保障。

人民陪审员因参加培训或者审判活动，被其所在单位解雇、减少工资或薪酬待遇的，由人民法院会同司法行政机关向其所在单位或者其所在单位的上级主管部门提出纠正意见。

人民法院和司法行政机关不得向社会公开人民陪审员的住所及其他个人信息。人民陪审员人身、财产安全受到威胁时，可以请求人民法院或者司法行政机关采取适当保护措施。

对破坏人民陪审员制度的行为，构成犯罪的，依法移送有关部门追究刑事责任。

第三十条 港澳台居民担任人民陪审员的选任条件和程序另行规定。

第三十一条 试点法院会同同级司法行政机关，根据《人民陪审员制度改革试点方案》和本办法，结合工作实际，制定具体工作方案和相关制度规定。具体工作方案由相关高级人民法院、省级司法行政机关统一汇总后于 2015 年 5 月 30 日前报最高人民法院、司法部备案。

　　试点法院会同同级司法行政机关，在制定实施方案、修订现有规范、做好机制衔接的前提下，从 2015 年 5 月全面开始试点，试点时间两年。2016 年 4 月前，试点法院、司法行政机关应当将中期报告逐级层报最高人民法院、司法部。

　　第三十二条　本办法仅适用于北京、河北、黑龙江、江苏、福建、山东、河南、广西、重庆、陕西等 10 个省（自治区、直辖市）的试点法院（具体名单附后）。

　　第三十三条　本办法由最高人民法院、司法部负责解释。

　　第三十四条　本办法应当报全国人民代表大会常务委员会备案，自发布之日起实施；之前有关人民陪审员制度的规定与本办法不一致的，按照本办法执行。

附录4

最高人民法院关于人民陪审员制度
改革试点情况的中期报告

2016年6月30日在第十二届全国人民代表大会常务委员会第二十一次
会议上

最高人民法院院长　周　强

全国人民代表大会常务委员会：

根据本次会议安排，我代表最高人民法院报告一年来人民陪审员制度
改革试点工作情况，请审议。

人民陪审员制度是中国特色社会主义司法制度的重要组成部分，是人
民群众参与司法、监督司法的有效形式，是人民民主在司法领域的重要体
现。完善人民陪审员制度，充分发挥人民陪审员作用，对于推进司法民主、
促进司法公正、提高司法公信力具有重要意义。2015年4月1日，习近平
总书记主持召开中央全面深化改革领导小组第十一次会议，审议通过《人
民陪审员制度改革试点方案》（以下简称《试点方案》），为人民陪审员制
度改革指明了方向。2015年4月24日，十二届全国人大常委会第十四次会
议通过《关于授权在部分地区开展人民陪审员制度改革试点工作的决定》
（以下简称《决定》），授权在10个省（区、市）选择50个法院开展试
点。2015年4月28日，最高人民法院、司法部正式启动人民陪审员制度改
革试点工作。一年来，根据中央统一部署，最高人民法院指导各试点法院
认真落实《试点方案》和《决定》要求，改革人民陪审员选任条件，完善
人民陪审员选任程序，扩大人民陪审员参审范围，调整人民陪审员参审职
权，建立健全人民陪审员退出、惩戒和履职保障制度等，试点工作平稳推
进，进展顺利。

一、试点工作开展情况和初步成效

最高人民法院高度重视人民陪审员制度改革试点工作，大力加强对试

点工作的组织领导和监督检查，多次就完善人民陪审员制度、推进司法民主、促进司法公正等作出部署，会同司法部制定出台《人民陪审员制度改革试点工作实施办法》和《人民陪审员宣誓规定（试行）》，加强对试点工作的具体指导，确保将《试点方案》和《决定》的各项要求落到实处。2015 年 7 月，最高人民法院会同全国人大内司委、司法部，对各地试点实施方案逐一研究批复。今年 1 月起，先后赴河北、黑龙江、河南、江苏、福建、山东等地对试点工作开展专项督察，听取试点法院和当地人大内司委、司法行政机关和人民陪审员代表的意见建议，及时纠正改革试点中出现的问题和偏差，推动改革试点工作深入开展。

试点地区法院认真落实中央关于人民陪审员制度改革的决策部署，主动向当地党委和人大常委会报告改革试点情况，积极争取相关部门支持，加强与司法行政机关、公安机关的协作配合，努力形成推进改革的合力。在各级党委坚强领导、人大有力监督以及政府有关部门积极配合下，在社会各方面的关心支持和人民群众的积极参与下，试点工作取得阶段性成效。从整体情况来看，试点工作呈现"四个转变"，即：人民陪审员选任方式主要由组织推荐产生向随机抽选转变，人民陪审员参审职权由全面参审向只参与审理事实问题转变，人民陪审员参审方式由 3 人合议庭模式向 5 人以上大合议庭陪审机制转变，人民陪审员审理案件由注重陪审案件"数量"向关注陪审案件"质量"转变。从人民陪审员数量变化情况来看，截至今年 4 月底，50 家试点法院全部按要求完成人民陪审员选任工作，新选任人民陪审员 9673 人，人民陪审员总数达到 13 322 人，为法官员额数的 4.3 倍。一大批通民情、知民意、接地气的普通群众被选任为人民陪审员，人民陪审员来源更加广泛，结构更加合理。从参审案件情况来看，人民陪审员共参审刑事案件 10 002 件，民事案件 59 616 件，行政案件 4711 件，占一审普通程序案件总数的 73.2%，其中约 25% 的参审案件以调解、撤诉结案，涉及群体利益、社会公共利益等社会影响较大的案件 1707 件。

（一）扩大人民陪审员选任范围

一是落实"一升一降"，完善人民陪审员选任条件。试点法院严格落实《试点方案》关于提高人民陪审员任职年龄、降低人民陪审员文化程度的要求，在农村地区和贫困偏远地区适当放宽学历要求，让一些学历不高但公道正派、德高望重的群众进入人民陪审员队伍。试点地区高中及以下学历的人民陪审员从改革前的 18.3%增至 38.5%，其中，广西崇左市中级法院高中及以下学历人民陪审员比例增长 4 倍。试点地区人民陪审员平均年龄 45 岁，新选任的人民陪审员均为 28 岁以上。通过提高任职年龄、降低学历条件，更多的普通群众加入到人民陪审员队伍，人民陪审员社会阅历丰富、熟悉社情民意的优势得到充分发挥。

二是实行随机抽选，提高选任工作的透明度和公信度。严格落实随机抽选，严把选任入口关，实现选任理念由"方便"、"好用"向"广泛"、"随机"转变。试点法院从辖区内常住居民或选民名单中随机抽选当地法院法官员额数 5 倍以上的人员作为人民陪审员候选人，再从审核通过的名单中随机抽选不低于法官员额数 3 至 5 倍的人员作为人民陪审员。普通群众在新增人民陪审员中的比例达到 88%，比改革前提高了 9 个百分点。同时，加大与公安、司法行政机关等部门的沟通协调力度，抓好海选、初选、审核、任命等关键环节，加强人民陪审员资格审查。北京、福建、广西、陕西等地试点法院组成督察组，邀请人大代表、政协委员、专家学者以及新闻媒体等全程见证抽选过程，确保选任程序公开公正。

三是探索分类抽选，提升人民陪审员的广泛性和代表性。试点法院根据人口数量、性别比例、地区特点、行业分布、民族结构、案件类型等因素，积极探索建立分类随机抽选机制，妥善解决人民陪审员分布不均、结构失衡、参审不便等问题。黑龙江绥棱县法院、江苏苏州吴中区法院根据不同社区、乡镇的具体情况，分别确定相应的选任人员比例。陕西高院联合省妇联出台意见，加强女性人民陪审员选任工作，新选任的女性人民陪审员占 36.3%。河南西峡县法院在偏远山区乡镇根据基层党组织推荐，吸收 10 名高中以下学历、公道正派、德高望重的人员担任人民陪审员。为提升人民陪审员在疑难复杂案件中的事实认定能力，部分试点法院还结合知识背景和从业经历，对具有建筑、会计、医疗、金融等专业知识的人民陪审员选任机制进行了积极探索。

（二）完善人民陪审员参审机制

一是合理确定并适当扩大参审案件范围，充分发扬司法民主。对涉及群体利益、社会公共利益的，人民群众广泛关注或者其他社会影响较大的第一审刑事、民事、行政案件，以及可能判处十年以上有期徒刑、无期徒刑的第一审刑事案件，应当由人民陪审员和法官共同组成合议庭审理；第一审刑事案件被告人、民事案件当事人、行政案件原告申请由人民陪审员参加合议庭审判的，可以组成有人民陪审员参加的合议庭进行审理。江苏、山东等地试点法院将争议较大、事实认定难度大的案件确定为适宜人民陪审员参审的案件类型，在审理涉及公共安全、医患纠纷、邻里纠纷等可能引起当事人较大争议的案件，以及土地、房屋行政管理等关系广大群众切身利益的行政诉讼案件时，由人民陪审员和法官组成合议庭进行审理。

二是改革参审职权，探索事实审与法律审相分离。认真贯彻党的十八届四中全会精神，探索逐步实行人民陪审员不再审理法律适用问题，只参与审理事实认定问题。试点法院要求法官制作事实清单，对于一些事实审和法律审区分不清的问题，先纳入事实审范畴，由人民陪审员发表意见并参与表决。50家试点法院采用事实清单方式共审理案件3374件。北京、河北、河南等地试点法院还制定了关于事实审与法律审分离的陪审操作规程。

三是创新陪审模式，探索大合议庭陪审机制。对于涉及征地拆迁、环境保护、食品药品、公共利益、公共安全等与社会公众关系较为密切、影响较为直接的案件，以及涉及伦理、风俗、行业惯例等社会关注度较高的案件，试点法院探索由3名以上人民陪审员和法官组成5人以上大合议庭的审理机制。试点工作开展以来，试点法院共采用大合议庭陪审机制审理重大敏感案件818件，提升了裁判的社会认同度。

四是合理确定参审案件比例，实现人民陪审员均衡参审。试点法院根据本地区案件数量、案件类型、人民陪审员数量等，在随机抽选系统中设置10至30件不等的人民陪审员参审案件上限。在抽选时，将超过参审案件上限的人民陪审员自动屏蔽，优先抽选参审案件少的人民陪审员，实现人民陪审员均衡参审，防止出现"驻庭陪审"、"编外法官"等问题。陕西西安雁塔区、江苏南京鼓楼区等法院将人民陪审员便于参审的时间录入随机抽选系统，系统自动将无时间参审的人民陪审员排除在外，有效提高了抽选成功率。

五是保障实质参审权利，着力提升人民陪审员参审质量和效果。充分保障人民陪审员的阅卷、调查、发问、评议、表决等权利，细化参审工作流程，建立健全人民陪审员提前阅卷机制，在开庭前安排人民陪审员阅卷，为人民陪审员查阅案卷、参加审判活动提供便利。完善人民陪审员参加合议庭评议程序，建立人民陪审员就案件事实认定问题率先、独立发表意见的合议庭评议规则，将人民陪审员意见记入合议笔录，严格落实合议笔录和裁判文书签名确认制度，切实发挥人民陪审员作用。通过规范参审机制，试点法院从原有的注重陪审案件"数量"转变为关注陪审案件"质量"，人民陪审员"陪而不审"、"审而不议"的问题得到有效解决。

（三）提升人民陪审员履职保障水平

一是改革培训机制，提升人民陪审员履职能力。最高人民法院多次就改革人民陪审员培训机制、落实培训经费、改进培训形式和培训内容、提升培训的针对性和实效性等问题进行研究部署，并举办人民陪审员示范培训班，组织编写《人民陪审员履职读本》，推动人民陪审员教育培训工作深入开展。试点法院积极转变培训理念，合理设置培训课题，更加侧重对人民陪审员权利义务、审判程序、证据认定、司法礼仪与行为规范等内容的培训，促进提升人民陪审员履职能力。一年来，试点法院对人民陪审员岗前培训1万人次，日常培训1.2万人次。

二是加强经费保障，努力调动人民陪审员参审积极性。试点法院会同司法行政机关积极协调财政部门，认真落实人民陪审员经费保障规定。绝大多数试点法院落实了人民陪审员工作经费"统一管理、专款专用"的规定，将人民陪审员工作经费列入人民法院业务经费予以保障，并提高经费标准。60%的试点法院采用按件补贴、40%的试点法院采用按次补贴的方式，为人民陪审员发放陪审补助。广西上思县法院为人民陪审员购买意外伤害保险，山东青岛市中级法院、江苏盐城市中级法院就严格保护人民陪审员个人隐私以及人身财产安全作出规定。

三是加强信息化建设，为人民陪审员履职提供便利。最高人民法院研发全国统一的人民陪审员信息管理系统，推进人民陪审员管理网络化、规范化、简便化。江苏南京鼓楼区法院、重庆梁平县法院开发了人民陪审员手机应用程序，人民陪审员可凭个人密码登录人民陪审员网络平台，查看法院同步扫描的参审案件电子卷宗。江苏、山东等试点法院还采取远程阅卷、电子签章等方式，为人民陪审员参审提供便利。

（四）加大人民陪审员工作宣传力度

为进一步提升社会公众对人民陪审员工作的了解和认同，让人民群众成为人民陪审员制度改革试点的"主角"，各地法院加强了对试点工作的宣传。今年5月，最高人民法院组织拍摄人民陪审员公益广告，在中央电视台播出，取得良好社会效果。通过官方网站、微博、微信等新媒体平台，采取进社区、进企业、访群众等多种方式，介绍人民陪审员工作基本情况，宣传典型陪审案例，不断扩大人民陪审员工作的群众基础。北京、江苏、广西等地试点法院通过制作宣传网页、纪实片、动漫短片等群众喜闻乐见的形式，用通俗易懂的语言向人民群众介绍人民陪审员选任条件、工作职责和改革情况，取得良好社会反响。人民日报、中央电视台等数十家新闻媒体对试点法院的改革工作进行了跟踪报道。

二、试点工作面临的问题和困难

当前，人民陪审员制度改革试点工作仍处于不断探索、逐步完善的过程，还面临不少问题和困难：

一是认识不到位、工作推进不平衡现象依然存在。在案件数量持续攀升、"案多人少"矛盾日益突出的情况下，有的法院认为随机抽选人民陪审员费时、费力，有的法官则对推行大合议庭陪审机制存在疑虑，试点工作发展不平衡，个别试点法院在选任、参审、保障等方面仍有不小差距，等等。

二是全面实行随机抽选难度较大。候选人信息缺失、滞后情况严重，候选人信息来源不畅。试点法院需要动用大量人力物力采集人口信息、征求候选人意见、审核候选人资格条件，选任工作成本过高。群众参审热情有待提升，候选人不愿担任人民陪审员的比例较高。部分地区由于地域面积较大、交通不便等因素，通过随机抽选产生的人民陪审员参审困难。

三是缺乏区分事实审和法律审的有效机制。人民陪审员参审职权改革，要求案件主审法官准确厘清案件事实问题和法律问题，指引人民陪审员参与庭审、合议。但在司法实践中，案件事实认定问题与法律适用问题往往相互交织、难以完全区分开来。虽然试点法院积极探索采用事实清单、问题列表等方式区分事实问题和法律问题，但在我国三大诉讼法未明确区分事实审和法律审的情况下，如何区分事实认定问题和法律适用问题，还有待进一步探索。

四是人民陪审员履职保障机制有待完善。目前，仍有部分试点法院没有建立正常的经费调整机制。人民陪审员"工陪矛盾"较为明显，一些单位不支持本单位工作人员参审，人民陪审员因工作原因不能参审的比例较高。同时，人民陪审员在参审过程中遇到个人信息泄露以及人身、财产损害时，缺乏相应的救济保障措施。

五是试点工作中遇到的其他问题和困难。主要包括中级法院人民陪审员选任问题、完善大合议庭陪审机制以及人民陪审员退出惩戒机制等。

三、进一步推进试点工作的措施和建议

人民陪审员制度改革，事关社会主义民主政治建设，事关维护公平正义和提高司法公信力，事关全面推进依法治国。最高人民法院将认真贯彻落实党的十八大和十八届三中、四中全会关于人民陪审员制度改革的重大部署，按照《试点方案》和《决定》要求，努力解决工作中存在的问题，进一步加大指导督查力度，确保改革试点圆满成功，努力构建具有中国特色、符合司法规律的人民陪审员制度。

（一）进一步完善选任工作

一是建立居民信息与人民陪审员信息共享机制。进一步加强与公安部门的协调联动，增进部门间信息共享，破解人民陪审员选任中常住居民信息获取难问题。二是探索人民陪审员随机抽选新模式。根据区域分布、人口数量、案件类型、专业特点等因素，探索建立分区域、分类别、分专业等相对灵活的随机抽选方式，进一步发挥专业人员在案件事实认定方面的积极作用。三是加强人民陪审员服务保障信息化建设。根据人民陪审员随机抽选系统上线运行情况，及时解决系统运行中出现的问题，逐步完善人民陪审员抽选系统的自动屏蔽、错时参审、均衡参审、短信提醒、自动确认等功能。

（二）进一步健全参审机制

一是明确人民陪审员参审案件范围。制定人民陪审员参审案件细则，

根据不同案件类型，确定适用人民陪审员制度以及当事人申请由人民陪审员参加审理的案件范围。二是规范大合议庭陪审机制。进一步探索完善大合议庭陪审机制，制定大合议庭陪审案件适用范围、庭审程序、评议规则，切实保障合议庭对法律适用问题的合议裁决。三是强化法官对人民陪审员事实认定的指引责任。明确对人民陪审员事实认定的指引是法官的审判职责，加强对法官的教育培训，提升法官指引人民陪审员审理案件事实问题的能力。

(三) 进一步加强履职保障

一是探索建立人民陪审员经费保障和人身安全保障机制。进一步落实《试点方案》规定，推动建立人民陪审员个人信息、人身安全保障制度，增强人民陪审员履职积极性。二是改进人民陪审员培训工作。根据人民陪审员参审职权变化和新的履职要求，加强对人民陪审员权利义务、诉讼程序、庭审技能等内容的培训，充分利用案例教学、现场观摩、专题报告等形式，切实提高人民陪审员的履职能力。三是完善人民陪审员奖励、退出制度。会同有关部门研究制定人民陪审员表彰奖励规定，评选、奖励优秀人民陪审员。进一步细化人民陪审员退出机制。推进人民陪审员违法履职与个人诚信系统不良记录对接，理顺人民陪审员履职与司法责任制的关系，增强人民陪审员制度的权威性。

(四) 进一步加大宣传力度

一是加强对人民陪审员工作宣传，引导社会各界深刻认识人民陪审员制度改革的重大意义，不断增强对改革工作的认同感、支持度，进一步凝聚改革共识。二是创新宣传形式，会同司法行政机关结合"七五"普法工作规划要求，进一步拓宽宣传渠道。三是充分发挥各类媒体作用，积极运用现代信息技术，努力提升宣传效果。推动人民陪审员公益广告在地方电视台主要频道循环播出。依托广播电视、报刊杂志、社区宣讲、宣传册等传统媒介，借助微博、微信、法院手机客户端等新媒体平台，积极宣传改革举措、优秀人民陪审员先进事迹，让广大人民群众知晓人民陪审员制度价值，营造全社会理解、拥护、支持人民陪审员制度改革，广大陪审员积极参审、有序参审的良好氛围。

委员长、各位副委员长、秘书长、各位委员，全国人大常委会专门听取和审议人民陪审员制度改革试点情况中期报告，充分体现了对人民陪审员制度改革试点工作的高度重视和关心支持。我们要在以习近平同志为总书记的党中央坚强领导下，在全国人大及其常委会有力监督下，进一步贯彻落实《试点方案》和《决定》要求，认真落实本次会议的审议意见，再接再厉，开拓进取，确保试点工作取得良好效果，努力开创人民陪审员制度改革工作新局面，为协调推进"四个全面"战略布局、实现中华民族伟大复兴的中国梦作出新的更大贡献！

附录5

对《关于延长人民陪审员制度改革试点
期限的决定（草案）》的说明

2017年4月24日在第十二届全国人民代表大会常务委员会第二十七次会议上

最高人民法院副院长　沈德咏

全国人民代表大会常务委员会：

我代表最高人民法院，对《关于延长人民陪审员制度改革试点期限的决定（草案）》作说明。

根据全国人大常委会《关于授权在部分地区开展人民陪审员制度改革试点工作的决定》（以下简称《决定》），人民陪审员制度改革试点期限为二年，即2017年5月到期。为稳妥起见，特提请全国人大常委会作出决定，将人民陪审员制度改革试点工作延期一年至2018年5月。现作以下说明：

一、试点工作开展情况和初步成效

一年多来，根据中央统一部署，最高人民法院指导各试点法院认真落实《人民陪审员制度改革试点方案》和《决定》要求，改革人民陪审员选任条件，完善人民陪审员选任程序，扩大人民陪审员参审范围，调整人民陪审员参审职权，建立健全人民陪审员退出、惩戒和履职保障制度等，试点工作平稳推进，进展顺利。一是加强试点改革工作制度建设。会同司法部制定出台《人民陪审员制度改革试点工作实施办法》和《人民陪审员宣誓规定（试行）》，加强对试点工作的具体指导；会同全国人大内司委、司法部，对各地试点实施方案逐一研究批复；印发《关于进一步加强和改进人民陪审员制度改革试点工作的通知》，建立试点工作台账，探索完善人民陪审员选任、参审、培训和管理机制；研发全国统一的人民陪审员信息管理系统，推进人民陪审员管理网络化、规范化、简便化。二是加强对改革试点工作的监督指导。成立陪审工作管理处，专职负责人民陪审员制度改革试点工作；建立人民陪审员制度改革试点工作信息月报制度，全面动态掌握改革试点进展情况，并将其作为决策的重要参考；分赴试点省份开展人民陪审员制度改革试点专项督察，听取试点法院以及当地人大、司法行政机关和人民陪审员代表的意见建议，及时纠正改革试点中出现的问题和偏差；指导各试点法院完成改革试点中期评估工作，周强院长代表最高人民法院向全国人大常委会作了《关于人民陪审员制度改革试点情况的中期报告》。三是加强对改革重点问题的调查研究。成立最高人民法院人民陪审员制度改革研究小组，全面加强对改革重大理论和实践问题的研究；多次召开专门会议和座谈会、深入试点法院调研，及时全面梳理试点中出现的问题，加强对选任机制、区分事实审和法律审、参审范围、大合议庭陪审机制等重点问题的调查研究；总结梳理试点过程中的好经验、好做法，在全国试点法院范围内予以推广；联合《人民司法》杂志社开展"人民陪审员制度改革理论与实践研究"有奖征文活动。四是加强试点改革培训宣传工作。多次就改革人民陪审员培训机制、落实培训经费、改进培训形式和培训内容等进行研究部署，并举办人民陪审员示范培训班，组织编写《人民陪审员履职读本》，推动人民陪审员教育培训工作深入开展。运用现代信息技术手段，创新宣传形式、拓宽宣传渠道，加大对人民陪审员工作的宣传力度。组织拍摄人民陪审员公益广告，在中央电视台播出，取得良好社会效果。通过官方网站、微博、微信等新媒体平台，介绍人民陪审员工作基本情况，宣传典型陪审案例，不断扩大人民陪审员工作的群众基础。

试点地区法院认真落实中央关于人民陪审员制度改革的决策部署，主动向当地党委和人大常委会报告改革试点情况，积极争取相关部门支持，加强与司法行政机关、公安机关的协作配合，努力形成推进改革的合力。在各级党委坚强领导、人大有力监督以及政府有关部门积极配合下，在社会各方面的关心支持和人民群众的积极参与下，试点工作取得阶段性成效。第一，从整体情况来看，试点工作呈现"四个转变"，即：人民陪审员选任方式主要由组织推荐产生向随机抽选转变，人民陪审员参审职权由全面参审向只参与审理事实问题转变，人民陪审员参审方式由3人合议庭模式向5人以上大合议庭陪审机制转变，人民陪审员审理案件由注重陪审案件"数量"向关注陪审案件"质量"转变。第二，人民陪审员来源更加广泛，结构更加合理。从人民陪审员数量变化情况来看，50家试点法院已全部按要求完成人民陪审员选任工作，新选任人民陪审员9673人，试点法院人民陪审员总数达到13322人，为法官员额数的4.3倍。一大批通民情、知民意、接地气的普通群众被选任为人民陪审员。第三，人民陪审员陪审作用发挥更加充分。从参审案件情况来看，2016年，50家试点法院由人民陪审员参与审结各类案件共81772件，其中，民事案件64917件，刑事案件11642件，行政案件5213件；由人民陪审员参与组成大合议庭审结涉及群体利益、社会公共利益等社会影响较大的案件1624件，取得了良好的社会效果。

二、延长试点期限的必要性

由于试点工作仍处于不断探索、逐步完善的过程，有些问题还没有充分显现，特别是事实审与法律审的区分在审判实践中如何具体操作仍未形成一致意见，还需要一段时间进一步研究总结。具体存在如下问题：

一是缺乏事实审和法律审区分的有效机制。目前，对试点探索事实审和法律审分离的做法，在一些专家学者和人大代表中仍存在较大争议。虽然试点法院积极探索采用事实清单、问题列表等方式区分事实问题和法律问题，但我国民事、刑事和行政诉讼法均未明确区分事实审和法律审，如何区分某一案件中的事实认定和法律适用问题还有待进一步研究。即使就区分事实认定和法律适用问题有了比较明确的标准和规则，实践中，合议庭组成方式、评议规则、表决程序等仍需进一步研究。

二是全面实行随机抽选难度较大且不尽合理。针对试点过程中人民陪审员候选人信息来源不畅、人民陪审员全面随机抽选成本过高、少数随机抽选的候选人参审积极性不高、积极要求担任陪审员的群众无法抽选成功以及难以随机抽选到具有医疗、建筑等专业知识的陪审员等问题，不少专家学者、人大代表、政协委员建议，应适当保留组织推荐和个人申请产生人民陪审员的方式。

三是大合议庭陪审机制有待进一步完善。试点法院采用大合议庭陪审机制，审理了一批涉及征地拆迁、环境保护、食品药品安全、公共利益等群体性案件，提高了热点难点案件审理的司法公信力和社会影响力，但对于大合议庭陪审案件的适用范围、庭审程序、评议规则以及审判效率评估等问题，尚未形成较为统一的规范。

三、试点延期的期限

最高人民法院建议人民陪审员制度改革试点工作延期一年至 2018 年 5 月。试点工作时间紧、任务重、要求高、责任大，为确保如期完成任务，最高人民法院将切实加强组织领导，积极协调配合，注重调查研究，加快工作进度，适时提出修改相关法律议案。

《决定（草案）》及其说明是否妥当，请审议。

中华人民共和国人民陪审员法（草案）

第一条 为了保障公民依法参加审判活动，推进司法民主，促进司法公正，提升司法公信，制定本法。

第二条 公民有依法担任人民陪审员的权利和义务。

人民陪审员依照本法产生，依法享有参加审判活动、独立发表意见、获得履职保障等权利。

人民陪审员应当忠实履行陪审义务，保守审判秘密、注重司法礼仪、维护司法形象。

第三条 人民陪审员依法参加审判活动，受法律保护。

人民法院应当依法保障人民陪审员参加审判活动。

人民陪审员所在单位、户籍所在地或者经常居住地的基层组织应当依法保障人民陪审员参加审判活动。

第四条 公民担任人民陪审员，应当具备下列条件：

（一）拥护中华人民共和国宪法；

（二）年满二十八周岁；

（三）品行良好、公道正派；

（四）具有正常履行职责的身体条件。

担任人民陪审员，一般应当具有高中以上文化程度。

第五条 下列人员不能担任人民陪审员：

（一）人民代表大会常务委员会组成人员，监察委员会、人民法院、人民检察院、公安机关、国家安全机关、司法行政机关的工作人员；

（二）执业律师、基层法律服务工作者等从事法律服务工作的人员；

（三）因其他原因不适宜担任人民陪审员的人员。

第六条 下列人员不得担任人民陪审员：

（一）因犯罪受过刑事处罚的；

（二）被开除公职的；

（三）因受惩戒被免除人民陪审员职务的。

第七条 人民陪审员的名额，由基层人民法院提请同级人民代表大会常务委员会确定。

人民陪审员的名额数不低于本院法官员额数的三倍。

第八条 基层人民法院的人民陪审员从符合条件的当地常住居民名单中随机抽选产生。

因审判活动需要，一定比例的人民陪审员可以通过个人申请和所在单位、户籍所在地或者经常居住地的基层组织推荐的方式产生。具体办法由最高人民法院制定。

第九条 基层人民法院每五年从符合条件的常住居民名单中，随机抽选当地法院法官员额数五倍以上的人员作为人民陪审员候选人，建立人民陪审员候选人信息库。

公安机关应当向基层人民法院提供当地常住居民名单，并根据其掌握的犯罪记录信息对有无犯罪记录进行审核。

第十条 基层人民法院会同同级司法行政机关对人民陪审员候选人进行资格审查，征求候选人意见，并从审核通过的候选人名单中随机抽选确定人民陪审员人选，由院长提请同级人民代表大会常务委员会任命。

第十一条 经选任为人民陪审员的，应当进行集中公开宣誓。

第十二条 人民陪审员的任期为五年。任期届满后，人民陪审员职务自动免除。

人民陪审员一般不得连任。

第十三条 人民陪审员和法官组成合议庭审判案件，由法官担任审判长。可以组成三人合议庭，也可以由法官三人与人民陪审员组成七人合议庭。

第十四条 人民法院审判第一审刑事、民事、行政案件，属于下列情形之一的，可以由人民陪审员和法官共同组成合议庭进行，法律规定由法官独任审理或者由法官组成合议庭审理的案件除外：

（一）涉及群体利益的；

（二）涉及公共利益的；

（三）人民群众广泛关注的；

（四）其他社会影响较大的。

第十五条　下列第一审案件应当由法官三人和人民陪审员组成七人合议庭审判：

（一）社会影响重大的可能判处十年以上有期徒刑、无期徒刑的刑事案件；

（二）根据《中华人民共和国民事诉讼法》第五十五条、《中华人民共和国行政诉讼法》第二十五条第四款提起的诉讼；

（三）其他涉及征地拆迁、环境保护、食品药品安全等社会公共利益的重大案件。

第十六条　第一审刑事案件被告人、民事案件原告或者被告、行政案件原告申请由人民陪审员参加合议庭审判的，人民法院可以安排人民陪审员和法官共同组成合议庭审判。

第十七条　人民陪审员的回避，参照有关法官回避的法律规定执行。

第十八条　基层人民法院审判案件依法应当由人民陪审员参加合议庭审判的，应当在人民陪审员名单中随机抽取确定。

中级人民法院、高级人民法院审判案件依法应当由人民陪审员参加合议庭审判的，在其辖区内基层人民法院的人民陪审员名单中随机抽取确定。

第十九条　审判长应当履行与案件审判相关的指引、提示义务，但不得妨碍人民陪审员对案件的独立判断。

七人合议庭评议时，审判长应当对与事实认定有关的证据资格、证据证明力、诉讼程序等问题及注意事项进行必要的释明。

第二十条　人民陪审员参加三人合议庭审判案件，对事实认定、法律适用独立发表意见、行使表决权。

第二十一条　人民陪审员参加七人合议庭审判案件，对事实认定，独立发表意见，并与法官共同表决；对法律适用，可以发表意见，但不参加表决。

第二十二条　合议庭评议案件时，实行少数服从多数的原则。人民陪审员同合议庭其他组成人员意见分歧的，应当将其意见写入笔录。

合议庭成员意见有重大分歧的，人民陪审员或法官可以要求合议庭将案件提请院长决定是否提交审判委员会讨论决定。

第二十三条 人民法院应当结合本辖区实际情况,合理确定每名人民陪审员年度参与审判案件的数量上限,并向社会公告。

第二十四条 人民陪审员的培训、考核和奖惩等日常管理工作,由人民法院会同同级司法行政机关负责。

第二十五条 对于在审判工作中有显著成绩或者有其他突出事迹的人民陪审员,按照有关规定给予表彰和奖励。

第二十六条 人民陪审员有下列情形之一,经所在基层人民法院会同同级司法行政机关查证属实的,应当由基层人民法院院长提请同级人民代表大会常务委员会免除其人民陪审员职务:

(一)本人申请辞去人民陪审员职务的;

(二)无正当理由,拒绝参加审判活动,影响审判工作正常进行的;

(三)具有本法第五条、第六条所列情形之一的;

(四)违反与审判工作有关的法律及相关规定,徇私舞弊,造成错误裁判或者其他严重后果的。

人民陪审员有前款第二项、第四项所列行为,可以采取通知所在单位、户籍所在地或者经常居住地的基层组织,在辖区范围内公开通报等措施进行惩戒;构成犯罪的,依法追究刑事责任。

第二十七条 有工作单位的人民陪审员参加审判活动期间,所在单位不得克扣或者变相克扣其工资、奖金及其他福利待遇。

人民陪审员所在单位违反前款规定的,基层人民法院应当及时向人民陪审员所在单位,或所在单位的主管部门,或所在单位的上级部门提出纠正意见。

无固定收入的人民陪审员参加审判活动期间,由人民法院参照当地职工上年度平均货币工资水平,按实际工作日给予补助。

第二十八条 人民陪审员因参加审判活动而支出的交通、就餐等费用,由人民法院参照当地国家机关一般工作人员的出差补助标准给予补助。

人民陪审员参加审判活动期间,由人民法院为人民陪审员办理人身意外伤害保险,将人民陪审员人身意外伤害保险费纳入当年业务经费预算。

第二十九条 人民陪审员因参加审判活动应当享受的补助,人民法院和司法行政机关为实施陪审制度所必需的开支，列入人民法院和司法行政机关业务经费，由相应政府财政予以保障。

第三十条　本法自　　年　月　日起施行。2004 年 8 月 28 日第十届全国人民代表大会常务委员会第十一次会议通过的《全国人民代表大会常务委员会关于完善人民陪审员制度的决定》同时废止。

附录 7

中华人民共和国人民陪审员法

(2018 年 4 月 27 日第十三届全国人民代表大会常务委员会第二次会议通过)

第一条 为了保障公民依法参加审判活动，促进司法公正，提升司法公信，制定本法。

第二条 公民有依法担任人民陪审员的权利和义务。

人民陪审员依照本法产生，依法参加人民法院的审判活动，除法律另有规定外，同法官有同等权利。

第三条 人民陪审员依法享有参加审判活动、独立发表意见、获得履职保障等权利。

人民陪审员应当忠实履行审判职责，保守审判秘密，注重司法礼仪，维护司法形象。

第四条 人民陪审员依法参加审判活动，受法律保护。

人民法院应当依法保障人民陪审员履行审判职责。

人民陪审员所在单位、户籍所在地或者经常居住地的基层群众性自治组织应当依法保障人民陪审员参加审判活动。

第五条 公民担任人民陪审员，应当具备下列条件：

（一）拥护中华人民共和国宪法；

（二）年满二十八周岁；

（三）遵纪守法、品行良好、公道正派；

（四）具有正常履行职责的身体条件。

担任人民陪审员，一般应当具有高中以上文化程度。

第六条 下列人员不能担任人民陪审员：

（一）人民代表大会常务委员会的组成人员，监察委员会、人民法院、人民检察院、公安机关、国家安全机关、司法行政机关的工作人员；

（二）律师、公证员、仲裁员、基层法律服务工作者；

（三）其他因职务原因不适宜担任人民陪审员的人员。

第七条　有下列情形之一的，不得担任人民陪审员：

（一）受过刑事处罚的；

（二）被开除公职的；

（三）被吊销律师、公证员执业证书的；

（四）被纳入失信被执行人名单的；

（五）因受惩戒被免除人民陪审员职务的；

（六）其他有严重违法违纪行为，可能影响司法公信的。

第八条　人民陪审员的名额，由基层人民法院根据审判案件的需要，提请同级人民代表大会常务委员会确定。

人民陪审员的名额数不低于本院法官数的三倍。

第九条　司法行政机关会同基层人民法院、公安机关，从辖区内的常住居民名单中随机抽选拟任命人民陪审员数五倍以上的人员作为人民陪审员候选人，对人民陪审员候选人进行资格审查，征求候选人意见。

第十条　司法行政机关会同基层人民法院，从通过资格审查的人民陪审员候选人名单中随机抽选确定人民陪审员人选，由基层人民法院院长提请同级人民代表大会常务委员会任命。

第十一条　因审判活动需要，可以通过个人申请和所在单位、户籍所在地或者经常居住地的基层群众性自治组织、人民团体推荐的方式产生人民陪审员候选人，经司法行政机关会同基层人民法院、公安机关进行资格审查，确定人民陪审员人选，由基层人民法院院长提请同级人民代表大会常务委员会任命。

依照前款规定产生的人民陪审员，不得超过人民陪审员名额数的五分之一。

第十二条　人民陪审员经人民代表大会常务委员会任命后，应当公开进行就职宣誓。宣誓仪式由基层人民法院会同司法行政机关组织。

第十三条　人民陪审员的任期为五年，一般不得连任。

第十四条　人民陪审员和法官组成合议庭审判案件，由法官担任审判长，可以组成三人合议庭，也可以由法官三人与人民陪审员四人组成七人合议庭。

第十五条 人民法院审判第一审刑事、民事、行政案件，有下列情形之一的，由人民陪审员和法官组成合议庭进行：

（一）涉及群体利益、公共利益的；

（二）人民群众广泛关注或者其他社会影响较大的；

（三）案情复杂或者有其他情形，需要由人民陪审员参加审判的。

人民法院审判前款规定的案件，法律规定由法官独任审理或者由法官组成合议庭审理的，从其规定。

第十六条 人民法院审判下列第一审案件，由人民陪审员和法官组成七人合议庭进行：

（一）可能判处十年以上有期徒刑、无期徒刑、死刑，社会影响重大的刑事案件；

（二）根据民事诉讼法、行政诉讼法提起的公益诉讼案件；

（三）涉及征地拆迁、生态环境保护、食品药品安全，社会影响重大的案件；

（四）其他社会影响重大的案件。

第十七条 第一审刑事案件被告人、民事案件原告或者被告、行政案件原告申请由人民陪审员参加合议庭审判的，人民法院可以决定由人民陪审员和法官组成合议庭审判。

第十八条 人民陪审员的回避，适用审判人员回避的法律规定。

第十九条 基层人民法院审判案件需要由人民陪审员参加合议庭审判的，应当在人民陪审员名单中随机抽取确定。

中级人民法院、高级人民法院审判案件需要由人民陪审员参加合议庭审判的，在其辖区内的基层人民法院的人民陪审员名单中随机抽取确定。

第二十条 审判长应当履行与案件审判相关的指引、提示义务，但不得妨碍人民陪审员对案件的独立判断。

合议庭评议案件，审判长应当对本案中涉及的事实认定、证据规则、法律规定等事项及应当注意的问题，向人民陪审员进行必要的解释和说明。

第二十一条 人民陪审员参加三人合议庭审判案件，对事实认定、法律适用，独立发表意见，行使表决权。

第二十二条　人民陪审员参加七人合议庭审判案件，对事实认定，独立发表意见，并与法官共同表决；对法律适用，可以发表意见，但不参加表决。

第二十三条　合议庭评议案件，实行少数服从多数的原则。人民陪审员同合议庭其他组成人员意见分歧的，应当将其意见写入笔录。

合议庭组成人员意见有重大分歧的，人民陪审员或者法官可以要求合议庭将案件提请院长决定是否提交审判委员会讨论决定。

第二十四条　人民法院应当结合本辖区实际情况，合理确定每名人民陪审员年度参加审判案件的数量上限，并向社会公告。

第二十五条　人民陪审员的培训、考核和奖惩等日常管理工作，由基层人民法院会同司法行政机关负责。

对人民陪审员应当有计划地进行培训。人民陪审员应当按照要求参加培训。

第二十六条　对于在审判工作中有显著成绩或者有其他突出事迹的人民陪审员，依照有关规定给予表彰和奖励。

第二十七条　人民陪审员有下列情形之一，经所在基层人民法院会同司法行政机关查证属实的，由院长提请同级人民代表大会常务委员会免除其人民陪审员职务：

（一）本人因正当理由申请辞去人民陪审员职务的；

（二）具有本法第六条、第七条所列情形之一的；

（三）无正当理由，拒绝参加审判活动，影响审判工作正常进行的；

（四）违反与审判工作有关的法律及相关规定，徇私舞弊，造成错误裁判或者其他严重后果的。

人民陪审员有前款第三项、第四项所列行为的，可以采取通知其所在单位、户籍所在地或者经常居住地的基层群众性自治组织、人民团体，在辖区范围内公开通报等措施进行惩戒；构成犯罪的，依法追究刑事责任。

第二十八条　人民陪审员的人身和住所安全受法律保护。任何单位和个人不得对人民陪审员及其近亲属打击报复。

对报复陷害、侮辱诽谤、暴力侵害人民陪审员及其近亲属的，依法追究法律责任。

第二十九条　人民陪审员参加审判活动期间，所在单位不得克扣或者变相克扣其工资、奖金及其他福利待遇。

人民陪审员所在单位违反前款规定的，基层人民法院应当及时向人民陪审员所在单位或者所在单位的主管部门、上级部门提出纠正意见。

第三十条　人民陪审员参加审判活动期间，由人民法院依照有关规定按实际工作日给予补助。

人民陪审员因参加审判活动而支出的交通、就餐等费用，由人民法院依照有关规定给予补助。

第三十一条　人民陪审员因参加审判活动应当享受的补助，人民法院和司法行政机关为实施人民陪审员制度所必需的开支，列入人民法院和司法行政机关业务经费，由相应政府财政予以保障。具体办法由最高人民法院、国务院司法行政部门会同国务院财政部门制定。

第三十二条　本法自公布之日起施行。2004 年 8 月 28 日第十届全国人民代表大会常务委员会第十一次会议通过的《全国人民代表大会常务委员会关于完善人民陪审员制度的决定》同时废止。

附录8

人民陪审员选任办法

（司法部、最高人民法院、公安部 2018 年 8 月 22 日印发，自印发之日起施行）

第一条 为规范人民陪审员选任工作，保障人民陪审员制度有效实施，根据《中华人民共和国人民陪审员法》（以下简称人民陪审员法），制定本办法。

第二条 人民陪审员选任工作应当坚持依法民主、公开公正、协同高效的原则。

第三条 人民陪审员主要通过随机抽选方式产生。因审判活动需要，可以通过个人申请和所在单位、户籍所在地或者经常居住地的基层群众性自治组织、人民团体推荐（以下简称组织推荐）方式产生。

第四条 人民陪审员选任工作由司法行政机关会同基层人民法院、公安机关组织开展。

省级和设区的市级司法行政机关负责人民陪审员选任工作的指导监督，县级司法行政机关负责人民陪审员选任工作的具体实施。

司法行政机关应当按照职责需要，健全工作机构，配备工作人员，建立完善工作制度。

司法行政机关、基层人民法院、公安机关应当加强沟通联系，建立协调配合机制。

第五条 基层人民法院根据审判案件的需要以及本辖区人口数量、地域面积、民族状况等因素，并结合上级人民法院随机抽取人民陪审员的需要，提出不低于本院法官数三倍的人民陪审员名额数的意见，提请同级人民代表大会常务委员会确定。

第六条 人民陪审员的名额数意见在提请同级人民代表大会常务委员会确定之前，基层人民法院应当先报上一级人民法院审核，上一级人民法

249

院可以对本辖区内人民陪审员名额数进行适当调整。上一级人民法院审核确认后，报省（市、区）高级人民法院备案。

　　第七条　人民陪审员的名额数可以根据实际情况进行调整。调整应当由基层人民法院按照确定人民陪审员名额数的程序进行。

　　第八条　通过个人申请和组织推荐产生的人民陪审员，不得超过所在基层人民法院人民陪审员名额数的五分之一。

　　第九条　基层人民法院应当将人民陪审员名额数及时通报同级司法行政机关。基层人民法院应当会同司法行政机关分别确定随机抽选以及需要通过个人申请和组织推荐的拟任命人民陪审员数。

　　第十条　司法行政机关会同基层人民法院、公安机关，向社会发布选任人民陪审员公告，内容包括选任名额、选任条件、选任程序等有关事项，公告期为三十日。

　　需要通过个人申请和组织推荐方式产生人民陪审员的，还应当在公告中明确申请和推荐期限。

　　第十一条　司法行政机关会同基层人民法院、公安机关，从辖区内年满二十八周岁的常住居民名单中，随机抽选拟任命人民陪审员数五倍以上的人员作为人民陪审员候选人。

　　第十二条　司法行政机关会同基层人民法院、公安机关，开展人民陪审员候选人信息采集工作，建立人民陪审员候选人信息库。

　　基层人民法院、公安机关应当将人民陪审员候选人相关信息及时提供给司法行政机关。

　　第十三条　司法行政机关会同基层人民法院、公安机关，依照人民陪审员法第五条、第六条、第七条、第十三条规定对人民陪审员候选人进行资格审查。

　　必要时，司法行政机关会同基层人民法院、公安机关到候选人所在单位、户籍所在地或者经常居住地的基层群众性自治组织、人民团体进行走访调查，或者对候选人进行当面考察。

　　第十四条　司法行政机关应当会同基层人民法院、公安机关向符合选任条件的人民陪审员候选人告知人民陪审员的权利义务，并征求其对担任人民陪审员的意见。

第十五条　司法行政机关会同基层人民法院，从通过资格审查的人民陪审员候选人名单中随机抽选确定人民陪审员拟任命人选。

第十六条　公民申请担任人民陪审员的，应当按选任公告要求，向本人户籍所在地或者经常居住地的县级司法行政机关提交身份、学历证明等书面材料，并填写人民陪审员候选人申请表。

组织推荐人民陪审员的，需征得公民本人同意后，向县级司法行政机关提交被推荐人简历、学历证明等书面材料，并填写人民陪审员候选人推荐表。

第十七条　司法行政机关会同基层人民法院、公安机关依照本办法第十三条规定，对人民陪审员申请人和被推荐人进行资格审查。

第十八条　司法行政机关会同基层人民法院，从通过资格审查的人民陪审员申请人和被推荐人中确定人民陪审员拟任命人选。个人申请或者组织推荐人数超过拟选任人数的，可以在通过资格审查的申请人和被推荐人中随机抽选确定拟任命人选。

确定人民陪审员拟任命人选，应当充分体现人民陪审员的广泛性和代表性。

第十九条　司法行政机关应当会同基层人民法院、公安机关向社会公示拟任命人民陪审员名单。公示期不少于五个工作日。

第二十条　经公示后确定的人民陪审员人选，由基层人民法院院长提请同级人民代表大会常务委员会任命。

基层人民法院提请同级人民代表大会常务委员会任命人民陪审员，应当提交提请任命人民陪审员的议案、人选名单以及同级人民代表大会常务委员会要求提供的其他材料。

司法行政机关应当配合基层人民法院提供有关材料。

第二十一条　基层人民法院应当会同司法行政机关向社会公告人民陪审员名单。

第二十二条　人民法院应当会同司法行政机关及时将任命决定通知人民陪审员本人及其所在单位、户籍所在地或经常居住地的基层群众性自治组织、人民团体，并通报公安机关。

第二十三条　司法行政机关、基层人民法院应当将人民陪审员名单逐级报省级司法行政机关、高级人民法院备案。

　　第二十四条　人民陪审员的任期为五年，一般不得连任。公民担任人民陪审员不得超过两次。

　　第二十五条　公民不得同时在两个以上的基层人民法院担任人民陪审员。

　　第二十六条　人民陪审员缺额数超过基层人民法院人民陪审员名额数十分之一的，或者因审判工作需要，可以适时增补人民陪审员。

　　增补人民陪审员人选从通过资格审查的人民陪审员候选人名单中随机抽选确定。公示与任命程序依照本办法第十九条、第二十条、第二十一条、第二十二条规定进行。

　　第二十七条　人民陪审员经人民代表大会常务委员会任命后，应当公开进行就职宣誓。

　　人民陪审员宣誓誓词为：我是中华人民共和国人民陪审员，我宣誓：忠于国家，忠于人民，忠于宪法和法律，依法参加审判活动，忠实履行审判职责，廉洁诚信，秉公判断，维护社会公平正义！

　　第二十八条　人民陪审员就职宣誓仪式由基层人民法院会同司法行政机关组织。

　　第二十九条　海事法院、知识产权法院、铁路运输法院等没有对应同级人民代表大会的法院一般不单独进行人民陪审员选任，需要由人民陪审员参加合议庭审判案件的，在其所在地级市辖区内的基层人民法院或案件管辖区内的人民陪审员名单中随机抽取确定。

　　第三十条　本办法由司法部、最高人民法院、公安部共同负责解释。

　　第三十一条　本办法自公布之日起施行。本办法施行前司法部、最高人民法院、公安部制定的有关人民陪审员选任的规定，与本办法不符的，以本办法为准。

附录 9

最高人民法院关于适用《中华人民共和国人民陪审员法》若干问题的解释

（2019 年 2 月 18 日最高人民法院审判委员会第 1761 次会议通过，自 2019 年 5 月 1 日起施行）（法释〔2019〕5 号）

为依法保障和规范人民陪审员参加审判活动，根据《中华人民共和国人民陪审员法》等法律的规定，结合审判实际，制定本解释。

第一条 根据人民陪审员法第十五条、第十六条的规定，人民法院决定由人民陪审员和法官组成合议庭审判的，合议庭成员确定后，应当及时告知当事人。

第二条 对于人民陪审员法第十五条、第十六条规定之外的第一审普通程序案件，人民法院应当告知刑事案件被告人、民事案件原告和被告、行政案件原告，在收到通知五日内有权申请由人民陪审员参加合议庭审判案件。

人民法院接到当事人在规定期限内提交的申请后，经审查决定由人民陪审员和法官组成合议庭审判的，合议庭成员确定后，应当及时告知当事人。

第三条 人民法院应当在开庭七日前从人民陪审员名单中随机抽取确定人民陪审员。

人民法院可以根据案件审判需要，从人民陪审员名单中随机抽取一定数量的候补人民陪审员，并确定递补顺序，一并告知当事人。

因案件类型需要具有相应专业知识的人民陪审员参加合议庭审判的，可以根据具体案情，在符合专业需求的人民陪审员名单中随机抽取确定。

第四条 人民陪审员确定后，人民法院应当将参审案件案由、当事人姓名或名称、开庭地点、开庭时间等事项告知参审人民陪审员及候补人民陪审员。

必要时，人民法院可以将参加审判活动的时间、地点等事项书面通知人民陪审员所在单位。

第五条　人民陪审员不参加下列案件的审理：

（一）依照民事诉讼法适用特别程序、督促程序、公示催告程序审理的案件；

（二）申请承认外国法院离婚判决的案件；

（三）裁定不予受理或者不需要开庭审理的案件。

第六条　人民陪审员不得参与审理由其以人民调解员身份先行调解的案件。

第七条　当事人依法有权申请人民陪审员回避。人民陪审员的回避，适用审判人员回避的法律规定。

人民陪审员回避事由经审查成立的，人民法院应当及时确定递补人选。

第八条　人民法院应当在开庭前，将相关权利和义务告知人民陪审员，并为其阅卷提供便利条件。

第九条　七人合议庭开庭前，应当制作事实认定问题清单，根据案件具体情况，区分事实认定问题与法律适用问题，对争议事实问题逐项列举，供人民陪审员在庭审时参考。事实认定问题和法律适用问题难以区分的，视为事实认定问题。

第十条　案件审判过程中，人民陪审员依法有权参加案件调查和调解工作。

第十一条　庭审过程中，人民陪审员依法有权向诉讼参加人发问，审判长应当提示人民陪审员围绕案件争议焦点进行发问。

第十二条　合议庭评议案件时，先由承办法官介绍案件涉及的相关法律、证据规则，然后由人民陪审员和法官依次发表意见，审判长最后发表意见并总结合议庭意见。

第十三条　七人合议庭评议时，审判长应当归纳和介绍需要通过评议讨论决定的案件事实认定问题，并列出案件事实问题清单。

人民陪审员全程参加合议庭评议，对于事实认定问题，由人民陪审员和法官在共同评议的基础上进行表决。对于法律适用问题，人民陪审员不参加表决，但可以发表意见，并记录在卷。

第十四条　人民陪审员应当认真阅读评议笔录，确认无误后签名。

第十五条　人民陪审员列席审判委员会讨论其参加审理的案件时，可以发表意见。

第十六条　案件审结后，人民法院应将裁判文书副本及时送交参加该案审判的人民陪审员。

第十七条　中级、基层人民法院应当保障人民陪审员均衡参审，结合本院实际情况，一般在不超过 30 件的范围内合理确定每名人民陪审员年度参加审判案件的数量上限，报高级人民法院备案，并向社会公告。

第十八条　人民法院应当依法规范和保障人民陪审员参加审判活动，不得安排人民陪审员从事与履行法定审判职责无关的工作。

第十九条　本解释自 2019 年 5 月 1 日起施行。

本解释公布施行后，最高人民法院于 2010 年 1 月 12 日发布的《最高人民法院关于人民陪审员参加审判活动若干问题的规定》同时废止。最高人民法院以前发布的司法解释与本解释不一致的，不再适用。

附录 10

最高人民法院 司法部人民陪审员培训、考核、奖惩工作办法

最高人民法院、司法部关于印发《人民陪审员培训、考核、奖惩工作办法》的通知（法发〔2019〕12号）

各省、自治区、直辖市高级人民法院、司法厅（局），新疆维吾尔自治区高级人民法院生产建设兵团分院、新疆生产建设兵团司法局：

为认真贯彻实施《中华人民共和国人民陪审员法》，进一步规范人民陪审员培训、考核、奖惩等工作，最高人民法院、司法部研究制定了《人民陪审员培训、考核、奖惩工作办法》，现印发你们，请结合实际认真贯彻落实。

各地在执行中遇到重大情况和问题，请及时报告最高人民法院、司法部。

最高人民法院

司法部

2019 年 4 月 24 日

第一章　总　则

第一条　为规范人民陪审员的培训、考核、奖惩等工作，根据人民陪审员法的相关规定，制定本办法。

第二条　人民陪审员的培训、考核和奖惩等日常管理工作，由基层人民法院会同司法行政机关负责。

人民法院和司法行政机关应当加强沟通联系，建立协调配合机制。

第三条　人民法院、司法行政机关应当确定机构或者指定专人负责人民陪审员的培训、考核和奖惩等工作，其他相关部门予以配合。

第四条　开庭通知、庭前阅卷、调查询问、参与调解、评议安排、文

书签名等与人民陪审员参加审判活动密切相关事宜由各审判部门负责，其他管理工作包括随机抽取、协调联络、补助发放、送交裁判文书等事宜由人民法院根据本院实际情况确定负责部门。

第五条　最高人民法院和司法部应当完善配套机制，根据各自职责搭建技术平台，研发人民陪审员管理系统，加强系统对接和信息数据共享，为完善人民陪审员的信息管理、随机抽取、均衡参审、履职信息、业绩评价、考核培训和意见反馈等提供技术支持。

第六条　基层人民法院应当为人民陪审员颁发《人民陪审员工作证》。《人民陪审员工作证》由最高人民法院政治部制发统一样式，各地法院自行印制。人民陪审员任期届满或依法免除职务后，人民法院应当收回或注销其持有的《人民陪审员工作证》。

第七条　除法律规定外，人民法院、司法行政机关不得公开人民陪审员的通讯方式、家庭住址等个人信息。

第八条　人民陪审员依法履行审判职责期间，应当遵守《中华人民共和国法官职业道德基本准则》。

第二章　培　训

第九条　人民陪审员的培训分为岗前培训和任职期间培训。人民法院应当会同司法行政机关有计划、有组织地对人民陪审员进行培训，培训应当符合人民陪审员参加审判活动的实际需要。培训内容包括政治理论、陪审职责、法官职业道德、审判纪律和法律基础知识等，也可以结合本地区案件特点与类型安排培训内容。

第十条　最高人民法院、司法部教育培训主管部门和相关业务部门负责制定统一的人民陪审员培训大纲和培训教材，提出明确的培训教学要求，定期对人民陪审员培训工作进行督促、检查。必要时，可以举办人民陪审员培训示范班和人民陪审员师资培训班。

第十一条　高级人民法院教育培训主管部门和法官教育培训机构负责本辖区人民陪审员培训规划和相关管理、协调工作。高级人民法院教育培训主管部门和法官教育培训机构承担本辖区人民陪审员岗前培训工作任务时，可以采取远程视频等信息化手段，基层人民法院会同司法行政机关组织配合。

高级人民法院应当会同同级司法行政机关制定本辖区人民陪审员培训工作的年度培训方案和实施意见，并分别报最高人民法院、司法部备案。

第十二条　任职期间培训主要由人民陪审员所在的基层人民法院会同同级司法行政机关承担，培训教学方案由中级人民法院负责审定，直辖市地区的培训教学方案由高级人民法院负责审定。

必要时，有条件的中级人民法院教育培训主管部门和法官培训机构可受委托承担人民陪审员培训任务。

第十三条　基层人民法院应当会同同级司法行政机关及时提出接受岗前培训的人员名单和培训意见，报上级人民法院教育培训主管部门、法官培训机构和司法行政机关相关业务部门。

第十四条　人民陪审员培训以脱产集中培训与在职自学相结合的方式进行，也可结合实际采取分段培训、累计学时的方式。

培训形式除集中授课外，可采取庭审观摩、专题研讨、案例教学、模拟演示、电化教学、巡回教学等多种形式。

岗前培训时间一般不少于 40 学时，任职期间的培训时间由人民法院根据实际情况和需要合理确定。

第十五条　人民法院和司法行政机关应当提供人民陪审员参加培训的场所、培训设施和其他必要的培训条件。

第三章　考核与奖励

第十六条　基层人民法院会同同级司法行政机关对人民陪审员履行审判职责的情况进行考核。

第十七条　对人民陪审员的考核实行平时考核和年终考核相结合。

平时考核由基层人民法院会同同级司法行政机关根据实际情况确定考核时间和方式。

年终考核由基层人民法院会同同级司法行政机关在每年年终进行。年终考核应对人民陪审员履职情况按照优秀、称职、基本称职、不称职评定等次。

第十八条　基层人民法院制定人民陪审员履行审判职责的考核办法，

应当征求同级司法行政机关的意见。

第十九条　对人民陪审员的考核内容包括思想品德、陪审工作实绩、工作态度、审判纪律、审判作风和参加培训情况等方面。

第二十条　中级人民法院、高级人民法院在其辖区内的基层人民法院的人民陪审员名单中随机抽取人民陪审员参与本院审判工作的，海事法院、知识产权法院、铁路运输法院等没有对应同级人民代表大会的法院，在其所在地级市辖区内的基层人民法院或案件管辖区内的人民陪审员名单中随机抽取人民陪审员参加案件审判的，应将人民陪审员在本院履行审判职责的情况通报其所在的基层人民法院，作为对人民陪审员的考核依据之一。履职情况通报时间及方式由上述法院与人民陪审员所在法院具体协调。

第二十一条　基层人民法院应及时将年终考核结果书面通知人民陪审员本人及其所在单位、户籍所在地或者经常居住地的基层群众性自治组织、人民团体。

人民陪审员对考核结果有异议的，可以在收到考核结果书面通知后五日内向所在基层人民法院申请复核，基层人民法院在收到复核申请后十五日内作出复核决定，并书面通知人民陪审员本人及其所在单位、户籍所在地或者经常居住地的基层群众性自治组织、人民团体。

第二十二条　考核结果作为对人民陪审员进行表彰和奖励的依据。

第二十三条　对于在审判工作中有显著成绩或者有其他突出事迹的人民陪审员，由基层人民法院会同同级司法行政机关依照有关规定给予表彰和奖励。

表彰和奖励应当坚持依法、公平、公开、公正的原则。

第二十四条　人民陪审员有下列表现之一的，可认定为在审判工作中有显著成绩或者有其他突出事迹：

（一）对审判工作提出改革建议被采纳，效果显著的；

（二）对参加审判的案件提出司法建议，被有关部门采纳的；

（三）在陪审工作中，积极发挥主观能动作用，维护社会稳定，事迹突出的；

（四）有其他显著成绩或者突出事迹的。

第二十五条　基层人民法院应及时将对人民陪审员的表彰和奖励决定

书面通知人民陪审员本人及其所在单位、户籍所在地或者经常居住地的基层群众性自治组织、人民团体。

第四章　免除职务与惩戒

第二十六条　人民陪审员任期届满后职务自动免除，基层人民法院应当会同司法行政机关在其官方网站或者当地主流媒体上予以公告，无须再提请同级人民代表大会常务委员会免除其人民陪审员职务。

人民陪审员任期届满时，其参加审判的案件尚未审结的，可以履行审判职责到案件审结之日。

第二十七条　人民陪审员有人民陪审员法第二十七条规定情形之一的，经所在基层人民法院会同司法行政机关查证属实的，由院长提请同级人民代表大会常务委员会免除其人民陪审员职务。

第二十八条　人民陪审员被免除职务的，基层人民法院应当书面通知被免职者本人及其所在单位、户籍所在地或者经常居住地的基层群众性自治组织、人民团体，同时将免职名单抄送同级司法行政机关，基层人民法院、司法行政机关应将免职名单逐级报高级人民法院、省级司法行政机关备案。

第二十九条　人民陪审员有人民陪审员法第二十七条第一款第三项、第四项所列行为，经所在基层人民法院会同同级司法行政机关查证属实的，可以采取通知其所在单位、户籍所在地或者经常居住地的基层群众性自治组织、人民团体，在辖区范围内公开通报等措施进行惩戒。

第三十条　人民陪审员有人民陪审员法第二十七条第一款第四项所列行为，由所在基层人民法院会同同级司法行政机关进行查证；构成犯罪的，依法追究刑事责任。

第五章　附　则

第三十一条　本办法由最高人民法院、司法部共同负责解释。

第三十二条　本办法自 2019 年 5 月 1 日起施行。本办法施行前最高人民法院、司法部制定的有关人民陪审员培训、考核、奖惩等管理工作的规定，与本办法不一致的，以本办法为准。

附录 11

《中华人民共和国人民陪审员法》
实施中若干问题的答复

最高人民法院、司法部关于印发《〈中华人民共和国人民陪审员法〉实施中若干问题的答复》的通知（法发〔2020〕29号）

各省、自治区、直辖市高级人民法院、司法厅（局），新疆维吾尔自治区高级人民法院生产建设兵团分院、新疆生产建设兵团司法局：

为进一步规范人民陪审员工作，现将《〈中华人民共和国人民陪审员法〉实施中若干问题的答复》印发你们，请结合实际认真贯彻执行。在执行中有何问题和建议，请及时报告最高人民法院、司法部。

最高人民法院
司法部
2020 年 8 月 11 日

《中华人民共和国人民陪审员法》实施中若干问题的答复

在《中华人民共和国人民陪审员法》（以下简称《人民陪审员法》）及配套规范性文件实施过程中，部分地方就有关问题进行请示，经研究，现答复如下：

1. 新疆维吾尔自治区生产建设兵团法院如何选任人民陪审员？

答：没有对应同级人民代表大会的兵团基层人民法院人民陪审员的名额由兵团分院确定，经公示后确定的人民陪审员人选，由基层人民法院院长提请兵团分院任命。在未设立垦区司法局的垦区，可以由师（市）司法局会同垦区人民法院、公安机关组织开展人民陪审员选任工作。

2. 《人民陪审员法》第六条第一项所指的监察委员会、人民法院、人民检察院、公安机关、国家安全机关、司法行政机关的工作人员是否包括行政编制外人员？

答：上述工作人员包括占用行政编制和行政编制外的所有工作人员。

3. 乡镇人民代表大会主席团的成员能否担任人民陪审员？

答：符合担任人民陪审员条件的乡镇人民代表大会主席团成员，不是上级人民代表大会常务委员会组成人员的，可以担任人民陪审员，法律另有禁止性规定的除外。

4. 人民代表大会常务委员会的工作人员能否担任人民陪审员？

答：人民代表大会常务委员会的工作人员，符合担任人民陪审员条件的，可以担任人民陪审员，法律另有禁止性规定的除外。

5. 人民代表大会常务委员会的组成人员、法官、检察官，以及人民法院、人民检察院的其他工作人员，监察委员会、公安机关、国家安全机关、司法行政机关的工作人员离任后能否担任人民陪审员？

答：（1）人民代表大会常务委员会的组成人员，监察委员会、人民法院、人民检察院、公安机关、国家安全机关、司法行政机关的工作人员离任后，符合担任人民陪审员条件的，可以担任人民陪审员。上述人员担任人民陪审员的比例应当与其他人员的比例适当平衡。

（2）法官、检察官从人民法院、人民检察院离任后二年内，不得担任人民陪审员。

（3）法官从人民法院离任后，曾在基层人民法院工作的，不得在原任职的基层人民法院担任人民陪审员；检察官从人民检察院离任后，曾在基层人民检察院工作的，不得在与原任职的基层人民检察院同级、同辖区的人民法院担任人民陪审员。

（4）法官从人民法院离任后，担任人民陪审员的，不得参与原任职人民法院的审判活动；检察官从人民检察院离任后，担任人民陪审员的，不得参与原任职人民检察院同级、同辖区的人民法院的审判活动。

6. 劳动争议仲裁委员会的仲裁员能否担任人民陪审员？

答：劳动争议仲裁委员会的仲裁员不能担任人民陪审员。

7. 被纳入失信被执行人名单的公民能否担任人民陪审员？

答：公民被纳入失信被执行人名单期间，不得担任人民陪审员。人民法院撤销或者删除失信信息后，公民符合法定条件的，可以担任人民陪审员。

8. 公民担任人民陪审员不得超过两次，是否包括《人民陪审员法》实施前以及在不同人民法院任职的情形？

答：公民担任人民陪审员总共不得超过两次，包括《人民陪审员法》实施前任命以及在不同人民法院任职的情形。

9. 有独立请求权的第三人是否可以申请由人民陪审员参加合议庭审判案件？

答：有独立请求权的第三人可以依据《人民陪审员法》相关规定申请由人民陪审员参加合议庭审判案件。

10. 人民法院可否吸收人民陪审员参加减刑、假释案件的审理？

答：人民法院可以结合案件情况，吸收人民陪审员参加减刑、假释案件审理，但不需要开庭审理的除外。

11. 人民陪审员是否可以参加案件执行工作？

答：根据《人民陪审员法》，人民陪审员参加第一审刑事、民事、行政案件的审判。人民法院不得安排人民陪审员参加案件执行工作。

12. 人民法院可以根据案件审判需要，从人民陪审员名单中随机抽取一定数量的候补人民陪审员，并确定递补顺序，一并告知当事人。如果原定人民陪审员因故无法到庭，由候补人民陪审员参与案件审理，是否需要就变更合议庭成员另行告知双方当事人？候补人民陪审员的递补顺序，应如何确定？

答：人民法院已一并告知候补人民陪审员名单的，如变更由候补人民陪审员参加庭审的，无需另行告知当事人。确定候补人民陪审员的递补顺序，可按照姓氏笔画排序等方式确定。

13. 根据《最高人民法院关于适用〈中华人民共和国人民陪审员法〉若干问题的解释》，七人合议庭开庭前和评议时，应当制作事实认定问题清单。审判实践中，如何制作事实认定问题清单？

答：事实认定问题清单应当立足全部案件事实，重点针对案件难点和争议的焦点内容。刑事案件中，可以以犯罪构成要件事实为基础，主要包括构成犯罪的事实、不构成犯罪的事实，以及有关量刑情节的事实等。民事案件中，可以根据不同类型纠纷的请求权规范基础，归纳出当事人争议的要件事实。行政案件中，主要包括审查行政行为合法性所必须具备的事实。

14. 合议庭评议案件时，人民陪审员和法官可否分组分别进行评议、表决？

答：合议庭评议案件时，人民陪审员和法官应当共同评议、表决，不得分组进行。

15. 案件审结后，人民法院将裁判文书副本送交参加该案审判的人民陪审员时，能否要求人民陪审员在送达回证上签字？

答：人民陪审员不是受送达对象，不能要求人民陪审员在送达回证上签字。人民法院将裁判文书副本送交人民陪审员时，可以以适当方式请人民陪审员签收后存档。

16. 如何把握人民陪审员年度参审数上限一般不超过30件的要求？对于人民陪审员参与审理批量系列案件的，如何计算案件数量？

答：个别案件量大的人民法院可以结合本院实际情况，提出参审数上限在30件以上设置的意见，层报高级人民法院备案后实施。高级人民法院应统筹辖区整体情况从严把握。

人民陪审员参加审理批量系列案件的，可以按一定比例折算案件数以核定是否超出参审数上限。具体折算比例，由高级人民法院确定。

17. 对于人民陪审员参审案件数占第一审案件数的比例即陪审率，是否可以设定考核指标？

答：《人民陪审员法》及相关司法解释规定了人民陪审员参审案件范围和年度参审数上限，要严格执行相关规定。人民法院不得对第一审案件总体陪审率设定考核指标，但要对第一审案件总体陪审率、人民陪审员参加七人合议庭等情况进行统计监测。

18. 人民陪审员是否适用法官法中法官任职回避的规定？

答：人民陪审员适用民事、刑事、行政诉讼法中诉讼回避的规定，不适用法官法中法官任职回避的规定。

19. 人民陪审员在参加庭审等履职过程中，着装有何要求？

答：人民陪审员在参加庭审等履职过程中，着装应当端庄、得体，但不得配发、穿着统一制服。